DISCEPOLI DI VERITÀ
IHR HABT GETÖTET

DISCEPOLI DI VERITÀ

IHR
HABT GETÖTET

Der Machtkampf der Logen im Vatikan

*Aus dem Italienischen
von Christian Försch*

AUFBAU-VERLAG

Die Originalausgabe unter dem Titel
Bugie di sangue in Vaticano
erschien 1999 bei Kaos edizioni in Mailand.

ISBN 3-351-02551-3

2. Auflage 2003
© Aufbau-Verlag GmbH, Berlin 2003
Bugie di sangue in Vaticano © Kaos edizioni, Mailand 1999
Einbandgestaltung Henkel/Lemme
Druck und Binden GGP Media, Pößneck
Printed in Germany

www.aufbau-verlag.de

Inhalt

Vorwort

Wollte Jesus eine Kirche für die Armen oder für die Reichen? Sollten seine Jünger dem Volk dienen oder sich bedienen lassen? Die Antwort scheint Christen leichtzufallen, nicht jedoch ihren geistigen Hirten.

In ihrer zweitausendjährigen Geschichte führte die katholische Kirche Kriege, verbrannte Hexen und Ketzer, häufte irdische Güter an und erzog das Volk in Unwissenheit und sexueller Verklemmung, damit das »Seelenheil« nicht durch modernistische Ideen infiziert würde. Wie ließ sich das mit Jesu Leben und Gedanken in Einklang bringen? Und sind wir sicher, daß Jesus überhaupt eine institutionelle Kirche geplant hatte? Das Urchristentum kannte nur eine spirituelle Gemeinschaft von Menschen, die bis zum bevorstehenden Weltuntergang ein rechtes Leben führen (und gemeinsam essen) wollten.

»›Du bist Petrus, und auf diesen Felsen will ich meine Kirche bauen.‹ Dieser imposante Satz, der in goldenen Lettern an der Kuppel des Petersdoms prangt, wurde von Jesus, nach allem, was wir heute wissen, niemals gesprochen«, schreibt der Historiker und Kirchenkritiker Karlheinz Deschner. Erst nach Jesu Tod erfand man die Trennung von Laien und Klerikern, wurden die Sakramente als monopolisierte Amtshandlungen der Priester eingeführt. Und selbst die Bischöfe (im ersten nachchristlichen Jahrhundert unbekannt) wurden anfangs noch von den Gemeinden gewählt und bei ungehörigem Benehmen davongejagt. Die Entwicklung der Amtskirche ist der Weg von der revolutionären Basisdemokratie zur absolutistischen Monarchie.

Doch nicht nur in der Organisationsform, auch auf spiritueller Ebene wurde die Lehre immer bizarrer und entfernte sich von den Alltagsbedürfnissen des Volkes: Mit Dogmen, auf die nur noch die hohen Würdenträger Einfluß hatten, legte man die unbefleckte Empfängnis Mariens, die Erbsünde, die Heilige Dreieinigkeit, das Zölibat, schließlich die Unfehlbarkeit der Päpste fest. Die Gemeindemitglieder wurden durch das »Apostolische Glaubensbekenntnis« zu Unterwerfung und blindem Gehorsam gezwungen. Und aus dem gemeinsamen Mahl, bei dem man verzehrte, was jeder, je nach Vermögen, mitgebracht hatte, wurde ein symbolischer Akt, der auf den Hunger der Armen keine Rücksicht mehr nahm und den Geldbeutel der Reichen schonte.

Aber bei aller Verschrobenheit und offenkundigen Heuchelei ihrer Würdenträger – die katholische Kirche hat alle konkurrierenden Weltreiche überlebt, hat Spaltungen, Reformations- und Ketzerbewegungen überstanden. Ein Verdienst zeitloser Werte? Oder Kunst des Taktierens? Nachdem im 20. Jahrhundert durch das Konkordat mit dem Faschismus und die Nähe zum Naziregime ein neuer Tiefpunkt im Ansehen der Kirche erreicht war, scheinen die apostolischen Nachfolger endlich um Dialog bemüht: II. Vatikanisches Konzil, öffentliches Schuldeingeständnis der Päpste und Öffnung der Vatikanarchive. Johannes Paul I. wollte 1978 sogar mit dubiosen Finanzgeschäften, übertriebenem Prunk und Korruption innerhalb der Amtskirche aufräumen. Doch sein Pontifikat war auffallend kurz (33 Tage), die Todesumstände mysteriös, und Albino Lucianis Leiche wurde so schnell einbalsamiert, daß eine Obduktion nicht mehr möglich war.

Den Nachfolger, Karol Wojtyla, schien man mit einem ganz konkreten Ziel gewählt zu haben: den Kommunismus im Ostblock zu besiegen. (Nichts ist für die Amtskirche gefährlicher als kommunistisches Gedankengut, könnte den Gläubigen doch die Nähe zu Jesu Lehre auffallen, wie der Kampf gegen die Befreiungstheologie in Südamerika beweist.) Nachdem der Eiserne Vorhang gefallen ist, haben sich die weltpolitischen Spannungen auf die Nord-Süd-Achse verschoben. Johannes Paul II., der die armen Länder wie kein Papst vorher bereiste, fordert den Schutz der Naturressourcen und pluralistische Medien, er geißelt die Kriegstreiberei der USA und verlangt langfristige Unterstützung für die Dritte Welt. Endlich die Kirche für die Armen also? Oder werden die Hungrigen mit

Worten abgespeist, während die Taten der Kirche weiterhin den Reichen in die Hände spielen? Und aus welchem Lager wird der nächste Pontifex maximus kommen?

Seitdem das II. Vatikanische Konzil einen vorsichtigen Modernisierungsversuch unternommen hat, sieht die konservative Fraktion den rechten Glauben bedroht. Bestes Beispiel ist das Opus Dei: Dessen Gründer Escrivá de Balaguer wollte vor allem gegen die »Verwesungsprozesse« der Kirche kämpfen, die vom Konzil in Gang gesetzt wurden. Doch heute wird Escrivá (den man vor wenigen Monaten heiligsprach) plötzlich als Vorreiter des II. Vatikanischen Konzils gefeiert, auch von ehemals kritischen Geistlichen wie Kardinal Lehmann. Woher kommt der plötzliche Einfluß des Opus Dei? Werden hinter den Kulissen schon die Weichen für das nächste Pontifikat gestellt? Welche Fraktionen sind im Rennen?

Und was haben diese machtpolitischen Fragen mit dem angeblichen Amoklauf eines jungen Unteroffiziers der Schweizergarde zu tun?

Dieses Buch gibt eine beunruhigende Antwort …

Christian Försch   Ferrara, im Februar 2003

Jesus sagte zu ihnen: »Ihr habt den Teufel zum Vater, und ihr wollt das tun, wonach es euren Vater verlangt. Er war ein Mörder von Anfang an. Und er steht nicht in der Wahrheit; denn es ist keine Wahrheit in ihm. Wenn er lügt, sagt er das, was aus ihm selbst kommt; denn er ist ein Lügner und ist der Vater der Lüge.«

Johannes 8,44

Darum sage ich euch: Wenn eure Gerechtigkeit nicht weit größer ist als die der Schriftgelehrten und Pharisäer, werdet ihr nicht in das Himmelreich kommen.

Matthäus 5,20

Es sind viele Schafe vor der Kirche und viele Wölfe drinnen.

Johannes Calvin

Anmerkung des italienischen Herausgebers

Dieser Enthüllungsbericht über die Bluttat des 4. Mai 1998 wurde von einer Gruppe von Geistlichen und Laien innerhalb des Vatikans verfaßt (»Discepoli di Verità«, dt.: Jünger der Wahrheit), die mit ihrem Schweigen nicht länger eine »offizielle Wahrheit« stützen wollen, die vom Heiligen Stuhl konstruiert und verbreitet wurde.

»Wir haben als gläubige Christen gemäß dem achten Gebot gehandelt«, erklären sie.

Der Verlag Kaos edizioni hat die Originalfassung – mit dem Einverständnis der Autoren – gründlich überarbeitet sowie Erläuterungen, bibliographische Hinweise und Pressezitate eingefügt.

1. Teil

BLUT UND LÜGEN
MIT
»MORALISCHER GEWISSHEIT«

1

Vatikanstadt, Montag, 4. Mai 1998. Kurz nach 21 Uhr stößt man in einem Kasernengebäude der Schweizergarde (in der Nähe des Sankt-Anna-Tores) auf einen grausigen Fund: In der Dienstwohnung von Alois Estermann, dem neuen Kommandanten der päpstlichen Garde, liegen drei Leichen in ihrem Blut. Es handelt sich um Oberstleutnant Estermann, seine Ehefrau Gladys Meza Romero und den Vizekorporal Cédric Tornay. Alle drei sind mit Schußwaffen niedergestreckt worden.* Eine Ordensschwester, deren Identität der Vatikan nicht preisgeben wird, hat die Leichen entdeckt.

Die schockierende Nachricht verbreitet sich wie ein Lauffeuer in dem Zwergstaat. Zu den ersten, die am Tatort eintreffen, gehören der Pressesprecher des Papstes, der spanische Laie Joaquín Navarro-Valls (ordentliches Mitglied des Opus Dei), Monsignore Giovanni Battista Re (Substitut für die Allgemeinen Angelegenheiten des Staatssekretariats) und Monsignore Pedro López Quintana (Assessor für die Allgemeinen Angelegenheiten des Staatssekretariats). Da der Tatort in keiner Weise gesichert wird, herrscht dort gegen 21.30 Uhr ein reges Kommen und Gehen: Prälaten, allerlei Kurienbeamte und Gardisten belagern die Wohnung und spazieren zwischen den Leichen umher. Man bekreuzigt sich eifrig, und irgendwann werden von Monsignore Re Pralinen gereicht. Es treffen auch drei ranghohe Beamte der vatikanischen Polizeitruppe (des Corpo di Vigilanza) ein, darunter der Generalinspekteur Camillo Cibin und sein Stellvertreter Raoul Bonarelli. In der Wohnung geht es drunter und drüber. Irgend jemand hat vier Gläser, die auf einem Tischchen standen, aus dem Weg räumen lassen, jemand anders hat sich an den Leichen zu schaffen

---

* Als man das Blutbad entdeckte, rang eines der Opfer – vermutlich Alois Estermann – laut einer glaubwürdigen Quelle noch mit dem Tod.

gemacht. Ein Beamter des Governatoratos, der vatikanischen Staatsverwaltung, kommt mit einer Polaroid-Kamera und fotografiert die Szenerie; doch die Aufnahmen wird man verschwinden lassen und durch Bilder ersetzen, die ein Fotograf des *Osservatore Romano* zu einem späteren Zeitpunkt aufnimmt. (Letztere werden offizielle Geltung erlangen und auch in die vatikanischen Ermittlungsakten Eingang finden.)

Die italienischen Polizeibehörden werden von dem Blutbad nicht einmal in Kenntnis gesetzt. Und obwohl dem Vatikanstaat für eine rasche und genaue Untersuchung ein adäquater Ermittlungsapparat fehlt, bittet der Heilige Stuhl die italienischen Behörden nicht um Amtshilfe.* Alles wird vom Corpo di Vigilanza geregelt. Noch vor dem Eintreffen des Richters – Einzelrichter Gianluigi Marrone wird gegen 22 Uhr vorstellig – hat man Dienstwohnung und Büro der Estermanns sowie die Unterkunft des Vizekorporals in der Kaserne durchsucht. Der Haussuchung in der Kaserne wohnt der Seelsorger der Schweizergarde, Monsignore Alois Jehle, bei.

Der Heilige Vater befindet sich unterdessen im Papstpalast, nur wenige Meter vom Tatort entfernt; als ihn die Nachricht von dem Blutbad erreicht, versenkt er sich ins Gebet. Kardinal Pio Laghi, einer der Minister der päpstlichen Kurie, erklärt: »Es ist schrecklich, furchtbar … Oberst Estermann ist gerade erst zum Chef der Garde Seiner Heiligkeit ernannt worden … Ich bin völlig verstört, das alles ist ein Alptraum.«** An der Mauer der Vatikanstadt, genauer gesagt: am Sankt-Anna-Tor, hat sich inzwischen ein Menschenauflauf gebildet, der aus Schaulustigen, Journalisten und Fernsehteams besteht.

Um Mitternacht läßt man mit Hilfe eines Ablenkungsmanövers die drei Leichen verschwinden. Inzwischen ist näm-

---

* Daß die italienische Polizei nicht eingeschaltet wurde, läuft der gängigen Praxis zuwider. Man denke z.B. an den Suizid des Rentners Benedetto Mininni im Petersdom am 26. August 1999. Sofort nach dem tragischen Zwischenfall wandten die Vatikanbehörden sich an »die italienische Polizei, die sich um die routinemäßigen Untersuchungen kümmerte.« (*La Stampa*, 27.8.1999).

** Monsignore Laghi wurde Ende der siebziger Jahre – damals war er noch apostolischer Nuntius in Argentinien – von Mino Pecorellis Zeitschrift *Op* als einer der vatikanischen Prälaten entlarvt, die den Freimaurerlogen angehören (vgl. Mario Guarino: *I mercanti del vaticano*. Kaos. Mailand 1998, S. 57).

lich ein Rettungswagen* des FAS (Fondo Assistenza Sanitaria, der Sanitätsdienst des Vatikanstaates) eingetroffen, und man tut so, als wolle man die Leichen in die römische Poliklinik Gemelli transportieren. In Wirklichkeit werden die drei Mordopfer jedoch auf Pritschen gelegt und von Schweizergardisten in die Leichenhalle des Vatikans, neben der Sankt-Anna-Kirche, gebracht. Mit diesem Schachzug will man verhindern, daß die Leichen außerhalb des Vatikans, in den Einrichtungen des FAS oder auch nur im Beisein des FAS-Personals, obduziert werden. Die leblosen Körper werden im Korridor des Leichenschauhauses nebeneinander auf den Boden gelegt und mit Laken verhüllt. Bei der Bergung vom Tatort und der Überführung der Opfer werden keinerlei ermittlungstechnische Vorsichtsmaßnahmen getroffen (weder Handschuhe für die Helfer noch Plastikhüllen für die Leichen).

Man bringt die Wohnung in Ordnung und läßt sie vom Wachkorps versiegeln. Die Leitung der Ermittlungen übernimmt der Einzelrichter des Vatikanstaates, Rechtsanwalt Gianluigi Marrone. Er ist ein Funktionär des italienischen Staatsapparates (von 1994 bis 1996 war er Kabinettschef der Parlamentspräsidentin Irene Pivetti, im Moment ist er Personalchef des Abgeordnetenhauses), seit 1988 bekleidet er das Amt des Einzelrichters am vatikanischen Gerichtshof; diese Tätigkeit ist ehrenamtlich und verlangt nur eine sporadische Anwesenheit in Vatikanstadt.** Marrone ordnet für den Folgetag eine Autopsie der drei Leichen an und betraut mit dieser Aufgabe die betagten Gerichtsmediziner Piero Fucci und Giovanni Arcudi, zwei Vertrauensleute des Vatikans.

Der 44jährige Alois Estermann stammte aus Gunzwil (im Schweizer Kanton Luzern) und war seit 1989 Vizekommandant der Schweizergarde. Wenige Stunden vor der Tat war er zum Chef der päpstlichen Leibgarde*** ernannt worden, und es fehlte nur noch die formelle Vereidigung, die am Mittwoch,

* Ein weißer Transporter der Marke Fiat, Kennzeichen: SCV 424.

** Der Vater des Rechtsanwalts Marrone war Kämmerer eines Kardinals und außerdem Offizier der päpstlichen Garde.

*** Die legendäre päpstliche Schweizergarde wurde im Januar 1506 gegründet und besteht aus 100 Soldaten, die sich aus praktizierenden Katholiken der verschiedenen Schweizer Kantone rekrutieren: Vier Offizieren

den 6. Mai, zelebriert werden sollte. Seine Frau Gladys Meza Romero, eine 49jährige Venezolanerin, war in der venezolanischen Botschaft am Heiligen Stuhl beschäftigt. Der Vizekorporal Cédric Tornay, 23 Jahre alt, aus Saint-Maurice (im Schweizer Kanton Wallis) leistete seit dem 1. Dezember 1994 Dienst in der Schweizergarde.

Obwohl bei diesem dreifachen Tötungsdelikt fürs erste nur die Identität der Opfer zweifelsfrei geklärt ist, hat der Heilige Stuhl schon in derselben Nacht eine Rekonstruktion des Geschehens parat, die – gelinde gesagt – etwas willkürlich klingt. Kurz nach 24 Uhr verbreitet der Pressesprecher des Papstes ein entsprechendes Kommuniqué*:

Laut Joaquín Navarro-Valls habe eine »Mieterin der Nachbarwohnung« die Leichen entdeckt, nachdem sie durch »laute Geräusche«** aus der Wohnung der Estermanns aufmerksam

(Oberstkorpskommandant, Oberstleutnant, Major und Hauptmann), einem Militärseelsorger, 23 Unteroffizieren, 70 Hellebardieren und zwei Tambours obliegt einzig die Aufgabe, »Seine Heiligkeit den Papst und dessen Residenz zu beschützen«.

* Das Presseamt des Heiligen Stuhles »erläßt« mit dem Bulletin Nr. 184, datiert vom 5. Mai 1998, die offizielle Version: »Kurz nach 24 Uhr in der vergangenen Nacht hat der Direktor des Presseamts am Heiligen Stuhl, Dr. Joaquín Navarro-Valls, den Journalisten folgende Erklärung übermittelt: ›Der Korpskommandant der päpstlichen Schweizergarde, Oberstleutnant Alois Estermann, wurde gemeinsam mit seiner Gattin Gladys Meza und dem Vizekorporal Cédric Tornay in seiner Wohnung tot aufgefunden. Die Leichen wurden kurz nach 21 Uhr von einer Mieterin der Nachbarwohnung entdeckt, die durch die lauten Geräusche aus der Nebenwohnung aufmerksam geworden war. Nach einer ersten Begutachtung der Sachlage kann davon ausgegangen werden, daß alle drei durch Schußwaffen getötet wurden. Unter der Leiche des Vizekorporals wurde dessen Dienstwaffe entdeckt. Die Ermittlungen werden vom Einzelrichter des Vatikanstaates, Rechtsanwalt Gianluigi Marrone, geleitet, welcher die sofortige Obduktion der Leichen angeordnet hat. Die Autopsie wird noch am kommenden Vormittag von den Professoren Piero Fucci und Giovanni Arcudi, den gerichtsmedizinischen Beratern der Leitung des vatikanischen Sanitätsdienstes, in Vatikanstadt durchgeführt. Die bisher festgestellten Einzelheiten deuten darauf hin, daß der Vizekorporal Tornay in einem plötzlichen Anfall von Wahnsinn gehandelt hat.‹«

** Der Pressesprecher erläutert nicht, ob es sich bei den »lauten Geräuschen«, die die anonyme Zeugin vernommen hat, um Schüsse oder andere Geräusche gehandelt hat. Dieselbe Zeugin gab an, so Navarro-Valls, daß die Wohnungstür der Estermanns weit offen gestanden habe.

geworden sei. »Nach einer ersten Begutachtung der Sachlage«, präzisiert der Pressesprecher, »kann davon ausgegangen werden, daß Estermann, seine Frau und Tornay mit einer Schußwaffe getötet wurden«. Außerdem soll »unter der Leiche des Vizekorporals dessen Dienstwaffe entdeckt« worden sein. Anschließend gibt Navarro-Valls folgende Rekonstruktion des Tathergangs zum besten: Vizekorporal Tornay habe sich gegen 21 Uhr in die Wohnung des neuen Kommandanten der Garde begeben und »in einem Anfall von Wahnsinn« mit seiner Dienstpistole das Ehepaar Estermann erschossen, danach habe er sich selbst getötet. »Der Vatikan hat die moralische Gewißheit, daß die Ereignisse sich so zugetragen haben«, schließt der Pressesprecher in kategorischem Ton.*

Noch vor der Obduktion der Leichen, vor der Spurenauswertung am Tatort, vor der ballistischen Untersuchung, vor der Zeugenvernehmung und der Analyse der wichtigsten Fundstücke, ja selbst bevor die Justiz des Vatikans ihre Ansicht geäußert hat, verbreitet der Heilige Stuhl in derselben Nacht vom 4. auf den 5. Mai eine »Wahrheit«, die sich auf eine sogenannte »moralische Gewißheit« gründet und den Fall abschließt, ehe er eröffnet wurde: In einem »Anfall von Wahnsinn« habe der junge Unteroffizier Cédric Tornay das Ehepaar Estermann mit der Dienstpistole erschossen und danach mit derselben Waffe Selbstmord begangen.

Es ist höchst aufschlußreich, mit welcher Hast und Willkür der Vatikan wenige Stunden nach dem Blutbad diese Version der Ereignisse liefert. Indem er die Tragödie mit einem unvorhersehbaren Raptus des jungen Tornay abtut, versucht der Heilige Stuhl dem Dreifachmord eine banale Deutung zu geben und den Sprengstoff zu entschärfen, der sich in Wahrheit dahinter verbirgt. Oberstleutnant Alois Estermann ist nämlich ein äußerst prominentes Opfer.

Der Name des Offiziers, der nur neun Stunden vor dem

---

* »Der Ablauf des Blutbades ist für die päpstlichen Behörden vollkommen klar, eine weitere Untersuchung des Falles daher überflüssig. Die Lesart des ›Anfalls von Wahnsinn‹ wurde vom Vatikan bestätigt«, meldet *La Repubblica* am 5. Mai 1998. Man vergleiche auch andere italienische Tageszeitungen, die am Tag nach der Tragödie einhellig dieselbe Version der Ereignisse liefern und von Cédric Tornays »Anfall von Wahnsinn« sprechen.

Blutbad zum Kommandanten der Schweizergarde ernannt wurde* – nachdem dieser bedeutende Posten viele Monate lang aus rätselhaften Gründen vakant geblieben war –, ist nämlich mit einem weiteren mysteriösen Verbrechen verknüpft, um das sich zahlreiche Legenden ranken. Gemeint ist das Papstattentat vom 13. Mai 1981, bei dem Johannes Paul II. von dem Türken Ali Agca auf dem Petersplatz angeschossen wurde. Bei jenem Zwischenfall – so melden die italienischen und ausländischen Blätter vom 5. Mai 1998 – habe einer der Sicherheitsleute, der damalige Hauptmann der Schweizergarde Alois Estermann, »nach den ersten Schüssen von Agca versucht, sich als lebendes Schutzschild vor den Papst zu werfen.«** Diese Heldenmär, die von der Presseabteilung des Heiligen Stuhls verbreitet wird, entspricht nicht den Tatsachen.

* * *

In der Nacht vom 4. auf den 5. Mai empfängt ein ehemaliger Offizier der Schweizergarde in seiner römischen Privatwohnung hohen Besuch: einen Carabinieri-Offizier und drei Beamte des SISMI (der militärische Nachrichtendienst Italiens). Knapp eine Stunde nach Entdeckung der Leichen hat der ehemalige Schweizergardist einen Anruf aus der Gardekaserne bekommen und ist über die Ereignisse informiert worden.

Die Besucher wollen Näheres über die Bluttat erfahren, außerdem soll der Ex-Offizier der Garde überprüfen, ob der Vatikan die italienische Polizei in irgendeiner Form in die Ermittlungen eingeschaltet hat. Der Schnellschuß, den der Pressesprecher des Heiligen Stuhles abgegeben hat, erregt das Mißtrauen der italienischen Geheimdienste (ebenso wie anderer westlicher Dienste), und so leitet man eine Parallelermittlung ein.

---

* Am 4. Mai um 11 Uhr hatte Monsignore Giovanni Battista Re, der Substitut für die Allgemeinen Angelegenheiten, im Theater der Gardekaserne informell mitgeteilt, daß Estermann zum Kommandanten ernannt würde. Um 12 Uhr wurde die Nachricht dann vom Presseamt des Heiligen Stuhls offiziell verbreitet.
** *La Stampa*, 5.5.1998.

2

Innerhalb weniger Stunden verbreitet sich die Nachricht von der Bluttat im Vatikan über den ganzen Globus. Nicht nur das brutale Verbrechen an sich (ein Dreifachmord in den heiligen Mauern des Vatikans, in unmittelbarer Nähe der päpstlichen Privatresidenz), sondern auch die Identität der drei Opfer (der designierte Kommandant der Schweizergarde, seine Frau und ein junger Unteroffizier) und das ungeklärte Tatmotiv sorgen für Aufregung. Durch das attraktive Äußere des jungen Tornay und die schillernde Persönlichkeit Gladys Romeros werden vor allem Gerüchte über einen möglichen Lustmord genährt.*

Am Dienstag, den 5. Mai, findet in den frühen Morgenstunden im Staatssekretariat eine streng vertrauliche Sitzung statt. Anwesend sind der Substitut Giovanni Battista Re (mit seinen engsten Mitarbeitern), der Schweizer Kardinal Gilberto Agustoni (der Präfekt des Obersten Gerichtshofs der Apostolischen Signatur) und Joaquín Navarro-Valls. Auch der Einzelrichter des Vatikanstaates, Gianluigi Marrone, soll unter den Teilnehmern gewesen sein sowie, zumindest zeitweise, Staatssekretär Kardinal Angelo Sodano.

Um sieben Uhr hat Monsignore Alois Jehle (der Militärkaplan übernimmt mit dem Ableben Estermanns vorübergehend das Kommando über das Korps) alle Mitglieder der Schweizergarde (Offiziere und Unteroffiziere inbegriffen) im Ehrenhof der Kaserne antreten lassen. Monsignore Jehle teilt den Anwesenden die offizielle Version der Ereignisse mit und zeigt einen »Abschiedsbrief« vor, den Cédric Tornay keine

---

* Die Gerüchte, die von der Presse in großem Stil verbreitet werden, unterstellen morbide Beziehungen zwischen dem Ehepaar Estermann und Cédric Tornay, man spekuliert über ein homosexuelles Verhältnis zwischen dem frisch ernannten Kommandanten und dem jungen Vizekorporal oder über eine Beziehung zwischen Tornay und Frau Estermann.

zwei Stunden vor der Tat verfaßt haben soll.* Er verliest den
Brief und verlangt von den Kameraden einen speziellen Treue-
schwur: Was auch immer der Schweizergarde zum Schaden
gereichen könnte, muß geheimgehalten werden, selbst gegenüber den Justizbehörden des Vatikans.

Kurz darauf rückt der Sprecher des Vatikans, Joaquín Navarro-Valls, in einer überfüllten Pressekonferenz die Dinge
wieder gerade. »Es ist absolut ausgeschlossen, daß amouröse
Verwicklungen eine Rolle gespielt haben.** Ich habe das Ehepaar Estermann gut gekannt. Sie führten eine mustergültige
Ehe, und daß sie kinderlos geblieben sind, spielt dabei keine
Rolle, denn sie widmeten ihre Energie wohltätigen Zwecken.
Es war ein Akt des Wahnsinns, ein plötzlicher Anfall des Vizekorporals Tornay.« Der Pressesprecher Seiner Heiligkeit zeigt
sich – obgleich ohne Befugnisse – über die Sachlage bestens
informiert, so als hätte er im Schnellverfahren eine persönliche
Untersuchung durchgeführt: Zwischen dem Unteroffizier
und seinem Kommandanten sei es zu Auseinandersetzungen
über Fragen der Disziplin gekommen, Tornay habe sich als
aufsässiger Soldat erwiesen, der sich »der Disziplin der Truppe
systematisch widersetzt« habe und schließlich »am 12. Februar von Oberst Estermann eine schriftliche Abmahnung erhielt, in der man ihn höflich, aber bestimmt zur Ordnung rief,
da er eine Nacht nicht in der Kaserne erschienen war«. Navarro-Valls versichert, daß »sich dieser Zwischenfall [will
heißen: die Bluttat, Anm. d. it. Red.] in jeder anderen sozialen
Gruppe hätte ereignen können. Wie es eben passiert, wenn ein
völlig normaler Mensch so lange ein Ressentiment in sich
nährt, bis es schließlich zum Ausbruch kommt. Letzten Endes
stehen wir hier vor den Mysterien der menschlichen Psyche.«

Obwohl »noch die Ergebnisse der Obduktion und anderer

* Es wird nicht mitgeteilt, ob es sich bei dem mysteriösen »Abschiedsbrief«,
den der Militärkaplan triumphierend schwenkt, um das Original oder eine Kopie handelt. Sicher ist dagegen, daß Monsignore Jehle sich einer gravierenden
Kompetenzüberschreitung schuldig gemacht und zumindest das Dienstgeheimnis verletzt hat.

** Um Mißverständnissen vorzubeugen, versichert der Pressesprecher, daß
man die drei Leichen »bekleidet« vorgefunden habe, allerdings führt er nicht
aus, welche Kleidungsstücke sie trugen.

Untersuchungen fehlen«, wie er selbst einräumt, erklärt der päpstliche Pressesprecher haarklein, wie sich das Verbrechen abgespielt hat: »Gegen neun Uhr abends hat sich der Vizekorporal zur Wohnung des Kommandanten begeben und geklingelt. Kaum hatte man ihn in einen kleinen Salon neben dem Eingang vorgelassen, begann er auch schon zu schießen. Nachdem er auf Estermann und dessen Frau gefeuert hatte, wendete er die Waffe gegen sich selbst und schoß sich in den Mund. Die Waffe fand sich unter seiner Leiche [...] und die Registriernummer bestätigt, daß es sich um die Dienstwaffe des Vizekorporals handelt. Er gab fünf Schüsse ab, einer blieb im Lauf stecken. Zwei Projektile wurden im Körper des Kommandanten gefunden, ein weiteres steckte, mit Spuren menschlichen Gewebes, in der Zimmerdecke. Dieser Anfall von Wahnsinn war die Ausgeburt eines zerquälten Gemüts, das sich innerhalb der Schweizergarde nicht genügend respektiert fühlte«, versichert Navarro-Valls, wobei er auch auf eine Verdienstmedaille hinweist, die Tornay durch Estermann verweigert worden sei. »Alles ist vollkommen klar, andere Hypothesen entbehren jeglicher Grundlage«, versichert das Mitglied des Opus Dei kategorisch.

Für diese Version spricht nur eines: daß man das mysteriöse Verbrechen mit einem plötzlichen »Anfall von Wahnsinn« eines labilen jungen Mannes abtun kann. Doch um seine Lesart zu untermauern, behauptet der allwissende Sprecher des Heiligen Stuhls überdies, Vizekorporal Tornay habe gegen 19.30 Uhr, also anderthalb Stunden vor der Tat, einem Kameraden einen »Abschiedsbrief« überreicht und dazu gesagt: »Falls mir etwas zustoßen sollte, dann gib ihn meinen Eltern.«* Der Brief des Amokläufers wurde, laut Navarro-Valls, dem Einzelrichter Marrone ausgehändigt, welcher ihn seinerseits an die Angehörigen des Unteroffiziers weiterleiten werde, die gerade nach Rom unterwegs seien: »Es liegt im

* Die Eltern des Vizekorporals lebten seit vielen Jahren getrennt, und wenn er sich in der Schweiz aufhielt, wohnte Tornay bei seiner Mutter. Von daher ist es äußerst unwahrscheinlich, daß der junge Soldat von seinen »Eltern« gesprochen haben soll.
Aber der Pressesprecher teilte den Journalisten ja auch, ohne mit der Wimper zu zucken, mit, daß die Schweizergardisten »aus freien Stücken entschieden« hätten, keinerlei Erklärung abzugeben, und zwar »aus Respekt vor den Toten«.

Ermessen von Tornays Familie, ob sie den Inhalt des Briefes publik machen will oder nicht.« Dem Pressesprecher scheint der offenkundige Widerspruch zwischen einem plötzlichen »Anfall von Wahnsinn« und jenem merkwürdigen, anderthalb Stunden vor dem Blutbad verfaßten Brief nicht bewußt zu sein. Falls dieser Brief authentisch sein sollte, würde er nämlich einen präzisen Vorsatz beim Amokschützen beweisen. Navarro-Valls prägt bei dieser Gelegenheit also den neuartigen Begriff des »vorsätzlichen Anfalls«.

Das Presseorgan des Heiligen Stuhls, der *Osservatore Romano*, druckt die offizielle Lesart umgehend auf der Titelseite: »Fassungslosigkeit, Schock, Trauer: dies sind die Gefühle, die nach dem tragischen Tod Alois Estermanns und seiner Frau Gladys Meza Romero im Vatikan vorherrschen. Estermann war nur wenige Stunden zuvor zum Kommandanten der Schweizergarde ernannt worden. Das Ehepaar wurde von Vizekorporal Cédric Tornay getötet, der sich anschließend das Leben nahm. Der junge Unteroffizier, seit dreieinhalb Jahren im Dienst, war vom Oberstleutnant in der Vergangenheit mehrfach verwarnt worden. Es ist daher sehr wahrscheinlich, daß der Auslöser der Tragödie in einem plötzlichen Anfall von Wahnsinn zu suchen ist, der Tornay zu der furchtbaren Tat getrieben hat.«

Doch das vatikanische Blatt ist ein notorisches Sprachrohr der Zensur und Desinformation, das man am ehesten mit der *Prawda* der Sowjetära vergleichen kann. Und der Pressesprecher des Papstes, Navarro-Valls, hat bekanntermaßen eine Schwäche für Verschleierungen und genehme Lesarten.* In-

---

* »Bereits wenige Minuten nach dem Blutbad war Navarro-Valls am Tatort, in der Kaserne der Schweizergarde. Schon vier Stunden später, mitten in der Nacht, hat er der Weltöffentlichkeit seinen Lösungsschlüssel für das Rätsel präsentiert: ›Anfall von Wahnsinn‹ ... Man wird Joaquín Navarro-Valls, der seit 14 Jahren der Presseabteilung des Vatikans vorsteht, diesmal vielleicht Glauben schenken. Was bei ihm Seltenheitswert hat. Navarro hat sich im Vatikan immer der Mystifikationen bedient. Und bisweilen der Lüge. Auch seine Vergangenheit ist voller dunkler Schatten ... Die Vatikanforscher trauen seinen Wahrheiten schon seit geraumer Zeit nicht mehr. Zwischen Weihnachten und Neujahr 1990 gab er mit seinen Bulletins fast täglich ein Sperrfeuer gegen die ›Yankees‹ ab, die damals Panama bombardierten, während sich der Diktator Manuel Noriega in die vatikanische Nuntiatur geflüchtet hatte. Am Ende lieferte der Nun-

nerhalb des Vatikanstaates glaubt daher kaum jemand an diese allzu prompt und bestimmt vorgetragene Interpretation des Geschehens. Daß es sich bei der offiziellen Wahrheit um eine vorgefertigte Story handelt, wird auch den wenigen Zweiflern allein dadurch klar, daß der Pressesprecher sich tunlichst bemüht, die Estermanns als ein x-beliebiges, unauffälliges Ehepaar darzustellen, während im Vatikan doch jedermann über das Gegenteil unterrichtet ist. Alois Estermann und Gladys Meza Romero hatten nämlich von Beginn an Stoff für Klatsch geliefert und die Gerüchteküche angeheizt.[*]

* * *

Die offizielle Lesart, mit der die Behörden des Heiligen Stuhls das Blutbad vom 4. Mai entschärfen wollen, ist nicht einmal besonders originell. Sie ist einem Gewaltverbrechen nachempfunden, das sich 1959 im Vatikan ereignete, also im Grunde eine Neuauflage.

Am 8. April des besagten Jahres drang der junge Korporal Adolf Rückert (aus dem Wallis, wie Cédric Tornay) am späten Vormittag ins Büro des Kommandanten der Schweizergarde, Oberst Robert Nünlist (aus Luzern, wie Alois Estermann), ein und feuerte aus seiner Dienstpistole vier Schüsse auf ihn ab; anschließend versuchte er Selbstmord zu begehen, was jedoch durch eine Ladehemmung verhindert wurde.

Dem Mordversuch (Oberst Nünlist wurde zwar schwer verletzt, überlebte aber den Anschlag) war der Streit um ein ärztliches Attest vorausgegangen. Rückert hatte das Dokument gefälscht, weshalb der Kommandant seinen Untergebenen aus

tius Noriega doch an die Amerikaner aus. Sollte die Aufgabe des Vatikansprechers darin bestanden haben, ein paar Nebelkerzen abzubrennen, so ist ihm das glänzend gelungen.« (Sandro Magister: »Qui le dico e qui le smentisco«. In: L'Espresso, 21.5.1998.)

[*] Es sei ausdrücklich darauf hingewiesen, daß die Gerüchte und Verdächtigungen, die im Vatikan über geheime Aktivitäten der Estermanns kursierten (und die im dritten Teil dieses Buches referiert werden), keine illegalen Tätigkeiten zum Gegenstand hatten. Sie werden allein deshalb angeführt, damit dem Leser deutlich wird, in welche Richtung eine Ermittlung unter anderem hätte vordringen müssen, wenn man sich denn für Motiv, Auftraggeber und Ausführende des Blutbades vom 4. Mai ernsthaft interessiert hätte.

der Garde entlassen wollte. Dieser verlor daraufhin die Kontrolle über sich. Das Motiv des Amoklaufs war also ein gravierendes Dienstvergehen, und der Mordversuch geschah in einem Augenblick geistiger Umnachtung. Tatsächlich hat man später bei Korporal Rückert eine schwere psychische Störung diagnostiziert und ihn in eine Schweizer Nervenheilanstalt überwiesen.

3

48 Stunden nach der Tat bleibt das Blutbad vom 4. Mai ein Mysterium. Auf der einen Seite existiert die offizielle Version des Heiligen Stuhls, der den Vorfall mit einem »vorsätzlichen Anfall von Wahnsinn« erklären möchte. Andererseits läuft ein Ermittlungsverfahren durch die vatikanischen Behörden, ein Verfahren, dem man allerdings weder Unabhängigkeit noch zeitgemäße Methoden bescheinigen möchte und dessen Ausgang völlig ungewiß ist. In dem Vakuum bleibt Raum für Zweifel, Gerüchte und Verdächtigungen.

Aus der Schweiz meldet sich Mélinda Tornay, eine der Schwestern des angeblichen Amokschützen, zu Wort: »Ich glaube, der Vatikan wird uns niemals die ganze Wahrheit über den Tod meines Bruders mitteilen. In den Zeitungen ist von einem an uns adressierten Brief die Rede, in dem Cédric die Beweggründe seiner Tat erklärt haben soll, aber wir Angehörige haben diesen Brief nie zu Gesicht bekommen, wir wissen gar nichts, niemand klärt uns auf. Diesen Brief würden wir gerne sehen … Im Radio haben wir gehört, daß in wenigen Stunden das Begräbnis stattfinden soll, nicht einmal darüber haben uns die Behörden in Kenntnis gesetzt. Es wirkt so, als hätte der Vatikan die ganze Angelegenheit schon abgeschlossen und zu den Akten gelegt.«

Sollte Tornay tatsächlich anderthalb Stunden vor dem Massaker – wie der Heilige Stuhl meint – einen Abschiedsbrief verfaßt haben,* wie kann man die Tat dann auf einen plötzlichen »Anfall von Wahnsinn« zurückführen? Und was genau steht in dem mysteriösen Schreiben? Wenn der Auslöser für den Mord tatsächlich die Auseinandersetzungen mit dem Kommandanten Estermann über disziplinäre Fragen waren

---

* Tornay soll einem anonym gebliebenen Kameraden den mysteriösen Brief am 4. Mai gegen 19.30 Uhr anvertraut haben. Dieser Hellebardier namens C.G. quittierte wenige Monate nach der Tat den Dienst in der Schweizergarde.

(wie der Vatikan glaubt), warum sollte Tornay dann auch Gladys, die Ehefrau, getötet haben? Wer ist die Zeugin, die am Abend des 4. Mai die Leichen entdeckt hat, und warum ist sie von »lauten Geräuschen« und nicht von Schüssen in das Apartment der Estermanns gelockt worden? Und warum stand die Tür der besagten Wohnung offen?

Durch die heiligen Mauern und die internationalen Gazetten schwirren Gerüchte und abenteuerliche Theorien. Man behauptet, daß fünf Schüsse aus der Tatwaffe abgegeben worden seien, in der Wohnung habe man aber nur vier Patronenhülsen entdeckt. Außerdem soll Estermann im Augenblick des Massakers telefoniert haben, für die Tat gebe es also zumindest einen »Ohrenzeugen«. In der Gardekaserne wird gemunkelt, daß man in der Wohnung der Estermanns neben den Leichen auch vier benutzte Gläser gefunden habe, folglich sei mindestens eine weitere Person anwesend gewesen. Einzig den Pressesprecher Navarro-Valls ficht kein Zweifel an, seiner Meinung nach ist alles geklärt, und der Rest sind Hirngespinste von Hobbykriminalisten.

Mittwoch, 6. Mai, Nachmittag: Der Heilige Stuhl teilt mit, was er für »die Ergebnisse der Autopsie«* hält. Er tut dies im Bulletin Nr. 186 des Presseamts, das die folgende Erklärung des Sprechers Navarro-Valls verbreitet:

»Wie bereits gestern angekündigt, bin ich nun in der Lage, die Ergebnisse der Autopsie bekanntzugeben. Die Obduktion wurde an den sterblichen Überresten des Kommandanten der päpstlichen Schweizergarde, Alois Estermann, seiner Gattin Gladys Meza Romero sowie des Vizekorporals Cédric Tornay durchgeführt.

Die Leiche des Kommandanten Estermann wies Schußverletzungen auf, die von zwei Projektilen stammen. Ein Projektil ist in das Gesicht – am linken Jochbogen – eingedrungen und hat Halswirbelsäule und Rückenmark beschädigt. Das andere ist im

---

* Diese Autopsie wurde, wie angekündigt, von den Professoren Piero Fucci und Giovanni Arcudi durchgeführt, Gerichtsmedizinern, die Navarro-Valls wie folgt definiert: »Zwei Experten, die seit über zwanzig Jahren für den Vatikan arbeiten und die unser volles Vertrauen genießen.«

Bereich des linken Deltamuskels in den Körper ein- und an der linken Schulter wieder ausgetreten, um erneut auf der linken Halsseite einzudringen, von dort seinen Weg nach rechts fortzusetzen, auf Höhe der obersten Wirbel in den Rückenmarkskanal einzudringen und dabei sowohl Rückenmarkskanal wie Hirngewebe zu durchtrennen.

Die Leiche der Gattin, Gladys Meza, wies ein einziges Einschußloch auf, und zwar in der linken Schulter, nach rechts weisend. Von dort ist das Projektil in die Wirbelsäule vorgedrungen.

Die Leiche des Vizekorporals Cédric Tornay wies eine Austrittsöffnung im unteren Teil des Hinterkopfes auf, das entsprechende Projektil war im Bereich des Mundes eingetreten.

Im Moment laufen weitere anatomische und labortechnische Untersuchungen. Nach einer ersten Rekonstruktion des Geschehens und der Sichtung der Autopsieergebnisse muß davon ausgegangen werden, daß der Vizekorporal Cédric Tornay mit der Dienstwaffe zuerst zwei Schüsse auf den Kommandanten Estermann und dann einen Schuß auf dessen Gattin abgefeuert hat. Anschließend hat er Selbstmord verübt.

Es wird bestätigt, daß Staatssekretär Kardinal Angelo Sodano heute Nachmittag um 17 Uhr am päpstlichen Altar der vatikanischen Basilika die Totenmesse zelebrieren wird.«

Es liegt auf der Hand, daß das Bulletin Nr. 186 nicht mit den Ergebnissen einer Autopsie, sondern lediglich mit einigen verkürzten Betrachtungen aufwartet, die anhand der äußerlichen Verletzungen der Leichen angestellt wurden. Die Ungenauigkeiten haben nur eine präzise Stoßrichtung: Sie stützen hundertprozentig die offizielle Version, die der prophetische Navarro-Valls schon im Anschluß an die Tat verkündet hatte.*

---

* Die römische Tageszeitung *Il Messaggero* berichtet am 7. Mai 1998 über folgenden Zwischenfall: »Am Dienstag morgen um 8.30 Uhr fanden die Chefredakteure von Radio Vatikan auf ihren Schreibtischen einen Durchschlag mit der Navarro-Vallsschen Erklärung vom ›Anfall von Wahnsinn‹. Die Kommentare im Treppenhaus hatten alle denselben Tenor: ›Wenn Navarro die Sache so darstellt, dann wissen wir wenigstens, wie es sich nicht abgespielt hat.‹«
Der Programmchef von Radio Vatikan, Pater Federico Lombardi, schreibt daraufhin einen Protestbrief, in dem er diesen Zwischenfall dementiert, und am Folgetag leistet die Direktion des *Messaggero* öffentlich Abbitte.

Wie das Mitglied des Opus Dei nämlich feststellt, sei Estermann von zwei Schüssen, Gladys von einem Schuß aus Tornays Dienstpistole getötet worden. Anschließend habe sich der Vizekorporal in den Mund geschossen, und sein Körper sei bäuchlings zu Boden gestürzt, wobei er die Tatwaffe unter sich begraben habe.*

Ein internationaler Experte für Gerichtsmedizin kommentiert das oberflächliche Bulletin Nr. 186 und die Worte Navarro-Valls' wie folgt:

»Es handelt sich hierbei weder um eine Zusammenfassung noch um einen Autopsiebericht, denn der Text geht vor allem den Todesursachen nicht auf den Grund, ja, es finden sich nicht einmal Andeutungen in dieser Richtung. Es könnte sich also um einen Passus aus einem aussagekräftigeren Text handeln (allerdings fehlen die Vergleichsmöglichkeiten zwischen den Versionen), doch auch dann dürfte die Originalfassung des Schriftstücks dem gerichtsmedizinischen Sachverstand und Berufsethos widersprechen.

Auch in lexikalischer Hinsicht weicht der Text vom gerichtsmedizinischen Sprachgebrauch ab. Vielleicht ist er für ein breites Publikum bestimmt. Doch in diesem Fall würde der Text in Fachkreisen einen denkbar ungünstigen Eindruck hinterlassen. Es könnte sich schlichtweg um einen provisorischen Bericht handeln, wie ihn Polizeiorgane bei der Bergung von Leichen erstellen.

Dieses offizielle Kommuniqué des Vatikans weist gravierende Lücken auf; folgende Elemente, die kein Autopsiebericht aussparen darf, finden nicht einmal Erwähnung: Wurden die Schüsse mit aufgesetztem Lauf, aus der Nähe oder aus größerer Entfernung

---

* Der Vatikan behauptet, bei der Waffe, die man am Abend des 4. Mai unter der Leiche des Vizekorporals gefunden habe, handle es sich um dessen Dienstpistole. Tornay habe mit dem Gesicht nach unten auf dem Boden gelegen und die Waffe in Beckenhöhe unter sich begraben. Die Pistole – eine SIG Mod. 75 mit neunschüssigem Magazin, Registriernummer A-1-101-415 – stamme aus dem Bestand der päpstlichen Schweizergarde. Die Waffe, die über eine hohe Durchschlagskraft verfügt, ist auch in der Schweizer Armee gebräuchlich. Aber es ist keineswegs sicher, daß es sich bei dieser Waffe um die Tatwaffe handelt, ebensowenig ist nachgewiesen, daß Tornay die tödlichen Schüsse abgab. Angesichts der Durchschlagskraft der SIG 75 ist es zudem höchst unwahrscheinlich, daß der Körper Tornays nach dem Schuß in den Mund auf den Bauch (d. h. nach vorne) und nicht auf den Rücken gefallen ist.

auf die Opfer abgefeuert? Wo liegen die Einschlagstellen der Projektile?«

Die unzureichenden Erklärungen des Bulletins lösen Ratlosigkeit und Verstörung aus. Alle entscheidenden Fragen bleiben unbeantwortet: Wie ist es zu erklären, daß niemand die Schüsse gehört hat? Warum wird a priori die Hypothese ausgeschlossen, daß Tornay bereits tot gewesen sein könnte, als er in das Apartment gebracht wurde? Und vor allem: Aus welchem Grund ist der Posten des Kommandanten in der päpstlichen Garde über Monate vakant geblieben (ein einmaliger Fall in der fünfhundertjährigen Geschichte des Korps), und warum ist der designierte Offizier nur wenige Stunden nach der umstrittenen Ernennung einem Mord zum Opfer gefallen?

Manch einer im Vatikan macht auf die Bischofssynode aufmerksam. Am Nachmittag des 4. Mai hatte sich nämlich in der Nähe des Tatorts eine informelle Arbeitsgruppe der Synode (mehrere Bischöfe mit den jeweiligen Sekretären) versammelt, und zwar in der Wohnung des Militärseelsorgers der Garde, Monsignore Jehle, d. h. im ersten Stock des Gebäudes, in dem später das Blutbad angerichtet wurde. Tornay war zu einem Sonderdienst bei dieser Arbeitsgruppe abkommandiert und sollte den Gebäudeeingang überwachen; unterdessen waren drei asiatische Bischöfe aus dem Dunstkreis des Opus Dei bei den Estermanns zu Gast. Man erzählt sich, daß der Schweizer Kardinal Henri Schwery an jenem Nachmittag lange mit dem Vizekorporal gesprochen habe und daß er sich im Moment des Blutbades in der Kaserne der Schweizergarde aufgehalten habe. Außerdem soll Tornay, als man die Leichen entdeckte, seine Dienstuniform getragen haben, diese sei jedoch schleunigst durch Zivilkleidung ersetzt worden, ehe der Einzelrichter Gianluigi Marrone am Tatort eingetroffen sei. Auch die Kleidung Frau Estermanns soll ausgetauscht worden sein.*

Am Mittwoch, den 6. Mai, ruft man auf die schnelle den Ex-Kommandanten der Garde, Oberst Roland Buchs, in den Vati-

---

* Der Heilige Stuhl hat in seinen Verlautbarungen niemals klargestellt, welche Kleidungsstücke die Leichen am Tatort trugen.

kan zurück und überträgt ihm vorübergehend den Oberbefehl über das Korps. Diese Funktion wird er nur bis zum 30. Juli desselben Jahres ausüben, denn offensichtlich glaubt auch er nicht an die offizielle Tatversion des Heiligen Stuhls.

Während seiner gesamten Interimszeit wird Roland Buchs kein einziges Mal die Kommandeursuniform anlegen, nicht einmal anläßlich seiner Vereidigung (die am 28. Juni im Ehrenhof der Kaserne stattfindet). Als der Substitut Monsignore Re ihn in vorwurfsvollem Ton darauf hinweist, antwortet der Oberst sarkastisch, die Uniform sei gerade »in der Reinigung«.

✳ ✳ ✳

»Der Vatikan hat nicht die Mittel, um einen derartigen Fall zu untersuchen«, meint der Autor David Yallop, ein Experte für Vatikanfragen. »Er müßte Polizei- und Justizbehörden des italienischen Staates einschalten ... Ein Professor oder ein Rechtsanwalt – sie mögen noch so fähig sein – reichen nicht aus, um einer solchen Geschichte auf den Grund zu gehen; dazu sind Techniker, Kriminalbeamte und Ausrüstung nötig, kurz und gut: die Organe eines echten, modernen Staates, und darüber verfügt der Vatikan nicht.«

»Der Vatikan hat die italienische Regierung in keiner Form um Unterstützung gebeten«, bestätigt der Innenminister Giorgio Napolitano am 6. Mai, »und ohne eine entsprechende Anfrage werden weder Polizei noch Justiz tätig. Wir sind in keiner Weise [an den Ermittlungen] beteiligt.«

Eine Mailänder Tageszeitung referiert die Äußerungen eines »Polizisten, der in engstem Kontakt zum päpstlichen Geheimdienst steht«: eines italienischen Beamten, der im Inneren der heiligen Mauern »einen Vertrauensmann unter den Hellebardieren hat, die man in Trauerkleidung gesteckt und mit Maulkorb versehen hat«.* Der italienische Ermittler zeigt sich skeptisch und meldet schwerwiegende Zweifel an: »Warum haben wir nicht eingegriffen? Da drinnen ist ein Riesending gelaufen, da sind Sachen passiert, die ich zumindest sonderbar oder ungewöhnlich nennen würde ... Die Kollegen vom

* *Il Giornale*, 6.5.1998.

›Ispettorato vaticano‹ [eine italienische Polizeieinheit beim Vatikanstaat, Anm. d. it. Red.] haben sofort von dem Dreifachmord erfahren, aber als sie am Tatort eintrafen, forderte man sie auf, sich nicht einzumischen. Es ist das erste Mal, daß man uns so behandelt. Eine Riesenhektik, Nervosität, ein Hin und Her von sonderbaren Leuten, die ich noch nie gesehen hatte. Die haben sich nicht einmal bedankt. Das Ganze stinkt ...«[*]

Die Ermittlungen in dem Fall werden allein vom Corpo di Vigilanza des Vatikanstaates geleitet. Diese ehemalige Gendarmerie tut sich bei den internen Ränken des Vatikans seit vielen Jahren als Hauptakteur hervor, und im Laufe der Zeit hat sie sich zu einer geheimen Machtzentrale entwickelt.[**] Innerhalb des Corpo gibt es eine »Spezialeinheit« – ein halbes Dutzend Gendarmen, unterstützt von zwei Feuerwehrleuten, zwei Fernmeldespezialisten und einigen Technikern von Radio Vatikan –, die über Wohl und Wehe im Zwergstaat bestimmt. Sie alle haben sich innerhalb weniger Jahre leitende Positionen verschafft, sind ausgebildete Scharfschützen und begleiten den Heiligen Vater auf Auslandsreisen sowie auf Fahrten durch die Ewige Stadt. Diese Spezialeinheit bildet – mit dem Rest des Corpo di Vigilanza – die Exekutive der vatikanischen Führungsbehörden. Das heißt, sie untersteht auf der einen Seite dem Staatssekretariat – dem unumschränkten Reich von Monsignore Giovanni Battista Re (Substitut für die Allgemeinen Angelegenheiten) und Monsignore Pedro López Quintana (Assessor für die Allgemeinen Angelegenheiten) – und auf der anderen Seite dem Governatorato (wo Generalsekretär Monsignore Gianni Danzi das Zepter schwingt).

[*] Ebenda. Der Autor des Beitrags, Gian Marco Chiocci, schreibt, daß einige Informanten aus der Schweizergarde der italienischen Polizei gegenüber auf »Affären angespielt haben, die mit mutmaßlichen Erpressungen, geheimen Machenschaften und dubiosen Geschäften des Schattenmanns des Papstes [d. h. Alois Estermanns, Anm. d. it. Red.], eines Fachmanns für Terrorismusbekämpfung und vertrauliche Operationen, zusammenhingen«. Auf die Frage, ob dies alles nur eine Inszenierung sein könnte, antwortet der italienische Ermittler: »Das wird man nie erfahren.«

[**] Zu Beginn der neunziger Jahre wurden dem Corpo di Vigilanza (dem als päpstlicher Gendarmerie die Aufgaben einer Stadtwache oblagen) die Befugnisse einer Polizeitruppe übertragen. Seitdem gibt es im Vatikan keine noch so kleine Intrige, in der der Corpo nicht seine Finger hätte.

4

Die drei Opfer werden zu unterschiedlicher Zeit und auf verschiedene Weise bestattet. Am Morgen des 6. Mai findet sich der Heilige Vater in der Kaserne der Schweizergarde ein und kniet, in der Kapelle der Heiligen Martin und Sebastian, vor den drei aufgereihten Särgen* nieder, er bedeckt das Gesicht mit den Händen und betet. Kurz zuvor hat der Papst vor zahlreichen Gläubigen auf dem Petersplatz den Herrn angerufen und darum gebeten, er möge die Seelen der Estermanns »in Frieden bei sich aufnehmen«.** Für den mutmaßlichen Mörder und Selbstmörder Tornay, »der sich nun vor dem Richterstuhl Gottes befindet«, hat er hingegen an die göttliche »Barmherzigkeit« appelliert. Damit drückt der Pontifex maximus der offiziellen »Wahrheit« sein Siegel auf.

Um 17 Uhr zelebriert der Staatssekretär Kardinal Angelo Sodano persönlich im Petersdom den Trauergottesdienst für das Ehepaar Estermann. Anwesend sind die höchsten Würdenträger, das diplomatische Korps und die Verwandten des Paares. »Der Nachfolger Petri ist bei diesem heiligen Ritus im Geiste unter uns«, verkündet Seine Eminenz, ehe er fortfährt: »Wir trauern heute um Alois und Gladys, die in der Blüte ihrer Jahre auf dramatische Weise aus unserer Mitte gerissen wurden, und vertrauensvoll richten wir unseren Blick auf die un-

---

* Die drei Särge (vom römischen Bestattungsunternehmen »Pompe funebri Piacentini«) sind auf Befehl von Oberst Buchs nebeneinander aufgestellt worden – eine offene Provokation gegenüber dem Staatssekretariat, das den Sarg des vermeintlichen Attentäters von denen der Estermanns, seiner angeblichen Opfer, fein säuberlich getrennt halten wollte.

** Über Alois Estermann sagt Papst Johannes Paul II., er sei »ein Mensch von tiefem Glauben und ehernem Pflichtbewußtsein gewesen. Achtzehn Jahre lang hat er einen wertvollen und treuen Dienst geleistet, für den ich ihm zu persönlichem Dank verpflichtet bin«. Diese Wort liest der Papst von einem Papier ab, das das Staatssekretariat für ihn vorbereitet hat.

ergründlichen Wege der Vorsehung.« In seiner Grabrede beschreibt der Kardinal den Kommandanten Estermann als »leuchtendes Beispiel für einen stillen, treuen, aufopferungsvollen und unermüdlichen Dienst am Nachfolger Petri und am Heiligen Stuhl ... Er kannte keine Furcht, wie er am 13. Mai 1981 auf dem Petersplatz unter Beweis stellte, damals setzte er sein Leben für den Heiligen Vater aufs Spiel, als dieser bei dem allseits bekannten Anschlag von todbringenden Kugeln bedroht wurde.« Seine Eminenz vergißt nicht, einen Gedanken an Cédric Tornay zu verschwenden: Er bittet um die göttliche Barmherzigkeit und um Vergebung für dessen »schwache Menschenseele«. Die »Wahrheit« des Heiligen Stuhles wird also noch einmal durch die Begräbniszeremonie sanktioniert.

Gegen 18 Uhr erklärt Monsignore Jehle, der Militärseelsorger der Schweizergarde, gegenüber den Presseagenturen: »Ich habe den Vizekorporal Tornay gut gekannt und mehr als einmal versucht, in den Auseinandersetzungen zwischen ihm und Alois Estermann zu vermitteln.« Dann kündigt er an, er persönlich werde am Folgetag die Begräbnisfeier für Tornay abhalten. Jehles Äußerungen lösen in der Schweizergarde einen Tumult aus, denn jedermann weiß, daß die angeblichen Vermittlungsbemühungen des Seelsorgers eine reine Erfindung sind (wahr ist das Gegenteil). Auf keinen Fall wollen die Soldaten hinnehmen, daß Jehle Cédrics Begräbnis leitet. Kommandant Buchs kann die Gemüter beruhigen, indem er der Garde zusichert, daß man für Tornays Totenmesse einen anderen Priester auswählen werde.

Am nächsten Tag, dem 7. Mai, um 11 Uhr findet in der vatikanischen Pfarrkirche Sankt Anna die Begräbnisfeier für Cédric Tornay statt. Unter den Anwesenden ist auch die Mutter, Muguette Baudat.

Nach dem Ehrenkodex der Schweizergarde hat der mutmaßliche Amokläufer seine Soldatenehre verloren und als Verräter zu gelten, doch auf Befehl von Oberst Buchs wird der Leiche Tornays die Paradeuniform angelegt, außerdem werden dem Toten durch eine Abordnung der Garde – vierzig Hellebardiere mit Gardebanner, Schwertträgern und Trommeln – die militärischen Ehren erwiesen. Man singt das berühmte Abschiedslied der Soldaten »J'avais un camarade« (»Ich hatt' einen Kameraden«). Kommandant Buchs scheint tatsächlich nicht an die offizielle Version des Heiligen Stuhls zu glauben, denn er läßt Tornays Sarg in der Aufbahrungskapelle neben die Särge der Estermanns stellen.

Die Totenmesse wird von Monsignore Amédée Grab*, dem Präsidenten der Schweizer Bischofskonferenz, gelesen; auch er hält sich an die offizielle Version: »Der Herr möge Cédric Tornay seine Tat vergeben, die der Schwäche der menschlichen Seele entsprungen ist«, sagt er während der Zeremonie. In der vordersten Reihe stehen die Mutter des Toten und daneben Tornays römische Freundin, Valeria. Dahinter befinden sich die betagten Eltern des Kommandanten Estermann. Als in der Liturgie der Friedensgruß ausgetauscht wird, geben Frau Baudat, die Estermanns und eine Schwester Gladys' einander die Hand und umarmen sich.

Unter den Teilnehmern, die der Messe an der Türschwelle beiwohnen, befindet sich auch ein fünfunddreißigjähriger italienisch-französicher Priester**, der besonders gezeichnet wirkt. Von einem Journalisten angesprochen, gibt er sich als Padre Ivano aus und behauptet, er sei Cédric Tornays geistlicher Beistand gewesen. Er erzählt, die Mailbox seines Handys habe am 4. Mai um 20.30 Uhr eine Nachricht von Cédric Tornay aufgezeichnet, in der er ihn um Hilfe ersucht habe. In privatem Kreis, vor Muguette Baudat und anderen Zeugen, sagt der Geistliche unter Tränen, Cédric Tornay sei umgebracht worden, und da er die Beweise dafür habe, sei er selbst in Lebensgefahr. »Padre Ivano« ist ein sonderbarer Priester. In Wirklichkeit heißt er Yvan Bertorello, und obwohl sein Name

---

* Monsignore Grab wird einen Monat später den äußerst umstrittenen Bischof von Chur, Wolfgang Haas, ersetzen. Haas ist Anhänger des Opus Dei, das auf den Heiligen Stuhl so lange Druck ausübt, bis dieser dem Ex-Bischof von Chur eine neue Erzdiözese einrichtet: Vaduz in Liechtenstein. (Für dieses »Steuerparadies auf Erden« hegen auch die Anhänger Escrivá de Balaguers eine besondere Vorliebe.)

** Cédric Tornays Kameraden verhindern, daß dieser Priester (der zwischen Marseille und Aix-en-Provence lebt, aber häufig im Vatikan verkehrt) während der Totenmesse das Gotteshaus betritt.

nirgendwo im »Annuario pontificio« (Päpstliches Jahrbuch) auftaucht, ist er im Vatikan zu Hause und verkehrt in den exklusivsten Gemächern des Staatssekretariats.

Auch die Begräbniszeremonien zeitigen Unmut. Wenn Tornay, den der Heilige Stuhl für den Amokschützen hält, tatsächlich Opfer eines »Anfalls von Wahnsinn« (also unzurechnungsfähig) war, warum wird sein Begräbnis dann in bescheidenerem Rahmen und separat von dem der Estermanns begangen? Und warum bekommt Tornay ein christliches Begräbnis, wo er doch angeblich Selbstmord begangen hat?

Auch auf diese Fragen hat Navarro-Valls, der Pressesprecher des Vatikans, eine Antwort parat. Der Opus-Dei-Anhänger erweist sich als Fachmann für Kirchenrecht und erklärt, daß sich die christliche Gnade keinem der drei Opfer verschließe, aber daß es gegenüber den Verwandten Estermanns wenig opportun gewesen wäre, eine gemeinsame Zeremonie zu begehen. Das christliche Begräbnis für den »Selbstmörder« Tornay rechtfertigt Navarro-Valls mit einer Kirchenrechtsänderung aus dem Jahr 1983; danach sei ein religiöses Begräbnisritual für Suizidopfer nicht mehr untersagt: »Ausschlaggebend ist nicht, daß man den Selbstmord jetzt nicht mehr für eine schwerwiegende Sünde halten würde, sondern daß man mittlerweile genauere Kenntnisse über die menschliche Psyche hat.« Die Kirche habe eingesehen, daß bestimmte Krankheiten dem Menschen die freie Entscheidungsfähigkeit nehmen. Navarro-Valls bezeichnet Cédric Tornay damit als Psychopathen.

* * *

Am 8. Mai unterzeichnet Oberst Buchs, der Interimskommandant der Schweizergarde, ein dreisprachiges Kommuniqué, in dem er die drei Opfer auf ein und dieselbe Stufe stellt und implizite Vorbehalte gegenüber der Lesart des Heiligen Stuhles anmeldet: »Der Akt, der diese unendliche Bestürzung ausgelöst hat, bleibt ein Rätsel. Allein Gott kennt die Antwort auf unsere Fragen.« Doch Joaquín Navarro-Valls weigert sich, den Text über das Presseamt des Heiligen Stuhls zu veröffentlichen –

diese Zensurmaßnahme soll auf eine gezielte Anweisung des Staatssekretariats zurückgehen.

Den Spitzen des Vatikans ist nicht an der Wahrheitssuche gelegen, sie wollen der öffentlichen Meinung – mit Hilfe der Massenmedien – nur möglichst schnell ihre vorgefertigte Tatversion einimpfen. Dieses Ziel wird nach einer konsequenten Strategie verfolgt: Man lenkt von den einflußreichen, schillernden Persönlichkeiten der Estermanns ab, indem man den unscheinbaren Vizekorporal ins Rampenlicht stellt. Kardinal Alfons Maria Stickler läßt sich in seinem Überschwang gar zu der Äußerung hinreißen, Cédric Tornay sei »ein pathologischer Fall von Paranoia gewesen, ein für den Militärdienst völlig ungeeignetes Subjekt«.*

Die Strategie des Vatikans scheint aufzugehen. Aber nicht hundertprozentig. Über das Opus Dei übt der Heilige Stuhl zwar einen enormen Einfluß auf die in- und ausländische Presse aus, doch in der offiziellen Version finden sich so viele blinde Flecken und Ungereimtheiten, daß manch einer skeptisch bleibt. Eine italienische Tageszeitung faßt die Einwände zusammen:

»Erstens: Warum findet die Nachbarin [der Estermanns, Anm. d. it. Red.], eine Offiziersgattin**, die durch sonderbare Geräusche angelockt worden ist, die Eingangstür offen vor? Um hierfür eine plausible Erklärung zu liefern, hat man uns anfangs erzählt, die Leichen hätten im Eingang gelegen. Der Oberst sei in elegantem Grau, die Ehefrau ebenfalls in Abendgarderobe gekleidet gewesen. Dies ist falsch. Frau Gladys trug einen Jogginganzug, einen jener armseligen Trainingsanzüge, die man aus Bequemlichkeit in den eigenen vier Wänden trägt. Und die Leichen lagen nicht im Eingangsbereich, sondern im Arbeitszimmer des Kommandanten. Warum also stand die Wohnungstür [der Estermanns, Anm. d. it. Red.] offen? Hat vielleicht jemand in der Eile vergessen, sie beim Weggehen zu schließen?

* Der österreichische Würdenträger stand in engen Beziehungen zu Alois Estermann, kannte aber Cédric Tornay überhaupt nicht. Vielleicht ließ er sich deshalb zu derart unqualifizierten Äußerungen hinreißen.

** Es handelt sich hier wahrscheinlich um eine Ungenauigkeit des Journalisten, da im Bericht des Staatsanwalts von einer Ordensschwester die Rede ist; Anm. d. Red.

Zweitens: Erscheint es glaubwürdig, daß der neue Kommandant der Schweizergarde – die für ihre eiserne Disziplin bekannt ist – einen Vizekorporal im Arbeitszimmer seiner Privatwohnung empfängt? Einen einfachen Soldaten, zu dem er, Navarro-Valls zufolge, ein ausgesprochen gespanntes Verhältnis hatte? Und dann zur Gattin: Kann man sich den Kommandanten Estermann vorstellen, wie er mit seinem Vizekorporal plaudert, während die Frau im Jogginganzug danebensteht?

Kommen wir noch einmal auf die Nachbarin zurück, die von einigen ›sonderbaren Geräuschen‹ herbeigerufen wird. Die Dame ist sich nicht sicher: ›Es können dumpfe Schläge gewesen sein ...‹ Fünf Schüsse, die aus einer Armeepistole, einer SIG Sauer, Kaliber 9, abgegeben werden, lösen fünf Donnerschläge aus. Nein, einen solchen Lärm kann die Nachbarin nicht als ›dumpfe Schläge‹ bezeichnen. Einen dumpfen Schlag verursacht höchstens eine Pistole mit Schalldämpfer.

So kommen wir denn zur eigentlichen Ausführung der Tat. Wir wissen, daß Estermann viel mehr als nur der Kommandant der Schweizergarde war, er war der persönliche Leibwächter des Papstes, ein Spitzenexperte für Terrorbekämpfung. Es erscheint höchst sonderbar, daß er sich auf so simple Weise von einem Vizekorporal ausschalten ließ. Und verdächtig ist, ehrlich gesagt, auch, mit welcher Effizienz der Amokschütze nach der offiziellen Version vorgegangen sein soll. Mit drei schnellen gezielten Schüssen soll er wie ein Profikiller seine Opfer eliminiert haben, um dann den Arm zu heben und einen vierten Schuß in die Decke zu feuern?

Sparen wir uns am Ende die Geschichte von den vier Gläsern, die am Tatort gefunden worden sein sollen. Diese Meldung hielt sich so hartnäckig in den Medien, daß der Heilige Stuhl ein offizielles Dementi abgeben mußte. Einem solchen Dementi muß man natürlich Glauben schenken. Aber man sollte auch daran erinnern, daß die Wohnung fast einen ganzen Tag lang versiegelt blieb und daß nur die höchsten Würdenträger und einige wenige Gendarmen Zutritt hatten.«*

Der Einwand, der die offizielle »Wahrheit« am gründlichsten unterminiert, ist der Umstand, daß niemand die fünf lauten

* Fabrizio Roncone in: *L'Unità*, 12. 5. 1998.

41

Schüsse gehört hat, die nach Vatikanberichten aus der großkalibrigen Pistole abgegeben wurden, der Waffe, die man schließlich unter Tornays Leiche gefunden habe. Aus dieser Armeepistole soll in einer kleinen Wohnung (deren Tür offenstand) in einem engen dreistöckigen Gebäude fünfmal geschossen worden sein, ohne daß irgendwer innerhalb oder außerhalb des Gebäudes die Detonationen vernommen hat? Und zwar zu einer stillen Abendstunde?

Heinrich Suter, ein ehemaliger Dozent Alois Estermanns, macht in seiner Wohnung in Gunzwil (Schweiz) der Presse gegenüber folgende Bemerkung: »Es gab eine Menge Leute, die nicht wollten, daß Alois Kommandant der Schweizergarde wird, innerhalb und außerhalb der heiligen Mauern ... Selbst der Sekretär der Schweizer Bischofskonferenz, Roland Trauffer, war dagegen.«*

Es war nämlich ein offenes Geheimnis – in der Kaserne ebenso wie im Vatikan und anderswo –, daß man Estermann mit dem »vertraulichen« Auftrag betraut hatte, die päpstliche Garde in ein Spezialkorps zu verwandeln. Dieses vom Opus Dei lancierte Projekt soll durch den Papst persönlich abgesegnet worden sein. Es versetzte, wie allgemein bekannt, eine Menge Leute in Alarmbereitschaft und stieß auf erbitterten Widerstand. Wäre der Plan in die Tat umgesetzt worden, dann hätte der apostolische Palast mitsamt dem Heiligen Vater unter der Protektion und direkten Kontrolle eines Militärapparats gestanden, der seinerseits vom Opus Dei gesteuert worden wäre. Wer das Projekt noch stoppen wollte, dem blieb als einziger Ausweg, die Beförderung desjenigen zu verhindern, der es bewerkstelligen sollte. Und dieser Versuch schien mit der Ernennung Estermanns am Mittag des 4. Mai endgültig gescheitert zu sein.

---

* Wenn Alois Estermann einmal nach Beromünster zurückkehrte, was selten geschah, dann wurde er von seinem Freund Heinrich Suter in Gunzwil beherbergt.

5

Das mysteriöse Bekennerschreiben, das der Unteroffizier Tornay nach Angaben des Pressesprechers keine zwei Stunden vor dem Massaker einem Kameraden anvertraut haben soll, wird schließlich der Mutter des mutmaßlichen Amokschützen ausgehändigt. Die vatikanischen Justizbehörden geben es am Nachmittag des Begräbnistages heraus. Doch schon im Laufe des Vormittags ist eine Version dieses Abschiedsbriefes aus dem Vatikan zu mehreren italienischen Journalisten durchgesickert; diese (französische) Fassung ist mit Maschine geschrieben und wird am 8. Mai, in italienischer Übersetzung, von einigen Tageszeitungen abgedruckt.

Der Originaltext des vermeintlichen Abschiedsbriefes, den Tornays Mutter, Muguette Baudat, vom vatikanischen Richter erhalten hat, ist dagegen mit der Hand geschrieben. Er ist ebenfalls auf französisch verfaßt, *mit Orts- und Datumsangabe versehen*, aber *ohne Unterschrift*. Er lautet:

»Vatican 4-05-98
Maman
J'espère que tu me pardonnera car ce que j'ai fait ce sont eux qui m'ont pousser. Cette année je devais reçevoir la bénémerenti mais le lieutenant Colonel me la refuser. Après 3 ans 6 mois et 6 jours passer ici à suporter toute les injustice la seule chose que je voulais il me l'ont refuser. Je dois rendre ce service à tous les gardes restant ainsi qu'à l'église catholique. J'ai jurer de donner ma vie pour le pape et c'est ce que je fais. Je m'excuse de vous laisser tout seul mais mon devoir m'appelle. Dit à sarah, Melinda et Papa que je vous aime tous
Gros Bisous à la plus Grande Maman du Monde.
Ton fils qui t'aime«*

* »Vatikan, den 4.5.98
   Mama,

43

Der maschinengeschriebene Text, der unterderhand aus dem Vatikan an die italienische Presse gegeben wird, weist *weder Orts- noch Datumsangabe* auf, ist dafür aber *mit Unterschrift versehen*. Hier der Wortlaut:

»Maman

j'espère que tu me pardonera mais ce se sont eux qui m'ont contraint à faire ce que j'ai fait. Cette année je devais recevoir la décoration (la ›Benemerenti‹) mais le lieutenant colonel me l'a refuser. Après trois ans six mois et six jours passés ici à supporter toutes les injustices, la seule chose que je voulais ils me l'ont refuser. Je dois rendre ce service à tous le gardes, ainsi qu'à l'eglise catholique. J'ai jurer de donner ma vie pour le pape et c'est ce que je fais. Je vous demande pardon pour le fait de vous laisser seules, mais mon devoir m'appelle. Dit à sarah, melissa e Papa que je vous aime.

Cedrich«*

ich hoffe, daß Du mir vergeben wirst, denn was ich getan habe, dazu haben sie mich getrieben. Dieses Jahr hätte ich die Verdienstmedaille erhalten müssen, doch der Oberstleutnant hat sie mir verweigert. Nachdem ich hier 3 Jahre, 6 Monate und 6 Tage unter Erduldung aller Ungerechtigkeiten verbracht habe, war dies alles, was ich wollte, und sie haben es mir verweigert. Diesen Dienst muß ich allen anderen Gardisten und der katholischen Kirche erweisen. Ich habe geschworen, daß ich mein Leben für den Papst geben werde, und genau dies tue ich. Verzeih mir, daß ich Euch alleine lasse, aber die Pflicht ruft. Sag sarah, Melinda und Papa, daß ich Euch alle liebe

Viele Küsse an die Beste Mama der Welt.

Dein Dich liebender Sohn«

* Und hier die Übersetzung der Version, die vom Heiligen Stuhl zur Presse durchgesickert ist:

»Mama,

ich hoffe, daß Du mir vergeben wirst, aber sie haben mich gezwungen, das zu tun, was ich getan habe. Dieses Jahr hätte ich die Auszeichnung erhalten müssen (die ›Benemerenti‹), aber der Oberstleutnant hat sie mir verweigert. Nachdem ich hier drei Jahre, sechs Monate und sechs Tage unter Erduldung aller Ungerechtigkeiten verbracht habe, war dies alles, was ich wollte, und sie haben es mir verweigert. Diesen Dienst muß ich den anderen Gardisten und der katholischen Kirche erweisen. Ich habe geschworen, daß ich mein Leben für den Papst geben werde, und genau dies tue ich. Ich bitte um Vergebung dafür, daß ich euch alleine [weibliche Form, d. h. dieser Plural soll sich vermutlich auf Mutter und Schwestern beziehen, Anm. d. Übers.] lasse, aber die Pflicht ruft. Sag sarah, melissa und Papa, daß ich Euch liebe.

Cedrich«

Luigi Accattoli schreibt am 8. Mai 1998 im *Corriere della Sera*: »Wir haben

44

Diesen sonderbaren Brief, der aus Tornays Feder stammen soll, hat man der Presse nur aus einem einzigen Grund in die Hände gespielt: Damit der Beweis für die offizielle Tatversion von Dritten beglaubigt wird und damit der »bekenntnishafte« Inhalt des Briefes Verbreitung findet, noch bevor etwa ein Gutachten das Dokument als Fälschung entlarven könnte. Heuchlerisch klingt daher der offizielle Protest des Sekretärs der Schweizer Bischofskonferenz, Roland Trauffer, der – aus Fribourg – die Authentizität der Presseversion dementiert: »Jener Brief befindet sich in der Tasche von Cédric Tornays Mutter, die Kopie liegt beim Richter im Vatikan, und niemand sonst hatte Einblick in den Inhalt. Wenn diese Mutter den Brief für sich behalten will, so ist das ihr gutes Recht, für das ich hiermit einstehen möchte.« Nebenbei bemerkt, fungiert Pater Trauffer, gemeinsam mit dem Sekretär der Nuntiatur, Monsignore Battista Mario Ricca*, als verlängerter Arm des Vatikans auf helvetischem Boden, unter anderem soll er dort Muguette Baudat »in Schach halten«.

Cédrics Mutter glaubt nicht, daß der Brief, den ihr der Vatikan ausgehändigt hat, von ihrem Sohn geschrieben wurde. Ebensowenig sieht sie den Inhalt dieses Abschiedsbriefes als wasserdichten Beweis für die offizielle »Wahrheit« des Heiligen Stuhles an. »Das ist für mich nicht der Brief von einem Menschen, der jemanden umbringen oder Selbstmord begehen will. Es ist der Brief von einem, der etwas Schwerwiegendes vorhat«, erklärt Muguette Baudat. »In jedem Fall ist dieser

den vollständigen Text des Briefes erhalten und – mit geringem Erfolg – versucht, dessen Authentizität zu überprüfen, die uns in jedem Fall gesichert scheint.« Man beachte, daß die Schwester Tornays fälschlicherweise »Melissa« statt »Melinda« genannt wird (der *Corriere della Sera* gibt diesen fehlerhaften Wortlaut genau wieder). Und man beachte des weiteren, daß es sich bei der Unterschrift (»Cedrich«) um eine stümperhafte Italianisierung von »Cédric« handelt.

* Monsignore Ricca wurde Anfang Juli 1999 plötzlich von der Schweizer Nuntiatur entfernt und in die gottverlassene Nuntiatur Uruguays versetzt. Und nach dem Ableben des Erzbischofs Oriano Quilici (am 2. November 1998) wurde Erzbischof Pier Giacomo De Nicolò zum neuen Apostolischen Nuntius in Bern ernannt. De Nicolò, vormals Nuntius in Damaskus, ist ein Bruder des Regenten des apostolischen Hauses, Monsignore Paolo, und außerdem des Bischofs in Rimini, Monsignore Mariano. Alle drei gehören zum »Clan der Romagna«, einer Abteilung der Logenseilschaft im Vatikan (siehe Seite 63 ff.).

Brief sehr merkwürdig. Zum Beispiel erwähnt Cédric seine beiden Schwestern Sarah und Mélinda, aber er spricht mit keiner Silbe von seinen Brüdern Yvan und Joël; die beiden sind 12 und 10 Jahre alt und stammen aus der zweiten Ehe meines geschiedenen Mannes. Cédric hatte sie sehr lieb, aber im Brief erwähnt er sie nicht. Warum nicht? Vielleicht weil man im Vatikan nicht wußte, daß Cédric auch zwei Brüder hatte.«

Für die Mutter Tornays ist die Adresse auf dem Briefumschlag ebenfalls eine Fälschung: »Nach meiner Scheidung adressierte Cédric die Briefe an mich mit meinem Mädchennamen: Baudat. Auf diesem Umschlag dagegen steht der Nachname meines zweiten Ehemanns*, der Familienname also, unter dem ich im Vatikan bekannt bin. Warum?

Die Handschrift scheint die von Cédric zu sein, doch es finden sich auch Abweichungen. Ich werde diesen Brief von Schweizer Kriminologen analysieren lassen, aber ich sage gleich, daß es Abweichungen gibt«, so Muguette Baudat. »Und selbst wenn man annimmt, daß tatsächlich Cédric diesen Brief geschrieben hat, dann wirkt er auf mich wie der Brief von jemandem, der einen schweren Gang vor sich hat, aber kein Massaker. Vielleicht jemand, der sich darauf einstellt, für einige Zeit ins Gefängnis zu wandern. Doch mein Sohn hätte niemals diese Worte benutzt. Die Grammatikfehler** sind seine, die erkenne ich wieder. Aber es steckt auch ein Rechenfehler in dem Brief, der Cédric nie unterlaufen wäre. Er schreibt ›nach drei Jahren, sechs Monaten und sechs Tagen‹; Cédric war am 1. Dezember 1994 rekrutiert worden, am 4. Mai waren erst drei Jahre, fünf Monate und drei Tage vergangen ... Vielleicht war der Brief für ein Ereignis vorbereitet worden, das erst später stattfinden sollte, am 7. Juni, und das Datum vom 4. Mai hat man nachträglich eingesetzt.«

Tatsache ist, daß Vizekorporal Cédric Tornay den Dienst in der päpstlichen Garde entweder am 31. Juli oder Ende November 1998 hätte quittieren können. Er hatte sich anschei-

---

* Man beachte, daß Frau Baudat seit geraumer Zeit auch vom zweiten Mann geschieden ist, aber diese Tatsache war im Vatikan offensichtlich unbekannt.

** Sie bezieht sich auf einige Verben, die in dem Schreiben statt im Partizip Perfekt im Infinitiv verwendet werden.

nend für Ende November entschieden, falls er bis Juni in der Schweiz keine Arbeit finden würde (ab April waren bei ihm einige Stellenangebote eingegangen).

Am Samstag, den 9. Mai, wird bekannt, daß der Einzelrichter des Vatikanstaates, Gianluigi Marrone, den Untersuchungsbericht über das Massaker vom 4. Mai an Nicola Picardi, den »Promotore di Giustizia« (Staatsanwalt) des Vatikans, übergeben hat. Marrone erläutert bei dieser Gelegenheit: »Der Ablauf des Geschehens ist nicht in allen Details geklärt. Es gibt noch ein paar offene Fragen, aber die Ermittlungen werden in kürzester Zeit abgeschlossen sein.«

Der Bischof von Saint-Maurice, Monsignore Henri Salina, äußert in einem Interview mit der Zeitschrift *Famiglia Cristiana*: »Ich kannte Cédric Tornay, denn ich hatte ihn verschiedentlich getroffen, vor allem in Rom … Ich erinnere mich an einen ernsten, ausgeglichenen jungen Mann. Hier in Saint-Maurice war er bei den Pfadfindern, und auch da hat man ihn als völlig normalen Jungen in Erinnerung. Wenn ich ihn in Rom traf, gab es nie das geringste Anzeichen, daß er mit seiner Arbeit in der Schweizergarde unzufrieden sein könnte oder daß er sich durch sein Umfeld frustriert fühlte. Es stimmt, daß er bei unserem letzten Gespräch gesagt hat, er wolle die päpstliche Garde im kommenden August verlassen, in die Schweiz zurückkehren und dort eine Arbeit, womöglich im Sicherheitsbereich, suchen. Aber das war etwas völlig Normales. Ich bin, ebenso wie alle anderen, konsterniert über das, was passiert ist. Ich denke, daß die glaubwürdigste Erklärung der Vatikan geliefert hat: ein plötzlicher Anfall von Wahnsinn.«[*] Um das Unerklärliche zu erklären, bedient sich selbst Monsignore Salina der bequemen Ausflucht, die der Heilige Stuhl vorgegeben hat: des »Anfalls von Wahnsinn«. Zeichen einer Konditionierung?

✳✳✳

* Vgl. *Famiglia Cristiana*, Nr. 19, 17.5.1998. Abt Salina »wurde« am 10. März 1999 vom Vatikan »zurückgetreten«, und es wurde ihm ausdrücklich untersagt, über Cédric Tornay zu sprechen.

In den Dikasterien der römischen Kurie macht man sich allmählich Sorgen, innerhalb der Schweizergarde regiert die Angst. Einige wissen Bescheid, doch sie schweigen: Egal, ob Hellebardier oder Prälat – der kategorische Imperativ für alle heißt: Schweigen. Im Innern der heiligen Mauern herrscht schon im Normalfall ein bedrückendes Klima, doch nach dem 4. Mai wird die Stimmung unerträglich.

Einige Kardinäle (man spricht von mindestens dreien*) finden den Mut, ihre Vorbehalte direkt beim Heiligen Vater vorzutragen, in geheimer Unterredung schlagen sie die Einsetzung einer päpstlichen Untersuchungskommission vor. Aber der Papst ist alt und krank und seit geraumer Zeit kaum noch Herr seiner Geisteskräfte und seines Willens, während den Ohren seiner irdischen Schutzengel nichts verborgen bleibt. So wird der Vorschlag der Würdenträger nicht einmal ernsthaft geprüft. Die Bearbeitung der ganzen Affäre verbleibt in den kundigen Händen des Staatssekretariats, genauer gesagt, beim Substituten Giovanni Battista Re, seinem Vize, Monsignore Pedro López Quintana, und bei Monsignore Dante Caputo, in der Ersten Sektion mit den Angelegenheiten der Schweizergarde betraut.

---

* Im Vatikan werden hinter vorgehaltener Hand drei Namen genannt: der betagte Kardinal Silvio Oddi, der Jungprälat Darío Castríllon Hoyos und Kardinal Roger Etchegaray.
  Zu den Purpurträgern, die angesichts der offiziellen Version des Heiligen Stuhles wiederholt ihre Zweifel angemeldet haben, soll auch der Mailänder Kardinal Carlo Maria Martini gehören (einer der wenigen Würdenträger, die mit den vatikanischen Intrigen nichts zu schaffen haben).

6

Am Morgen des 5. Mai veröffentlichen einige italienische und Schweizer Tageszeitungen eines der Interviews, die Oberst Estermann am Nachmittag des 4. Mai, also wenige Stunden nach seiner Ernennung zum Kommandanten und wenige Stunden vor dem Blutbad, gegeben hat. Noch nie zuvor hat sich ein Chef der päpstlichen Garde von der Presse interviewen lassen.

»Es fällt mir nicht schwer zu sagen, daß ich äußerst glücklich bin«, erklärt Estermann, «und ich fühle mich dem Heiligen Vater zu Dank verpflichtet für dieses Glück, für sein Vertrauen und für die große Ehre, die er mir erwiesen hat. Gemeinsam mit dem Heiligen Vater danke ich natürlich auch dem Allmächtigen, der mich bis hierher geleitet hat und der mir, wie ich hoffe, auch in Zukunft seine Hilfe nicht versagen wird.«[*]

Kommandant, was bedeutet es, einer Truppe vorzustehen, die Tag und Nacht über die Person des Papstes wacht?
»Es bedeutet, daß man eine enorme Verantwortung trägt, aber gleichzeitig ist es auch eine große Ehre. Es bedeutet außerdem, daß man sich täglich einer Herausforderung stellen muß, von der zum einen die Unversehrtheit des Heiligen Vaters abhängt, zum anderen aber auch der reibungslose Ablauf des Alltags in Vatikanstadt: Es müssen Aus- und Eingänge der verschiedenen Gebäude überwacht werden, und der Kommandant hat die vielen Zeremonien zu beaufsichtigen, die täglich auf dem Programm stehen, von den Audienzen bis zu den vom Papst geleiteten Feierlichkeiten.«

Leben Sie ständig in der Angst, Herr Kommandant, daß jemand dem Papst etwas antun könnte, wie damals am 13. Mai 1981, als Wojtyla auf dem Petersplatz durch den Attentäter Ali Agca

[*] Im Interview mit Orazio La Rocca in: *La Repubblica*, 5.5.1998.

schwer verletzt wurde? Sie, Herr Kommandant, waren damals einer der ersten, die dem Papst zu Hilfe eilten ...

»In der Tat, an jenem Tag war ich an der Seite des Heiligen Vaters. Aber zum Glück war ich nicht der einzige, der dem verletzten Papst zu Hilfe kam. Dies gehört einfach zu unseren Aufgaben, und wenn nötig, schrecken wir auch nicht davor zurück, den Heiligen Vater mit unserem Körper abzuschirmen, um ihn zu retten. An jenem Tag allerdings war der Attentäter äußerst geschickt. Doch Gott rettete den Papst. Nein, ähnliche Vorkommnisse fürchte ich nicht, ich sage dazu nur, daß dieser Dienst im Vatikan, an der Seite des Heiligen Vaters, für mich und alle anderen Schweizergardisten eine permanente Herausforderung darstellt, die uns ehrt und die wir mit Begeisterung annehmen. Ich sehe es als Glücksfall an, daß ich diesen Dienst leisten kann.«

Sie wurden fünf Monate nach der Pensionierung Ihres Vorgängers zum Kommandanten ernannt. Es ist das erste Mal, daß der Heilige Stuhl zur Wahl seines Truppenchefs so lange gebraucht hat. Wie kommt das?

»Eine gute Frage. Aber die sollten Sie nicht mir stellen, sondern anderen. Ich denke jedenfalls, daß die Verantwortlichen im Vatikan sorgfältig alle Optionen prüfen wollten, ehe sie zu einem abschließenden Urteil gelangt sind. Bestimmte Entscheidungen, wie vielleicht auch die Wahl des neuen Gardekommandanten, sollten in Ruhe und mit Weitblick gefällt werden. Ich kann darin nichts Sonderbares erkennen.«

Warum, Herr Kommandant, ist die Wahl ausgerechnet auf Sie gefallen?

»Auch dies ist eine gute Frage, die man jedoch nicht mir, sondern den Verantwortlichen im Staatssekretariat stellen sollte. Ich kann nur wiederholen, daß ich angesichts der Ernennung überglücklich bin und daß ich dem Heiligen Vater und dem Herrn ewig danken werde.«

Werden Sie die Ernennung feiern? Wie hat man die Nachricht in Ihrer Familie aufgenommen? Wie haben Ihre Frau und Ihre Kinder reagiert?

»Meine Frau hat sich sehr gefreut und hat mit mir gefeiert ...
Noch haben wir keine Kinder. Aber wir sind unverzagt, denn wir
wissen: Wenn es der Wille des Herrn ist, werden Kinder kommen.«*

Keine achtundvierzig Stunden nach dieser Äußerung hätte
Oberst Estermann in einer feierlichen Zeremonie vereidigt
werden sollen, womit er in aller Form die höchste und renom-
mierteste Position in der vatikanischen Truppe bekleidet hätte.
Doch kurz nach der Ernennung – und wenige Stunden vor der
geplanten Vereidigung – wurde er Opfer eines Mordanschla-
ges.

* * *

Nach außen versucht die vatikanische Kurie die Ermordung
ihres designierten Kommandanten als einen bedauerlichen,
dem »Wahnsinn« geschuldeten Betriebsunfall abzutun, der
den Anstoß für eine heilsame Reform des Korps geben
könnte.**
»Vielleicht ist es angebracht, einiges zu überdenken, zum
Beispiel in der Ausbildung der Gardisten, allerdings sollen dabei der traditionelle Schneid und die historischen Eigenheiten
der Schweizergarde nicht verlorengehen«, verkündet der Generalvikar Seiner Heiligkeit, Kardinal Virgilio Noè. Kardinal

---

* Eine recht gewagte Aussage, wenn man bedenkt, daß Frau Estermann auf
die Fünfzig zugeht.
** Am Vorabend des Blutbades setzte sich die Führungsriege der Schweizergarde wie folgt zusammen: Interimskommandant: Oberstleutnant Alois
Estermann, Militärseelsorger: Monsignore Alois Jehle (gebürtig aus Solothurn). Es folgten die Offiziere: Major Peter Hasler (aus St. Gallen), Hauptmann Roman Fringeli (Solothurn). Dann die Unteroffiziere: Feldweibel Andreas Clemenz (Wallis), Wachtmeister Andreas »Barbetta« Walpen (Wallis),
ausbildender Wachtmeister Peter Schumacher (Aargau), Wachtmeister Gerhard
Andenmatten (Wallis), und Wachtmeister Stefan Meier (Aargau). Des weiteren
die Korporale: Frowin Bachmann (Schwyz), Meinrad Baumgartner (Zürich),
Pino Coco (Luzern), Robert Good (St. Gallen), Christoph Graf (Luzern), Da-
niel Koch (Aargau), Bernard Moret (Jura), Stephan Probst (Solothurn), Claudio Vassalli (Tessin). Und schließlich die Vizekorporale: Tiziano Guarneri (Tessin), Lorenzo Merga (Tessin), André Raemy (Fribourg), Christian Richard
(Wallis), Marcel Riedi (Graubünden), Marcel Rosati (Bern), Stefano Sisini (Tessin), David Tissières (Wallis), Cédric Tornay (Wallis).

Pio Laghi dagegen stellt lapidar fest: »Jeder Wandel braucht seine Zeit.« Der betagte Kardinal Pietro Palazzini bemerkt: »Vielleicht wird man über zeitgemäße Ausbildungs- und Trainingsmethoden nachdenken müssen. Allerdings soll dabei nicht die historische Rolle der päpstlichen Schweizergarde vergessen werden.« Und Kardinal Paul Augustin Mayer: »Auch bei Veränderungen muß man behutsam vorgehen.« Der stets auskunftsfreudige Erzbischof Alessandro Maggiolini führt dagegen aus: »Man könnte in Zukunft auch auf die folkloristische Uniform verzichten, andererseits: Kleider machen Leute.«

Hinter diesem Potpourri klerikaler Scheinheiligkeit verbirgt sich ein knallharter Machtkampf: Ein Krieg um die Kontrolle der Schweizergarde. Die Ernennung des umstrittenen Alois Estermann schien vorübergehend für einen Waffenstillstand gesorgt zu haben, doch nach dem Mord geht das Gefecht in die nächste Runde.* Die Fraktion des Opus Dei will sich diese Schaltzentrale vatikanischer Macht sichern und hält an ihrem Vorhaben fest, die Schweizergarde in ein höchst effizientes Sonderkommando zu verwandeln. Die Logenseilschaft, die sich des Corpo di Vigilanza bedient und mit dessen »Spezialeinheit« nach Lust und Laune operiert, möchte dagegen die Schweizergarde entmachten und damit die Pläne des Opus Dei durchkreuzen.

Es ist bekannt, daß der designierte Kommandant Alois Estermann nicht nur die Schweizergarde in eine schlagkräftige Sondereinheit verwandeln sollte, sondern daß er auch ebenjene Machtzentrale ausschalten wollte, die sich im Corpo di Vigilanza formiert hatte. Er wollte dem Corpo die Kontrolle über die päpstliche Garde entziehen und die Ex-Gendarmerie von allen Sicherheitsaufgaben entbinden.

Von Saint-Maurice aus meldet sich Professor François Mottet zu Wort, er ist der Rektor der Grundschule, die einst Cédric Tornay besuchte: »Er war ein lebhafter und wilder Schüler,

---

* Und tatsächlich ist der Krieg um den aktuellen und zukünftigen Kommandanten neu entbrannt. Die letzte Schlacht, die endgültig über Sieg und Niederlage entscheidet, wird allerdings erst nach dem Tod Johannes Pauls II. geschlagen werden: bei der Wahl des neuen Papstes.

aber gutmütig. Ich kann mich gut an ihn erinnern, weil ich oft einschreiten und ihn zurechtweisen mußte, denn er war immer in Auseinandersetzungen verwickelt, in denen er die Kleineren verteidigte. Das, was in Rom passiert ist, ist völlig unverständlich. Ich habe ihn auch als jungen Mann kennengelernt, als er etwa 17, 18 Jahre alt war. Cédrics Glaube hatte sich verfestigt, und schon damals spielte er mit dem Gedanken, sich bei der Schweizergarde zu bewerben.«

Aus Caracas läßt sich der Justizminister der venezolanischen Regierung, Hilaríon Cardozo, vernehmen, der sich als »persönlichen Freund der Estermanns« bezeichnet. Nach seinen Worten habe das Ehepaar Estermann die Absicht gehegt, den Vatikanstaat zu verlassen und sich in Montalban in Venezuela (südöstlich von Caracas) niederzulassen.

»Gladys Estermann war eine Person mit herausragenden menschlichen Qualitäten, außerdem war sie sehr attraktiv und elegant«, erklärt die Frau des venezolanischen Botschafters am Heiligen Stuhl, Cristina Vollmer. »Sie war uns in der Botschaft eine große Hilfe. Sie wußte viel über den Vatikan, kannte das Protokoll und alle Kardinäle. Außerdem hatte sie Kirchenrecht und Theologie studiert.« Ein Beamter der Botschaft sagt: »Gladys litt sehr darunter, daß ihrem Mann vor der Beförderung zum Chef der Garde so viele Steine in den Weg gelegt wurden. Deshalb war sie auch so glücklich, als diese Ernennung endlich eintraf, und sie sagte: ›Dies ist wahrscheinlich der schönste Tag in meinem ganzen Leben‹ … Sie hatte auch die Rede, die ihr Mann am Tag der Vereidigung halten wollte, auf spanisch, englisch und französisch übersetzt.«*

Unterdessen löst die Rekonstruktion des Tathergangs durch den Heiligen Stuhl noch immer Zweifel aus. So erklärt zum Beispiel Professor Vincenzo Mastronardi, Dozent für forensische Psychopathologie an der medizinischen Fakultät der Universität La Sapienza in Rom: »Ich glaube, daß man sich beim aktuellen Stand der Dinge zu Recht fragen darf, ob tatsächlich der Vizekorporal die Schüsse abgegeben hat.«

* Implizit bestätigt diese Bemerkung des Botschaftsbeamten, daß Estermann lange vor der offiziellen Ernennung von seiner bevorstehenden Beförderung wußte.

7

Interimskommandant Roland Buchs, den man eilig in den Vatikan gerufen hat, um ihm die Führung der Schweizergarde zu übertragen, hört nicht auf, seine unterschwelligen Vorbehalte gegenüber der offiziellen »Wahrheit« auszusprechen (»Es stehen viele Fragezeichen im Raum … Ich denke, daß Gott die Wahrheit über dieses Blutbad und die genauen Motive kennt.«), und mancher Prälat ist deshalb beunruhigt.

Buchs ist ein ehemaliger Angestellter der UBS (Union de Banques Suisses, eine bedeutende Schweizer Bankgesellschaft mit Sitz in Lausanne, Bern und Fribourg), seit Anfang 1976 leistete er Dienst in der Garde, am 1. Juni desselben Jahres wurde er zum Major befördert. Von einem glühenden katholischen Glauben beseelt, übernahm Buchs am 18. November 1982 das Kommando der Garde,* von dem er am 29. November 1997 zurücktrat, um in die Schweiz zurückzukehren. Als offizielle Begründung wurde seine Pensionierung angegeben, in Wirklichkeit übernahm er den Posten des Sicherheitschefs der Berner Bundesverwaltung (eine Funktion, mit der er schon am 1. September hätte betraut werden sollen). Als Buchs von der Vatikanstadt nach Bern umsiedelt, ist zwar noch kein Nachfolger für ihn gefunden, dafür fällt sein Abschied mit einem anderen Ereignis zusammen: Im Herbst 1997 legte die italienische Justiz den Untersuchungsbericht zum mysteriösen Verschwinden von Mirella Gregori und Emanuela Orlandi vor (die beiden fünfzehnjährigen Mädchen – die eine Italienerin, die andere vatikanische Staatsbürgerin – waren im Mai/Juni 1983 entführt worden und nie wieder aufgetaucht). Der Bericht der italienischen Behörden brachte den Heiligen Stuhl in arge Verlegenheit, denn die Richter beschuldigten den Vatikan,

---

* Buchs trat die Nachfolge von Franz Pfyffer von Altishofen an, der das Kommando aus Altersgründen abgab.

die Ermittlungen behindert zu haben.* Die plötzliche Versetzung von Buchs hatte zur Folge, daß die päpstliche Garde viele Monate lang ohne Führung blieb. Buchs' vormaliger Vize wurde erst am Mittag des 4. Mai 1998 – neun Stunden vor seinem Tod – zum neuen Kommandanten ernannt.

Von Ende November 1997 (Buchs' Abschied aus der Garde) bis Anfang Mai 1998 (Estermanns Ernennung zum neuen Kommandanten) hatten in den Kommandozentralen des Heiligen Stuhles die entscheidenden Kämpfe zwischen den beiden Hauptfraktionen getobt, die sich seit vielen Jahren innerhalb des Vatikans bekriegen: das Opus Dei auf der einen und die Logenbruderschaft (bekannt als »vatikanische Loge«) auf der anderen Seite. Während sich ersteres mit aller Gewalt die Kontrolle über die päpstliche Garde sichern möchte, will letztere genau dies verhindern. Der Konflikt hat sich an einem neuralgischen Punkt des Machtgefüges entzündet, denn während ein alter, kranker Papst seinen irdischen Lebensweg beschließt und sich ein neues Pontifikat abzeichnet, hält die Garde alle Aus- und Eingänge des apostolischen Palastes besetzt und überwacht jeglichen Besucherverkehr. Der Kommandant bürgt rund um die Uhr für die Person des Heiligen Vaters, in der Öffentlichkeit ebenso wie im Privatbereich. Am Ende hatten die Anhänger Josemaría Escrivá de Balaguers die Oberhand behalten: Denn Alois Estermann war in zweifacher Hinsicht ans Opus Dei** gebunden.

---

* Der Präfekt Vincenzo Parisi hatte am 9. Februar 1994 gegenüber den römischen Richtern erklärt: »Obwohl der Heilige Stuhl verschiedene telefonische Kontakte hatte, weihte er die italienischen Justiz- und Polizeibehörden nicht in die Berichte ein. Ich bin der Ansicht, daß die Suche [nach den beiden Mädchen, Anm. d. it. Red.] besonders dadurch behindert wurde, daß der Heilige Stuhl gegenüber dem italienischen Staat eine Art Nachrichtensperre verhängt hat ... Die gesamte Angelegenheit zeichnet sich durch eine Fülle von Fehlinformationen aus, die ganz offenkundig auf eine Verschleierung abzielten.« Die Richter werden tatsächlich von »Irreführung und schwerwiegender Verschleierung« sprechen, die eine Konsequenz der »permanenten Geheimniskrämerei des Vatikans« darstellten.

Im September 1983 war ein Bekennerschreiben der Entführer in einem Papierkorb deponiert worden, und zwar bei einem von der Schweizergarde überwachten Tor der Vatikanstadt.

** »Theologie, Finanzwirtschaft und Geheimhaltung bilden die Stützpfeiler der bekanntesten und mächtigsten Organisation der römischen Kirche, des

Am Donnerstag, den 7. Mai 1998, während man im Vatikan das Begräbnis Cédric Tornays begeht, hat die deutsche Tageszeitung *Berliner Kurier* für die nächste Ausgabe (Freitag, den 8.5.) eine Sensationsmeldung in petto: Alois Estermann soll früher als Spion für die Stasi, den Staatssicherheitsdienst der DDR, gearbeitet haben.

Der Beitrag im *Berliner Kurier* wartet mit zahlreichen Einzelheiten auf. Estermann soll seit 1980 (d.h. dem Jahr, in dem er mit dem äußerst großzügigen Dienstgrad eines Hauptmanns in die Garde aufgenommen wurde) Informant der Stasi gewesen sein und von 1981 bis 1984, vermutlich unter dem Decknamen »Werder«, zahlreiche Dossiers an den DDR-Nachrichtendienst geleitet haben. Die detaillierten Unterlagen seien in einem »Postfach« im Nachtzug Rom-Innsbruck deponiert und von Agenten der Stasi abgeholt worden. Die deutschen Behörden, die in Berlin mit der Aufarbeitung der Stasi-Tätigkeit beschäftigt sind, bestätigen, daß es einen Informanten namens »Werder« gegeben habe, doch könnten sie zu diesem Zeitpunkt nicht feststellen, ob sich hinter dem Pseudonym tatsächlich Alois Estermann verbarg.

Dieser »Kracher« zieht eine indignierte Stellungnahme des Heiligen Stuhls nach sich. Pressesprecher Navarro-Valls ist kategorisch: »Das sind alles Lügen. Eine absolute Fehlinformation, der man nicht die geringste Aufmerksamkeit schenken sollte.« Admiral Fulvio Martini, von 1984 bis 1990 Chef des SISMI (des militärischen Nachrichtendienstes Italiens), sieht die Sache anders und erklärt: »Es ist eine mögliche Hypothese,

Opus Dei. Die *Obra* – wie sie in Spanien genannt wird – gilt als eine äußerst einflußreiche ›klerikale Geheimbruderschaft‹ mit etwa achtzigtausend Anhängern (Männern und Frauen). Das Opus Dei, 1928 von dem Geistlichen Josemaría Escrivá de Balaguer gegründet, kann auf etwa 1500 Priester in rund fünfzig Ländern zurückgreifen und hat seine Niederlassungen, Glaubensgemeischaften, Wirtschaftsunternehmen und Universitäten (davon zwei in Rom) auf sämtlichen Kontinenten. Zwischen dieser finanzmächtigen Sekte und dem Papst herrscht eine derart enge Bindung, daß ihr Johannes Paul II. nach dem Attentat im Jahr 1981 die Stellung einer ›Personalprälatur‹ verliehen hat. Er verwandelte das Opus in eine weltumspannende Diözese mit einem eigenen Prälaten (derzeit Bischof Javier Echevarría). Der Obra gehören viele illustre Namen der Kirchenspitze an, darunter der päpstliche Pressesprecher Joaquín Navarro-Valls.« (Mario Guarino: *I mercanti del vaticano*. Kaos. Mailand 1998, S. 127f.)

daß Estermann auf der Gehaltsliste der Stasi stand. In jener Zeit waren die Geheimdienste aus Ostdeutschland, Polen und der Tschechoslowakei an sämtlichen Vorgängen im Vatikan brennend interessiert. Nach Kenntnisstand des SISMI hatte der Heilige Stuhl schon seit geraumer Zeit den Verdacht, daß im Vatikan ein Spion sitzt.«

Der Berliner Korrespondent der polnischen Zeitung *Super Express* schreibt, der ehemalige Stasi-Chef Markus Wolf habe ihm gegenüber bestätigt, daß Estermann für den Geheimdienst der DDR gearbeitet habe. »Wir waren sehr stolz, als es uns 1979 gelang, Estermann als Agenten zu gewinnen«, soll Wolf gesagt haben. »Dieser Mann hatte einen unbeschränkten Zugang zum Heiligen Stuhl und wir durch ihn. Als wir Kontakt zu ihm aufnahmen, hatte Estermann sich erst für den Dienst in der päpstlichen Garde beworben. Als der Vatikan ihn dann in die Schweizergarde aufnahm, stieg sein Wert [als Informant, Anm. d. it. Red.] gewaltig.« Doch Wolf dementiert die Worte, mit denen ihn das polnische Blatt zitiert, und verbreitet folgende Richtigstellung: »Die Stasi hatte einen direkten Zuträger im Vatikan: ›Werder‹. Allerdings gehörte dieser nicht der Schweizergarde an.«*

* * *

Am 22. Mai 1998 führt der Radiosender der französischen Schweiz ein Interview mit einem »Hellebardier der Schweizergarde, der seit anderthalb Jahren in den Diensten des Heiligen Stuhls steht«, aber anonym bleiben will. Der Soldat bestätigt, daß »Alois Estermann aus der päpstlichen Schweizergarde eine professionelle Armee machen« wollte, daß er außerdem

---

* Markus Wolf wird einige Zeit später in einem Interview erklären: »Unser Ansprechpartner im Vatikan [d. h. der Informant, Anm. d. it. Red.] hatte den Decknamen ›Lichtblick‹ [deutsch im Original, Anm. d. Übers.]. Er war Deutscher, einer der intelligentesten Dominikanermönche und Mitglied des Wissenschaftskomitees des Vatikans. Er gehörte zum Umfeld von Monsignore Agostino Casaroli [will heißen: der Logenseilschaft, Anm. d. it. Red.] … Sein Name war Karl Brammer. Ich denke, daß er inzwischen verstorben ist, denn er war schon in den achtziger Jahren sehr betagt.« (Im Interview mit Gianni Perelli und Stefano Vastano in: *L'Espresso*, 14. 10. 1999.)

an das Opus Dei gebunden gewesen sei und sich auch als Proselytenmacher in der Garde betätigt habe.

Pater Roland Trauffer, Sekretär der Schweizer Bischofskonferenz, bestätigt seinerseits, daß Estermann dem Opus Dei »recht nahegestanden« habe, außerdem soll Alois Jehle, der Militärseelsorger der Garde, Estermann zur Ordnung gerufen haben, da es nicht gestattet sei, Einfluß auf die Soldaten zu nehmen, »um sie zur Mitgliedschaft in spirituellen Gemeinschaften zu bewegen«.

Der Schweizer Pressesprecher des Opus, Beat Müller, veröffentlicht ein zweideutiges Dementi: Er sei sich »praktisch sicher«, daß kein Soldat der Schweizergarde in die Mitgliederlisten der helvetischen Obra eingetragen sei. Der Pressesprecher der Prälatur in Italien, Giuseppe Corigliano, schweigt.*

Im Vatikan pfeifen selbst die Spatzen von den Dächern, daß sich das Opus Dei – das man wegen gewisser Eigenschaften auch als »Santa Mafia« bezeichnet – seit Jahren mit einer geheimen Mission trägt: Es will die Kontrolle über alle Entscheidungsinstanzen der römischen Kirche erlangen.** Diese Machtergreifung hatte mit Wojtylas Inthronisierung begonnen und erfuhr nach dem Papstattentat vom 13. Mai 1981 eine weitere Beschleunigung. Der polnische Pontifex, dessen Wahl im Konklave vor allem durch die Opus-Dei-nahen Kardinäle

---

* Es war im Vatikan gemeinhin bekannt, daß Estermann mit der Obra in Verbindung stand. Die italienische Wochenzeitung *Epoca* hatte schon im Mai 1996 schwarz auf weiß geschrieben: »Der Vizekommandant der Schweizergarde, Alois Estermann, ist auch Mitglied des Opus Dei.«

** Der Engländer David Yallop hat das Opus Dei wie folgt beschrieben: »Opus Dei ist eine katholische Organisation von internationaler Reichweite. Sie hat zwar nur eine relativ geringe Mitgliederzahl (die Schätzungen pendeln zwischen 60 000 und 80 000), aber ihr Einfluß ist beträchtlich. Opus Dei ist ein Geheimorden – eine Organisationsform, die nach Kirchenrecht streng verboten ist. Opus Dei bestreitet, ein Geheimbund zu sein, weigert sich aber zugleich, sein Mitgliederverzeichnis öffentlich zugänglich zu machen. [...] Es verkörpert den extremen rechten Flügel der katholischen Kirche, und dieses politische Faktum hat dafür gesorgt, daß der Organisation treue Anhänger ebenso wie erbitterte Feinde erwachsen sind. Geistliche stellen mit rund fünf Prozent nur einen kleinen Teil der Mitglieder; der Rest besteht aus Laien beiderlei Geschlechts. [...] Opus Dei [ist] bestrebt, Angehörige der akademischen und politischen Elite beziehungsweise Studenten an sich zu ziehen, die die Chance

entschieden wurde, hat dieser integralistischen Bewegung den Status der Personalprälatur verliehen. Seitdem dringt das Opus Dei unaufhaltsam in die Vatikanpaläste vor. Diese Unterwanderung, die um jeden Preis und mit jedem Mittel vorangetrieben wird, findet in der Logenbruderschaft den einzigen ernstzunehmenden Gegner, denn die Freimaurer sind selbst ein alteingesessener Klan, der viele Mitglieder zählt und hinter den Kulissen an den Strippen der Macht zieht.

Die Seilschaft des Opus Dei operiert, wie die Logenbrüder, in den heiligen Mauern unter dem Deckmantel absoluter Geheimhaltung. Sie setzt sich aus Geistlichen und Laien zusammen, wobei sie nicht nur von »ordentlichen Mitgliedern«, sondern auch von vielen Gönnern und »Mitläufern« unterstützt wird. Da man sich nur auf Gerüchte berufen kann, ist es nahezu unmöglich, die Mitglieder eindeutig zu identifizieren.* Abgesehen von Pressesprecher Navarro-Valls (der als weltliches Mitglied der Organisation bekannt ist) und den offiziellen Vertretern der Prälatur** sollen folgende Persönlichkeiten zum mehr oder weniger aktiven Kern der Opus-Dei-Seilschaft gehören: Kardinal Lucas Moreira Neves (Präfekt der Kongregation für die Bischöfe), Bischof Cipriano Calderón Polo (Vizepräsident der Päpstlichen Kommission für Lateinamerika), Kardinal und den Ehrgeiz haben, in führende gesellschaftliche Positionen aufzusteigen. Dr. John Roche, Dozent an der Universität Oxford und Exmitglied des Opus Dei, charakterisiert die Organisation als ›bösartig, geheimbündlerisch und orwellianisch‹. […]

Opus Dei, das bedeutet auch: enormer Reichtum […].

José Mateos, der als der reichste Mann Spaniens gilt, pumpte Millionen in das Opus Dei; ein beträchtlicher Teil dieses Geldes stammt aus illegalen Geschäften, die er zusammen mit Calvi in Spanien und Argentinien getätigt hatte. Der Zahlmeister der P2 [Calvi, Anm. d. Red.] Hand in Hand mit dem Zahlmeister des Opus Dei – könnte es das sein, was die Kirche meint, wenn sie davon spricht, daß die Wege des Herrn unergründlich sind?« (David Yallop: *Im Namen Gottes?* Droemer Knaur. München 1984, S. 366–368.)

* Es ist eine interne Grundregel, daß Opus-Dei-Mitglieder »immer kluges Stillschweigen bezüglich der Namen von anderen Mitgliedern zu wahren haben; und niemandem gegenüber enthüllen sie, daß sie selbst zum Opus Dei gehören, nicht einmal bei einem eventuellen Verlassen des Instituts[…].« (Zitiert nach Peter Hertel: *Geheimnisse des Opus Dei.* Geheimdokumente, Hintergründe, Strategien. Herder. Freiburg u. a. 1995, S. 97.)

** Bischof Javier Echevarría Rodriguez und Generalvikar Monsignore Fernando Ocariz.

Darío Castrillón Hoyos (Präfekt der Kongregation für den Klerus), Kardinal Eduardo Martínez Somalo (Präfekt der Kongregation für die Institute des gottgeweihten Lebens und für die Gemeinschaften apostolischen Lebens). Als weitere Anhänger gelten: Kardinal James Francis Stafford, Kardinal Alfonso López Trujillo, Kardinal Paul Poupard, Kardinal Andrzej Maria Deskur, Kardinal Jan P. Schotte, Erzbischof Julián Herranz Casado und viele andere mehr.*

Alois Estermann war, wie jedermann wußte, der Kandidat des Opus Dei für das Kommando der päpstlichen Schweizergarde. Die Anhänger Josemaría Escrivá de Balaguers wollten ihn um jeden Preis an der Spitze der Garde sehen, weil der gegnerische Clan der Logenbrüder schon den mächtigen Corpo di Vigilanza kontrolliert. Viele Monate lang schmiedete die Logenbruderschaft ihre Ränke im Staatssekretariat, weil sie diese Kandidatur blockieren und verhindern wollte, daß sich die päpstliche Armee unter der Schirmherrschaft des Opus Dei zu einer schlagkräftigen Einsatztruppe mausert.

---

* Zu den sporadischen »Mitläufern« der mächtigen Opus-Seilschaft zählt auch der rührige Kardinal Camillo Ruini, der gleichzeitig zur Fraktion der Logenbrüder gehören soll. Er ist Präsident der italienischen Bischofskonferenz und aussichtsreicher Kandidat für die Nachfolge Wojtylas; da er auf die Stimmen der Opus-Dei-nahen Würdenträger im Konklave zählt, tut er alles, um sich deren Unterstützung zu sichern. Er hat es sogar geschafft, dem Opus Dei eine neue Pfarrei in Rom einzurichten, eine Pfarrei, deren Namenspatron nicht einmal den Status des Heiligen hat, sondern lediglich seliggesprochen wurde: Josemaría Escrivá de Balaguer. [Am 6. Oktober 2002 wurde dieser, vor einer begeisterten Menge auf dem Petersplatz, von Johannes Paul II. kanonisiert; Anm. d. Übers.]

8

Am Morgen des 7. Mai 1998 macht im Vatikan das Gerücht die Runde, das Ehepaar Estermann solle nicht gemeinsam bestattet werden. Man behauptet, Alois' sterbliche Überreste würden in seinem Schweizer Heimatdorf (wo noch immer die Eltern leben) begraben, während die Gattin Gladys »vorläufig« nach Venezuela überführt werde. Das Gerücht findet sich bald durch Fakten bestätigt.

Die Leiche Alois Estermanns wird auf der Straße über Chiasso in das Schweizer Städtchen Beromünster transportiert. Sämtliche Kosten trägt die Kasse der Schweizergarde.* Die Leiche von Gladys Meza Romero dagegen wird per Flugzeug nach Venezuela überführt – das Governatorato des Vatikanstaates und das venezolanische Außenministerium übernehmen die Spesen.

Die Überführung von Gladys' sterblicher Hülle wird vom venezolanischen Kardinal José Rosalio Castillo Lara persönlich organisiert, wobei ihm seine einstige rechte Hand, Monsignore Gianni Danzi (der allmächtige und intrigante Generalsekretär des Governatorats), mit gewohntem Brio zur Seite steht. Die beiden sind übrigens langjährige Spezis derselben Logenseilschaft.** Zusätzliche Unterstützung erfährt die

---

* Im Vatikan erzählt man sich, daß dagegen die Leiche des angeblichen Amokschützen Cédric Tornay auf Kosten der Mutter in die Schweiz überführt wurde.

** Der höchst einflußreiche Kardinal Castillo Lara gilt als einer der historischen Köpfe des vatikanischen Freimaurerclans, gleichzeitig soll er sich jedoch – zumindest phasenweise – in der gegnerischen Seilschaft des Opus Dei engagiert haben. Der für seine Kaltschnäuzigkeit bekannte Würdenträger hielt bis 1997 die Fäden von Verwaltung und Hochfinanz des Vatikans in der Hand. Danach zog er sich offiziell nach Aragua (Venezuela) in den Ruhestand zurück, doch er taucht oft im Vatikan auf, wo sein Einfluß ungeschmälert ist. Dies ist unter anderem seinem ehemaligen Vasallen Gianni Danzi zu verdanken. (Vgl. S. 169 ff.)

Operation durch den venezolanischen Botschafter Alberto J. Vollmer Herrera und den Botschaftsrat Alberto Brugnoli Cruciani.

In den frühen Morgenstunden des 9. Mai wird der Sarg mit Gladys Estermanns sterblichen Resten zum römischen Flughafen Fiumicino gebracht und dort in eine Boeing 747 verladen. Startzeit ist 13.30 Uhr. An Bord begeben sich außerdem die vier Schwestern der Verstorbenen (Ruisa, Tirsa, María und Claudia) und ein Cousin: Hochwürden Pedro Freites Romero, verantwortlich für das lateinamerikanische Programm von Radio Vatikan.* Nach etwa zehnstündigem Flug landet die Alitalia-Maschine in Caracas (17.30 Uhr Ortszeit). Der Sarg wird von Kardinal Castillo Lara und dem Apostolischen Nuntius Leonardo Sandri** in Empfang genommen. Bezeichnenderweise fehlt der Erzbischof der Stadt, Monsignore Ignacio Antonio Velasco García, der bekanntlich zum Umkreis des Opus Dei gehört.

Dann werden die sterblichen Überreste in ein Privatflugzeug des venezolanischen Innenministeriums verladen und nach Barcelona geflogen (in die Hauptstadt des Staates Anzoátegui, 400 km in Richtung Ost-Süd-Ost). Dort wird die Leiche Gladys Estermanns in einen Wagen umgeladen und, von Begleitfahrzeugen eskortiert, nach Urica gefahren.

Den Trauergottesdienst zelebriert Monsignore Carlos Vina, der Generalvikar der Diözese. Ihm zur Seite steht Pater Borgomeo. Der Feierlichkeit wohnen unter anderem der venezolanische Justizminister Hilaríon Cardozo (einst Direktor der Staatspolizei, angeblich ranghohes Logenmitglied) und der Präfekt von Urica, Luis Domingo Carbajal, bei.

---

* Dieser Posten wurde ihm 1992 auf Druck von Monsignore Castillo Lara übertragen. Der Geistliche war bis dahin ein gewöhnlicher Berater im Päpstlichen Rat für die sozialen Kommunikationsmittel.

** Monsignore Sandri wurde im Juli 1997 zum Erzbischof ernannt und soll zum Mitgliederstamm der vatikanischen Freimaurerloge gehören. Er steht in herzlichstem Verhältnis zu Kardinal Pio Laghi und Monsignore Giovanni Battista Re. Man sagt, er sei auch ein enger Freund von Pater Pasquale Borgomeo und Alberto Gasbarri (ersterer ist Generaldirektor, der andere Verwaltungsdirektor von Radio Vatikan).

Die Begräbnismesse für Alois Estermann findet einige Tage später statt, einige tausend Kilometer entfernt. Man versammelt sich am 16. Mai um zehn Uhr in der Pfarrkirche St. Stephan von Beromünster.

An der Zeremonie, die vom Basler Bischof, Monsignore Koch, geleitet wird, nehmen Oberst Buchs und eine Abordnung von 40 Veteranen der päpstlichen Schweizergarde teil. Wider Erwarten fehlen einige zivile und militärische Repräsentanten des Schweizer Staates: so zum Beispiel Bundesrat und Verteidigungsminister Adolf Ogi und der Luzerner Bundesrat Kaspar Villiger. Unübersehbar ist dagegen der Vertreter des Vatikanstaates, Monsignore Gianni Danzi.

* * *

Die Unterwanderung des Vatikans durch die Freimaurerlogen begann in den frühen siebziger Jahren, unter dem Pontifikat Pauls VI. In den Aktivitäten des amerikanischen Bischofs Paul Casimir Marcinkus (Präsident der Vatikanbank IOR) und der katholisch-freimaurerischen Bankrotteure Michele Sindona und Roberto Calvi (beide Mitglied der Geheimloge P2) fand diese Operation eine finanzielle Begleitstrategie.*

Als Albino Luciani 1978 zum Papst Johannes Paul I. gewählt wurde, mußte die vatikanische Freimaurerloge damit rechnen, daß ihr weitverzweigtes Netz in der römischen Kurie enttarnt und zerschlagen würde.** Doch der Pontifex verstarb

---

* Eine wichtige Rolle spielte auch der Finanzier Umberto Ortolani, persönlicher Freund Pauls VI. und katholischer Logenbruder. Seinen Namen, der sich auch in den Mitgliederlisten der P2 findet, ziert der Ehrentitel eines »Gentiluomo di Camera di Sua Santità« (Kammerherr Seiner Heiligkeit).

** Wenige Tage nachdem Luciani zum Papst gewählt worden war, veröffentlichte Mino Pecorellis Zeitschrift *Op* einen Artikel (»La Gran Loggia vaticana« – Die vatikanische Großloge) mit einer Liste von 121 Prälaten des Vatikans, die zur Freimaurerloge gehören sollten. Darunter befanden sich so prominente Namen wie der Sekretär von Papst Paul VI., Pasquale Macchi, der IOR-Präsident Paul Marcinkus sowie dessen rechte Hand, Monsignore Donato De Bonis. Des weiteren Kardinal Sebastiano Baggio (Präfekt der Kongregation für die Bischöfe), Monsignore Pio Laghi (Apostolischer Nuntius in Argentinien), Generalvikar Ugo Poletti und sogar der Staatsekretär des Vatikans, Kardinal Jean Villot. (Zum Wortlaut des Beitrags und der dazu-

überraschend unter mysteriösen Umständen,* und Karel Wojtyla wurde zum Nachfolger gewählt, wodurch die vatikanische Logenseilschaft ihren Machtbereich weiter ausdehnen konnte. Trotz des weltweiten Skandals um das IOR und den Banco Ambriosano bestätigte Papst Johannes Paul II. nämlich Monsignore Marcinkus in dessen Funktion als Direktor der Vatikanbank.

Die vatikanische Loge, die sich in der römischen Kurie ausgebreitet hat, ist heute eine Art Konsortium, dem auch Kardinäle, Bischöfe, Prälaten und Laien zuarbeiten, selbst wenn sie mit dem Kodex der Logenbruderschaft im engeren Sinn nichts zu schaffen haben. Die Loge hat sich in eine geheime Solidargemeinschaft verwandelt, die gegen den rückschrittlichen Integralismus und das Hegemoniestreben des Opus Dei kämpft und es sich – in einem Spagat zwischen Konservativismus und Modernismus – zum Ziel gesetzt hat, die enorme finanzielle und politische Macht des Vatikans zu kontrollieren.

Da sie unter denselben Geheimhaltungsregeln steht wie das Opus Dei, ist die eindeutige Benennung ihrer Mitglieder genauso schwierig. Im Vatikan wird gemunkelt, daß neben José Rosalio Castillo Lara folgende Persönlichkeiten zur Logenseilschaft zählen: Kardinal Achille Silvestrini (Präfekt der Kongregation für die Orientalischen Kirchen, er soll einer der Clanführer sein), Kardinal Pio Laghi (Präfekt der Kongregation für das Katholische Bildungswesen), Kardinal Camillo Ruini (Generalvikar von Rom), Monsignore Celestino Mi-

gehörigen Liste vgl.: Mario Guarino: *I mercanti del vaticano*. Kaos. Mailand 1998.)

Papst Luciani betraute umgehend Kardinal Giovanni Benelli (den Erzbischof von Florenz) mit einer Untersuchung, die die mögliche Präsenz der Freimaurer in der Kirchenhierarchie klären sollte. Allerdings sollte der Papst niemals Einblick in den Untersuchungsbericht erhalten, denn am darauffolgenden 28. September starb der Heilige Vater unter bis heute ungeklärten Umständen. Es scheint, daß der Papst zum einen Monsignore Marcinkus von der Spitze des IOR entfernen und zum anderen sämtliche Geschäftsbeziehungen zwischen der Vatikanbank und dem vom katholischen Logenbruder Roberto Calvi geführten Banco Ambrosiano unterbinden wollte (vgl. ebenda, S. 57f.).

* Der englische Autor David Yallop ist der Meinung, daß Papst Luciani einem Giftmord zum Opfer gefallen ist, in Auftrag gegeben von Logenbrüdern aus der Führungsriege des Vatikans.

gliore (Sekretär für die Beziehungen zu den Staaten [Außenamt]), Kardinal Virgilio Noè (Generalvikar des Vatikanstaats), außerdem: Kardinal Fiorenzo Angelini, Kardinal Dino Monduzzi, Erzbischof Giuseppe Pittau, Erzbischof Carlo Maria Viganò, Erzbischof Tarcisio Bertone, Erzbischof Mario Francesco Pompedda, Erzbischof Agostino Cacciavillan, Erzbischof Claudio Maria Celli, Erzbischof Sergio Sebastiani, Erzbischof Crescenzio Sepe, Erzbischof Jorge María Mejía, Erzbischof Francesco Marchisano, Bischof Gianni Danzi, Bischof Donato De Bonis, Monsignore Renato Boccardo, Bischof Pierre Duprey, Bischof Francesco Saverio Salerno, Monsignore Alfonso Badini Confalonieri, Monsignore Paolo De Nicolò, Erzbischof Oscar Rizzato, Bischof Piero Marini, die Jesuitenpatres Roberto Tucci und Pasquale Borgomeo und andere mehr.*

Der Logenclan hatte monatelang verhindert, daß der Opus-Dei-Anhänger Alois Estermann zum Gardekommandanten ernannt wurde, damit diese einflußreiche Position nicht in den Machtbereich der Gegenfraktion geraten und die päpstliche Garde nicht in eine »Spezialeinheit« verwandelt würde, die den Kompetenzbereich des Corpo di Vigilanza schmälerte.

* Es sei noch einmal darauf hingewiesen, daß es sich hierbei lediglich um Gerüchte aus dem Vatikan handelt. Außerdem soll an dieser Stelle erwähnt werden, daß die Zusammensetzung der Logenseilchaft – im Gegensatz zum Opus Dei – stark fluktuiert, denn sie hat sich zu einer Art Karrieresprungbrett und Verteilungsbehörde für Machtposten entwickelt. Charakteristisch für die Logenbruderschaft ist – auch dies im Unterschied zum Opus Dei – die Zersplitterung in »Strömungen« und Fraktionen, die rivalisierende Meinungen und Interessen vertreten.

9

Einen Monat nach dem Blutbad des 4. Mai gibt Cédric Tornays Mutter dem italienischen Nachrichtenmagazin *Panorama* ein Interview. »Wenn man mir gesagt hätte, daß mein Sohn verrückt geworden ist, dann hätte ich versuchen können, mich damit abzufinden«, beginnt Muguette Baudat. »Doch statt dessen habe ich mir nur Lügen anhören müssen. Ich bin verzweifelt, mein einziger Lebensinhalt ist nun, die Wahrheit herauszufinden. Es gibt zu viele ungelöste Rätsel, zu viele Lügen von seiten des Vatikans.«[*]

Frau Muguette, in welcher Hinsicht soll der Vatikan gelogen haben? Und aus welchem Grund?

»Am Anfang hieß es, der Grund für den Amoklauf seien die zahlreichen Bestrafungen Cédrics und die verweigerte Auszeichnung gewesen. Jetzt haben sie ihre Version geändert und behaupten, Überlastung und Streß waren die Auslöser. Aber an dem betreffenden Tag war Cédric überhaupt nicht erschöpft und völlig ausgeglichen. Der Militärseelsorger [Monsignore Alois Jehle, Anm. d. it. Red.] hat mir gesagt, er habe meinen Sohn an jenem Abend getroffen, und dieser sei außer sich gewesen vor Wut auf Estermann. Später habe ich von Cédrics Freunden erfahren, daß dies nicht stimmt. Aber die im Vatikan haben von Beginn an gelogen. Sie forderten mich anfangs auf, nicht nach Rom zu reisen: Ich sollte Cédric nicht sehen, weil er durch den Kopfschuß vollkommen verunstaltet sei. Als ich nicht nachgab, kam als Einwand, in Rom sei es sehr warm, der Verwesungsprozeß der Leiche habe schon eingesetzt. Ich schrie: Habt ihr denn keine Kühlzellen in eurem Leichenschauhaus? Dann wollten sie mich aufhalten, indem sie behaupteten, die Hotels seien ausgebucht.

[*] Im Interview mit Anna Maria Turi in: *Panorama*, 18. 6. 1998.

Ein merkwürdiges Verhalten und ziemlich pietätlos einer Mutter gegenüber.«

Sie sagen, daß Cédric am 4. Mai nicht verärgert war. Wie kommen Sie zu diesem Schluß?
»Wir hatten an jenem Vormittag miteinander telefoniert, von 12.35 Uhr bis 13 Uhr. Cédric war glücklich. Er dachte, er habe Arbeit bei einer Bank in der Schweiz gefunden. Im Juni wollte er zurückkehren. Er hatte gesagt: ›Ich bin froh, weil Pater Yvan aus Paris kommt und gute Nachrichten mitbringt.‹«

Wer ist Pater Yvan?
»Ich hatte vorher nie von ihm gehört, seinen Nachnamen weiß ich gar nicht. Ich sah ihn zum ersten Mal am 6. Mai, in der Aufbahrungshalle im Vatikan. Ich war mit meiner Freundin Cathy zusammen. Er saß neben Cédrics Sarg, er weinte und jammerte. Man sagte mir, er sei Cédrics geistlicher Beistand gewesen, also ging ich mit Cathy zu ihm. Der Pater war in Tränen aufgelöst. Absurderweise war ich es, die ihm Trost spenden wollte. Er sagte, es sei alles seine Schuld, er hätte an jenem Abend vor Ort sein müssen, um Cédric von seiner Tat abzuhalten. Dann sagte er – immer noch unter Tränen – mit lauter Stimme: ›Sie haben ihn ermordet, sie haben ihn ermordet!‹«

Ermordet? Und was unternahmen Sie dann?
»Ich fragte ihn: ›Wer, wer hat ihn ermordet?‹ Aber er war völlig außer Fassung und antwortete nicht. Ich versuchte ihn aufzurütteln, doch ich schaffte es nicht. In jenem Moment verließen mich die Kräfte: Es ging mir so schlecht, ich zog mich zurück. Wir verabredeten uns in den Räumen der Schweizergarde.«

Und was passierte dann?
»Einige Stunden später sahen wir uns wieder, Cathy war auch dabei. Der Priester bestand darauf, daß man Cédric umgebracht habe. Er behauptete, die Beweise habe er in seiner Tasche, einer Aktentasche, die er keinen Augenblick aus der Hand legte. Er sagte, er sei in Gefahr, er müsse sich schützen, damit auch wir geschützt würden.«

Beschreiben Sie ihn!

»Er ist Franzose, um die 35. Er trägt eine Mönchskutte, vielleicht ist er Traditionalist. Seit jenem Moment gehen mir seine Worte nicht mehr aus dem Kopf.«

Haben Sie nicht versucht, noch mehr von ihm zu erfahren?

Mit allen Mitteln, aber ohne Erfolg.

Sprachen Sie mit den Ermittlern des Vatikans darüber?

»Ja. Ich wurde am 6. Mai vernommen und erzählte von Pater Yvan und dessen merkwürdigen Äußerungen. Der Richter nahm dies zur Kenntnis, doch später sagte er mir, daß niemand im Vatikan etwas über diesen Pater Yvan beziehungsweise Ivano wisse. Das ist komisch, weil ich dagegen glaube, daß er im Vatikan etwas zu sagen hat. Er kannte die Schweizergardisten, eine Menge Leute. Wir hatten zum Beispiel keine italienischen Lire dabei, und da ließ dieser Priester die Bank im Vatikan aufschließen [das IOR, Anm. d. it. Red.]. Es war Nachmittag, und die Bank war geschlossen, aber er brauchte nur seinen Namen zu nennen, und der Direktor öffnete die Bank wieder.«

Wurde er von den Richtern identifiziert?

»Ich weiß nicht, aber ich hoffe es.«

Was enthielt seine schwarze Tasche?

»Ich habe keine Ahnung. Aber seit damals tue ich nichts anderes, als Querverbindungen herzustellen und in meinem Gedächtnis nach weiteren Details zu suchen. Mir fiel wieder ein, was mein Sohn mir im Herbst gesagt hatte: ›Gemeinsam mit zwei Freunden stelle ich Nachforschungen über das Opus Dei in der Schweizergarde an.‹«

Das Opus Dei? Was haben Sie darauf geantwortet?

»Ich sagte nur: ›Sei vorsichtig!‹«

Wissen Sie, wer diese beiden Freunde waren?

»Zwei Gardisten. Cédric hat mir ihre Namen anvertraut, aber ich möchte die beiden nicht mit hineinziehen.«

Erklärte er Ihnen, worum es dabei genau ging?
»Ich fragte ihn nicht danach. Es kam mir gar nicht der Gedanke. Aber ich weiß, daß er Angst vor dem Opus Dei hatte, und er sagte, Estermann gehöre dazu.«

Es wurde gesagt, Ihr Sohn sei voller Haß gewesen, weil er zu oft bestraft wurde.
»Nein. Er war kaum fähig, jemanden zu hassen. Er hatte einen starken Charakter, aber er nährte keine Ressentiments. Ich weiß, daß er einige Male bestraft wurde. Aber bei mir hat er sich nie darüber beklagt. Über Estermann sagte Cédric, er sei ein harter Brocken, doch er haßte ihn nicht. Beim letzten Telefongespräch fragte er mich, ob ich schon die schlechte Nachricht gehört hätte: Er meinte die Ernennung Estermanns. Ich fragte ihn, ob ihn das persönlich störe. Er sagte nein, die Ernennung stoße aber auf Ablehnung innerhalb der Garde.«

Sprach er bei diesem letzten Telefonat auch über das Opus Dei?
»Nein. Wir hatten im Herbst kurz über das Opus Dei gesprochen. Er merkte, daß mir diese Geschichte nicht gefiel, und so hat er sie nicht mehr erwähnt.«

Sie wissen nicht zufällig, was jene »Nachforschungen« Cédrics zutage gefördert haben?
»Ich habe ihn nie danach gefragt. Ich dachte, er hätte dieses Projekt fallenlassen.«

Aber wozu diese Nachforschungen? Wie ist es möglich, daß Sie ihn nie danach gefragt haben?
»Daran denke ich die ganze Zeit. Aber damals gab ich nicht allzuviel darauf. Das bereue ich sehr: Ich hätte in ihn dringen müssen.«

Sprachen Sie mit dem Richter des Vatikans darüber?
»Nein. Vor einem Monat kam mir das gar nicht in den Sinn.«

Und mit den beiden Kameraden von Cédric?

»Nein. Ich habe erfahren, daß sie von heute auf morgen die Schweizergarde verlassen haben, das ist ein paar Monate her. Einer der beiden kam nach Cédrics Tod sofort zu mir. Er sagte, in der Schweizergarde habe es in letzter Zeit große Spannungen gegeben. Er erzählte mir, daß er zu Cédric gesagt habe: ›Es wäre besser, wenn du die Garde verlassen würdest, wenn du weitermachst, wirst du eine Menge Probleme bekommen.‹ Cédric habe erwidert: ›Das macht nichts.‹«

Was, glauben Sie, ist an jenem Abend geschehen?

»Es ist möglich, daß mein Sohn durchgedreht ist. Aber vielleicht hat sich die Sache auch anders abgespielt. Tief in meinem Innern bin ich fast sicher, daß die offizielle Version nicht die richtige ist. Natürlich kann man plötzlich den Verstand verlieren. Aber nur, wenn etwas Furchtbares vorausgegangen ist.«

In der offiziellen Version heißt es, man habe ihm aufgrund seiner Disziplinlosigkeit eine lang ersehnte Auszeichnung verweigert.

»Das ist falsch. Cédric war an jenem Tag gut gelaunt, er war glücklich über die neue Arbeitsstelle. Die Garde und die Auszeichnung kümmerten ihn überhaupt nicht mehr. Er hat es mir selbst gesagt: ›Auf die Medaille pfeife ich.‹«

Wissen Sie, daß man auch über eine Beziehung zwischen Cédric und Frau Estermann, oder sogar über ein homosexuelles Verhältnis mit dem Kommandanten spekuliert hat?

»Gladys Estermann war älter als ich. Und meinem Sohn gefielen junge Mädchen, nur junge Mädchen.«

Wie interpretieren Sie also den Abschiedsbrief?

»Nehmen wir einmal an, daß Cédric ihn geschrieben hat – auf mich wirkt er wie der Brief von jemandem, der etwas Schwerwiegendes vorhat. Der fürchtet, daß er eine ganze Weile nicht mit mir wird sprechen können, vielleicht weil er glaubt, daß man ihn verhaften wird … Vielleicht war der Brief für einen Fall geschrieben worden, der erst später eintreten sollte, am 7. Juni. Das Datum vom 4. Mai setzte man womöglich nachträglich ein. Vielleicht hatte man eine Verschwörung ausgeheckt, eine Meuterei, was weiß ich.«

Eine Verschwörung im Vatikan?
»Ich weiß nicht mehr, als ich gesagt habe. Ich will niemanden beschuldigen. Ich stelle nur Hypothesen auf. Ja, vielleicht gab es im Vatikan jemanden, der die Ernennung Estermanns um jeden Preis verhindern wollte. Nehmen wir einmal an, mein Sohn Cédric hätte zu dieser Gruppe gehört, womöglich wegen seiner Nachforschungen über das Opus Dei.«

Sie meinen, daß Ihr Sohn das Werkzeug einer Verschwörung gewesen sein könnte?
»Ich wiederhole: Das ist eine Hypothese.«

Hat Ihnen Cédric denn jemals von verfeindeten Fraktionen innerhalb der Schweizergarde erzählt?
»Nein. Aber lassen Sie mich die Sache weiterspinnen: Vielleicht hatte man beschlossen, Estermann zu bedrohen: Entweder verzichtest du auf das Kommando, oder wir lassen dich mit den Beweisen auffliegen, die wir gegen dich gesammelt haben.«

Aber warum sollte man dazu ausgerechnet Ihren Sohn ausgewählt haben? Und warum kam es zum Mord? Und warum mußte obendrein Estermanns Frau sterben?
»Vielleicht wurde Cédric ausgelost ... Er hatte immer Pech, mein armer Sohn. Wir wollen auch nicht vergessen, daß in der Wohnung der Estermanns vier benutzte Gläser gefunden wurden. Es gab also eine vierte Person. Wer war das? Und vielleicht wollte man Estermann gar nicht umbringen, sondern nur bedrohen. Vielleicht kam es zu einer unvorhergesehenen Reaktion, zu einem unbeabsichtigten Schuß, der in einer Kettenreaktion alle anderen nach sich zog. Das sind Hypothesen. Vielleicht ist Cédric ganz einfach verrückt geworden.«

Was werden Sie jetzt unternehmen?
»Ich werde weitersuchen. Und wenn ich dreißig Jahre dazu

71

brauche, ich werde die Wahrheit über den Tod meines Sohnes herausfinden. Die wirkliche Wahrheit.«

Die Veröffentlichung des Interviews sorgt im Staatssekretariat für Nervosität. Die Mutter von Cédric Tornay ist nämlich das einzige ernsthafte Hindernis, das sich der »Wahrheit« des Vatikans und einer Archivierung des Falles in den Weg stellt.

Als der Pressesprecher des Vatikans von einigen Journalisten auf das Interview mit Frau Baudat angesprochen wird, behauptet er, daß er einen »Pater Yvan oder Ivano« nicht kenne, auf keinen Fall stehe dieser unbekannte französische Priester in irgendeiner Beziehung zum Vatikan.*

Navarro-Valls lügt: Der Ordensbruder, den Frau Baudat erwähnt, ist Pater Yvan Bertorello, der (sowohl durch das Sankt-Anna-Tor als auch durch das Bronzetor) freien Zutritt zum Vatikan hat. Von Zeit zu Zeit wandelt er durch die Ministerien der Kurie, die Kaserne der Schweizergarde, die IOR-Büros oder das Presseamt des Heiligen Stuhls. Wenn er sich im Vatikan aufhält, nimmt er Anrufe über die Telefonzentrale des Staatssekretariats entgegen.

* * *

Im September 1998 erscheint in Frankreich, Belgien und in der Schweiz Gérard de Villiers' Agententhriller »L'espion du Vatican« (Der Spion des Vatikans). Der Roman gehört zu einer Reihe um den CIA-Agenten Malko Linge (Deckname »Sas«), und er lehnt sich offenkundig an das Blutbad vom 4. Mai im Vatikan an. Die Handlung ist ein vielschichtiges Gemenge aus Fiktion und Wirklichkeit. Der französische Schriftsteller Gérard de Villiers ist unter anderem dafür berühmt, daß er in seinen Werken oft verbrecherische Machenschaften »vorweggenommen« hat; dies liegt nicht an den seherischen Fähigkeiten

---

* Aus dem Hauptquartier der Vigilanza läßt man durchsickern, daß »Pater Yvan oder Ivano« nicht einmal Priester sei, doch dies ist lediglich ein Täuschungsmanöver, das von Person und Identität des Abbé Yvan Bertorello ablenken soll.

des Autors, sondern an den Kontakten, die er zu den verschiedensten Geheimdiensten unterhält. Soweit bekannt, reiste Villiers zur Niederschrift seines Romans zuerst nach Rom, wo er Anfang Juni 1998 zehn Tage im Hilton abstieg, dann fuhr er für eine Woche nach Montreux am Genfer See (Kanton Waadt). Er hatte also die richtigen Kontakte und ließ sich »inspirieren«.

In »L'espion du Vatican« wird das Massaker vom 4. Mai als Dreifachmord dargestellt. Der Täter ist ein mysteriöser Priester aus Deutschland, »Pater Hubertus«*, der von der Kirchenspitze in Rom mit schmutzigen Geheimaufträgen betraut wird. In diesem speziellen Fall eliminiert er den Kommandanten der Schweizergarde, »Oberst Ludwig Hofenberg«, weil dieser als gefährlicher Spion enttarnt wird, der die Sicherheit des Vatikans und des Heiligen Vaters bedroht. Um den Zweck der Operation zu verdecken, tötet Pater Hubertus auch die Ehefrau »Esmeralda« und inszeniert die Spuren am Tatort so, daß sie auf einen Amoklauf des jungen Vizekorporals »Stephan Martigny«** hindeuten. Geheimagent Sas wird am Ende des Buches herausfinden, daß es sich bei dem gefährlichen Spion nicht um Oberst Hofenberg, sondern um »Monsignore Arturo Gonzales y Vilaverde« von den »Legionären Christi«*** gehandelt hat. Diese fiktive Figur erinnert stark an Monsignore Pedro López Quintana, den Mann aus dem Staatssekretariat.

Der Spanier Quintana gehört dem diplomatischen Korps des Heiligen Stuhls und der Disziplinarkommission der Kurie an. Monsignore López Quintana war einst Sekretär der Apostolischen Nuntiatur in Neu Delhi, wurde 1987 zum Ehreprä-

---

* Der Name spielt auf Pater Yvan Bertorello an (HuBERTus = BERTorello).

** Dies ist eine deutliche Anspielung auf Cédric Tornay, der in Martigny (nicht weit von Saint-Maurice, im Kanton Wallis) begraben liegt.

*** Die »Legionäre Christi«, die dem Papst treu ergeben sind, bilden eine integralistische Organisation, die dem Opus Dei in vielerlei Hinsicht ähnelt. Der Gründer, der mexikanische Geistliche Marcial Maciel, wurde von acht ehemaligen Schülern wegen sexuellen Mißbrauchs angeklagt, doch er steht weiterhin an der Spitze der Organisation und genießt die volle Unterstützung des Vatikans.

laten Seiner Heiligkeit ernannt und schließlich 1992 in den Vatikan berufen, wo er, als Assessor für die Allgemeinen Angelegenheiten, in die Erste Sektion des Staatssekretariats eingegliedert wurde*. Er gehört weder der Seilschaft der Logenbrüder noch dem Opus Dei an, hat aber Beziehungen zu beiden Fraktionen und muß – in einem riskanten Drahtseilakt – die Ambitionen der beiden Gruppierungen im Gleichgewicht halten.

In den heiligen Mauern hält sich hartnäckig ein Gerücht, wonach Monsignore Pedro López Quintana die Verantwortung für eine spezielle Einrichtung trage, die innerhalb der Kurie Spionageabwehr betreibe. Bis zum Schluß soll er, der als Kontaktmann für den »Spezialagenten« Yvan Bertorello gilt, Estermanns Beförderung zum Gardekommandanten blockiert haben.

Als der Autor Gérard de Villiers von einer Schweizer Wochenzeitung interviewt wird, läßt er den Deckmantel der Romanfiktion fallen und sagt über Abbé Bertorello: »Der Beichtvater von Cédric Tornay ist ein Geheimagent, ein Spion des Vatikans … Im wirklichen Leben ist dieser französisch-italienische Priester, der Mitte Dreißig ist, in Parallelmissionen zur offiziellen Diplomatie des Vatikans unterwegs, und zwar vor allem in Bosnien und Afrika. Er hatte den Auftrag, die Schweizergarde auszuspionieren, um mögliche Verbindungen zum Opus Dei nachzuweisen. Ich bedaure, daß ich [im Roman, Anm. d. it. Red.] seine Funktion enthülle und ihn auffliegen lassen mußte. Aber danach kam er oft zum Essen zu mir nach Saint-Tropez. Er hat mir eine Menge über den Vatikan erklärt, über diese hermetische Welt, die von Intrigen und brutalen Machtkämpfen erschüttert wird und wo man Geheimnisse wie Leichen vergräbt. In meinem Buch stelle ich diesen Priester als einen von Gewissensbissen gequälten Mörder dar, der zu einer Schlüsselfigur meiner Erzählung wird.«**

Und im Zusammenhang mit der Bluttat vom 4. Mai berich-

---

* Monsignore López Quintana gehörte auch dem Organisationskomitee für das »Jubiläum 2000« an.

** Im Interview mit Alain Jeannet in: *L'Illustré*, 18.11.1998.

tet der Schriftsteller: »Kurz nach dem Verbrechen erzählte mir ein Freund, der dem französischen Geheimdienst angehört, daß drei der in das Blutbad verwickelten Personen Geheimagenten gewesen seien.« Bei den drei Personen handelt es sich um: Alois Estermann, Gladys Estermann und Pater Yvan Bertorello.

2. Teil

DAS OPFERLAMM

1

Über das Blutbad vom 4. Mai wird schnell der Mantel des Schweigens gebreitet und für viele Monate nicht mehr gelüftet. Zwar hat der Heilige Stuhl sich schon wenige Stunden nach dem Dreifachmord auf seine offizielle Wahrheit festgelegt – und diese über die Massenmedien durchgesetzt –, doch die Untersuchung durch die vatikanische Justiz geht gemächlich und unter absoluter Geheimhaltung vonstatten. Und obwohl Staatsanwalt Nicola Picardi der Öffentlichkeit im Juli 1998 erklärt hatte, »die Aufgabe der Ermittlung sei nicht, eine bestimmte Hypothese zu erhärten oder zu entkräften, sondern die Wahrheit festzustellen«, weiß in den heiligen Mauern jedes Kind, daß die irdische Justiz des Vatikanstaates niemals zu Erkenntnissen gelangen könnte, die von der im Namen Gottes verfügten Lesart des Heiligen Stuhls abweichen.

Am Ende der Marienprozession vom 31. Mai spricht der Heilige Vater in den vatikanischen Gärten, vor der Grotte von Lourdes, folgende Worte, in denen sich jeder Vorbehalt in Wohlgefallen aufzulösen scheint: »Wir erflehen insbesondere den Schutz der Muttergottes für alle, die im Vatikan leben und wirken.« Die Untersuchung durch die vatikanische Justiz dagegen fördert keinerlei Neuigkeiten zu Tage.

Am 4. Januar 1999 schickt Muguette Baudat, die Mutter des vermeintlichen Amokläufers, aus Vollèges einen Brief an alle, die sich ihr gegenüber solidarisch gezeigt haben:

»Wir wissen heute, daß die drei Toten des 4. Mai einer Intrige zum Opfer gefallen sind. Es ist offenkundig, daß man die Justiz bei der Suche nach der eigentlichen Wahrheit behindern möchte, und zwar nur deshalb, weil man fürchtet, die ›offizielle Version‹ könnte wie ein Kartenhaus in sich zusammenstürzen.

Seit dem Blutbad sind acht Monate vergangen, und noch immer hat die zivile Justiz des Vatikans (in die ich weiterhin mein Vertrauen zu setzen wage) die Untersuchungen nicht abgeschlossen. Es bleibt allein die Anklage aus der ›offiziellen Version‹, welche noch vor der Einleitung einer behördlichen Untersuchung abgestimmt und verkündet wurde. Ich wäre bereit gewesen, Cédrics Schuld anzuerkennen, doch nach all den Verschleierungen, Ungereimtheiten und Lügen der ersten Tage habe ich allmählich erkannt, daß die Wahrheit eine andere sein muß, eine verborgene und womöglich schändliche Wahrheit.

›Die Wahrheit wird euch frei machen.‹ (Johannes 8,32) Ja, wir haben ein Recht auf die Wahrheit, der Heilige Vater hat ein Recht auf die Wahrheit, die päpstliche Schweizergarde hat ein Recht auf die Wahrheit, und alle Freunde Cédrics haben ein Recht auf die Wahrheit. Wer diese Wahrheit nicht will, der fürchtet sie.

Nachdem letzten September bei mir eine ›Botschaft‹ und mehrere ›Warnungen‹ eingegangen waren, schrieb ich einen persönlichen Bittbrief an den Heiligen Vater. Einen Brief, auf den keinerlei Reaktion erfolgte. Ich vermute, daß Er diesen Brief nicht einmal zu Gesicht bekommen hat, denn wenn Er ihn gesehen hätte, dann hätte Er geantwortet oder dafür gesorgt, daß man mir schreibt.

Der Vatikan hüllt sich weiterhin in Schweigen, und seit dem 18. September, seitdem meine Anwälte einen entsprechenden Antrag gestellt haben, warten sie auf Einsicht in die Ermittlungsakten. Da ihnen inzwischen zwei Dokumente von entscheidender Wichtigkeit vorliegen, haben sie wissenschaftliche Zweitgutachten angeordnet, um den Kampf mit der Gegenpartei aufzunehmen und auf diese – oder eine andere – Weise die Wahrheit ans Licht zu bringen.«

Der Brief von Cédric Tornays Mutter sorgt in den wattierten Kammern des Heiligen Stuhls für Unmut und Besorgnis. Denn trotz des Drucks, den der Vatikan auf viele europäische Medienunternehmer und Journalisten ausübt, wird der Wortlaut des Schreibens von der italienischen Tageszeitung *Il Messaggero* gedruckt und stößt auf große Resonanz.

Das persönliche Bittgesuch, das Muguette Baudat im September 1998 an den Papst gerichtet haben will, ist tatsächlich im Vatikan angekommen. Doch ob der Heilige Vater diesen Brief nun gelesen hat oder ob er ihm vorenthalten wurde – im Endeffekt macht dies kaum einen Unterschied. Aufgrund seines heiklen Gesundheitszustandes ist Papst Wojtyla schon seit einigen Jahren nicht mehr in der Lage, die römische Kirche als Souverän zu führen. Seit geraumer Zeit ist der polnische Papst nicht mehr Herrscher, sondern Spielball seines Umfeldes, eine lebende Reliquie, die von einer Art Geheimexekutive gesteuert wird, einem Gremium aus Wojtylas persönlicher Gefolgschaft und der Führungsriege von Opus Dei und Logenbruderschaft. In dieses fortgesetzte Machtvakuum, das bis zur Ernennung des neuen Papstes anhalten wird, stoßen Schritt für Schritt die verfeindeten Seilschaften vor, die sich im Vatikan einen permanenten Grabenkrieg liefern. Dies ist das Szenario, in dem sich das Blutbad vom 4. Mai abspielte, dies ist der Kontext der »offiziellen Wahrheit«, und dies sind die Kreise, vor denen Frau Baudat zu verstummen hat. Der Heilige Vater hat dabei nicht mitzureden.

* * *

Zum Jahresbeginn 1999 geht der Kampf um Führung und Umgestaltung der Schweizergarde in die nächste Runde. Das Korps wird einem neuen Kommandanten unterstellt, dem Oberst Pius Segmüller (einem Offizier des Generalstabs, den die Schweizer Bundesregierung nach Estermanns Tod und der Interimszeit von Buchs favorisiert hatte). Segmüller muß das Korps unter äußerst schwierigen Rahmenbedingungen führen.*

Die zukünftige Rolle der glorreichen päpstlichen Garde wird zusätzlich in Frage gestellt, als man im März 1999 ein sogenanntes »Sicherheitskomitee« (Comitato per la sicurezza) gründet. Dieses neue Organ wird von der Päpstlichen Kommission für den Staat der Vatikanstadt eingesetzt und hat die Aufgabe, »die Sicherheits- und Schutzmaßnahmen besser zu

---

* Er wird am 2. Juni 1998 zum Kommandanten ernannt, übernimmt die Funktion aber erst am 1. August.

koordinieren und deren Effizienz zu steigern«. Dieser neuen Einrichtung obliegt es, »jedem sachdienlichen Hinweis nachzugehen und geeignete Gegenmaßnahmen zu treffen, um Gefahr von Örtlichkeiten und Personen abzuwenden«. In Wirklichkeit scheint dies eine Antwort auf die Vorschläge von Oberst Segmüller zu sein, der am 18. November 1998 eine Reform und die effiziente Umgestaltung der päpstlichen Schweizergarde angekündigt hatte.

Das »Sicherheitskomitee« ist eine Art vatikanischer Geheimdienst, der von der Logenseilschaft konzipiert und durchgesetzt wurde. Die Logenbrüder haben im Governatorato seit jeher ihre Domäne, und das Dekret, mit dem der Geheimdienst formiert wird, trägt die Unterschrift des Generalsekretärs des Governatoratos, Monsignore Danzis also, welcher in den heiligen Mauern als leuchtender Stern der »vatikanischen Logenseilschaft« gilt*.

---

* Einstmals die rechte Hand von Kardinal José Castillo Lara (einer der Großmeister der Logenseilschaft, vgl. S. 169ff), hat Monsignore Danzi sich ganz dem Machtstreben verschrieben. Er ist ehrgeizig und rücksichtslos, kann zwar nur mit Mühe die Messe lesen, soll es aber der Unterstützung seiner Logenbrüder zu verdanken haben, daß er sich inzwischen bis auf den Posten eines Sekretärs der Päpstlichen Kommission für den Staat der Vatikanstadt und des Generalsekretärs des Governatoratos vorgearbeitet hat. Seine Privatresidenz ist fürstlich: Er hat keine Kosten gescheut, um ein ehemaliges Lagergebäude des Gianicolo von Grund auf sanieren zu lassen (High-Tech-Ausstattung, Gewächse und Springbrunnen, erlesenes Mobiliar); dort wohnt er, umhegt von zwei devoten Ordensschwestern.

2

Vier Wochen nachdem Frau Baudat ihren Brief verschickt hat, erklären die vatikanischen Behörden die Untersuchung des Blutbades vom 4. Mai für abgeschlossen. Zumindest hat es den Anschein, denn eigentlich stammt diese Mitteilung nicht vom Vatikanstaat (will heißen von seiner Justizbehörde), sondern aus dem Staatssekretariat des Heiligen Stuhls, von der »politischen« Instanz also.

»Mit Dekret vom 5. Februar 1999 hat der Untersuchungsrichter des vatikanischen Gerichtshofes, Rechtsanwalt Gianluigi Marrone, die Archivierung des Falles angeordnet«, teilt ein Kommuniqué des Presseamts am Heiligen Stuhl mit.[*] »Der Untersuchungsrichter kommt damit dem Gesuch des Staatsanwalts, Professor Nicola Picardi, nach, der auf der Grundlage einer skrupulösen Voruntersuchung – begleitet von zahlreichen Gutachten, Zeugenvernehmungen und Beweisaufnahmen – am 1. Februar dieses Jahres den Antrag stellte, ›keinerlei strafrechtliche Schritte einzuleiten‹, da er zu dem Schluß gekommen sei, daß der Tod des Ehepaars Estermann durch den Vizekorporal Cédric Tornay herbeigeführt wurde, welcher sich nach der Tat selbst das Leben nahm.« Die Pressemitteilung schiebt schnell den Hinweis nach, daß der Staatsanwalt zu dieser Konklusion gelangt ist nach eingehender Prüfung von »zehn gerichtsmedizinischen, anatomischen, histopathologischen, toxikologischen, ballistischen, graphologischen und fernmeldetechnischen Gutachten namhafter Experten[**], fünf Polizeiberichten vom Generalinspektorat des Corpo di Vigi-

---

[*] Bulletin des Presseamts am Heiligen Stuhl Nr. 55 vom 8. Februar 1999.
[**] Soweit bekannt, mußten die »namhaften Experten«, an die sich die vatikanische Justiz wandte, »einen zweifachen Eid leisten, womit sie sich verpflichteten, das Dienstgeheimnis zu wahren und von keinem der von ihnen verfaßten Dokumente eine Kopie zurückzubehalten«. (*Il Messaggero*, 28. 12. 1998)

lanza, achtunddreißig Befragungen von Personen, die Angaben zur Sache machen konnten, sowie Informationen und Berichten von Behörden des Vatikanstaates und der Schweizer Bischofskonferenz und schließlich von verschiedenen Lichtbilddokumentationen und technischen Befunden«.

Wenn es nach dem Heiligen Stuhl geht, ist der Fall damit ein für allemal erledigt, denn angeblich bestätigen die vatikanischen Justizbehörden, daß die Tat sich genau so abgespielt habe, wie der übersinnliche Navarro-Valls es prophezeit hatte. Und um dies zu beweisen, verbreitet die Pressestelle »einige Auszüge aus den Seiten, mit denen Staatsanwalt Nicola Picardi seinen Untersuchungsbericht abschließt«. Dies ist ein gravierender Verstoß gegen die juristischen Gepflogenheiten, denn erstens veröffentlicht der Heilige Stuhl nicht den vollständigen Wortlaut des Justizberichtes, sondern nur einige genehme »Auszüge«; zweitens bleiben die Ermittlungsakten (wozu auch die ungekürzte Fassung des staatsanwaltschaftlichen Abschlußberichts gehört) unter Verschluß und werden selbst den Anwälten Muguette Baudats vorenthalten; drittens zeigt diese unsägliche Aktion einmal mehr, in welcher »inzestuösen« Kungelei die Gewalten des Vatikanstaates einander zuarbeiten.*

Am 8. Februar veröffentlicht der Heilige Stuhl das neun Seiten lange »Passagenwerk«; die Fragmente sind mit Bedacht ausgewählt und zudem mit Auslassungen übersät. Diese Passagen sollen Teile eines staatsanwaltschaftlichen Justizberichtes darstellen, der im Original rund hundert Seiten umfaßt und in der vollständigen Version unter absoluter Geheimhaltung steht.** Eine willkürliche und regelwidrige »Collage«,

---

* Die spanische Zeitschrift *ABC*, die dem Opus Dei nahesteht und einst die publizistische Plattform von Navarro-Valls darstellte, schrieb am 9.2.1999, »der Vatikan sah sich gezwungen, diese neun das Andenken Cédric Tornays trübenden Seiten zu veröffentlichen, um auf die Äußerungen zu reagieren, die die Mutter [Muguette Baudat, Anm.d.it.Red.] am Vortag gegenüber dem *Messaggero* getätigt hat«. In Wirklichkeit hatte die römische Tageszeitung die Auszüge aus Muguette Baudats Brief vom 4.1.1999 in Form einer Presseerklärung abgedruckt.

** Zu jenem Bericht des Staatsanwalts sollte folgendes bedacht werden: 1. Es handelt sich um ein »parteiisches« Dokument (denn es gibt die Annahme des Staatsanwalts wieder) und nicht um einen Richterspruch. 2. Als solches

84

die nur dazu dient zu »beweisen«, daß der mutmaßliche Amokläufer Cédric Tornay nicht nur den Verstand verloren habe, sondern außerdem schwer krank und drogenabhängig gewesen sei.

Hier also der Wortlaut des skandalösen »Passagenwerks«, das der Heilige Stuhl zusammengeschustert und publiziert hat, ohne sich um das vorgeschobene Dienstgeheimnis zu scheren:

In seiner Aussage vom 7. Mai 1998 erklärte Herr [Auslassung]* aus Orvieto, ein Freund des Ehepaars Estermann: »Am Abend des 4. Mai 1998 rief ich um 20.46 Uhr bei den Estermanns an, um Alois zu seiner Ernennung** zu gratulieren und ein paar Worte mit den beiden Eheleuten zu wechseln ... Den Zeitpunkt meines Anrufes weiß ich mit Bestimmtheit, weil ich beim Telefonieren einen Blick auf die Uhr warf, deren Zeiger auf 20.46 Uhr standen. Frau Gladys ging zuerst an den Apparat, und wir unterhielten uns einige Minuten lang in unbeschwertem, ruhigem Ton. Wir kamen auch auf Fragen der Gesundheit zu sprechen, denn ich hatte eine Erkältung, und Frau Estermann sagte mir, ihr Mann habe im Moment mit demselben Übel zu kämpfen. Ich empfahl sogar ein bestimmtes Medikament, »Ventolin«, und Frau Estermann zeigte sich interessiert und wiederholte den Namen des Produkts, um sicherzugehen, daß sie ihn richtig verstanden hatte. Sie sagte, sie werde dem Gatten das Mittel verabreichen. Noch immer in völlig ungezwungenem Ton sagte Frau Estermann, sie wolle ihren Mann holen, damit ich ihm persönlich gratulieren könne. Ich

ist es keinerlei Überprüfung durch Dritte unterzogen worden. 3. Es gründet auf Autopsien und Gutachten, die von Vertrauensleuten des Vatikans durchgeführt wurden. 4. Es stützt sich auf »verdeckte« Aussagen, deren Gehalt von der Öffentlichkeit nicht überprüft werden kann. 5. Es wurde entscheidend durch die »vorauseilende Wahrheit« des Heiligen Stuhls gelenkt und konditioniert.

* Der Heilige Stuhl hat in den ausgewählten Fragmenten die Namen aller zitierten Zeugen getilgt.

** Es wird nicht ausgeführt, ob man diesen anonymen Zeugen aus Orvieto gefragt hat, woher ihm bekannt war, daß man Estermann acht Stunden vorher zum Kommandanten der Schweizergarde ernannt hatte.

Im Vatikan wird behauptet, diese Zeugenaussage sei nicht direkt vor den vatikanischen Ermittlungsbehörden, sondern vor einem italienischen Priester getätigt worden, der mit den Estermanns befreundet war und zum Opus Dei gehört.

sprach also mit Alois, der – wie gewöhnlich – etwas nüchterner als seine Frau war. Die Unterhaltung verlief in freundschaftlichem Ton, und ich sprach mit beiden auf spanisch. Wir redeten über die Vereidigungsfeier und darüber, daß ich mit meiner Familie kommen wollte, d. h. mit meiner Frau und unserer vierjährigen Tochter, für die die Estermanns die Patenschaft übernommen hatten ... Alois erklärte mir sogar, wo ich das Auto abstellen sollte. Dann sprachen wir über die Witterungsverhältnisse: Ich war etwas beunruhigt, denn ich hatte den Wetterbericht gehört, der nichts Gutes verhieß. Alois dagegen war optimistisch und sagte, der 6. Mai werde ein schöner Tag werden. Dann hörte ich eine Art Unterbrechung, als ob der Hörer gegen die Brust oder etwas Weiches gedrückt worden wäre. Kurz darauf hörte ich entfernte Stimmen, eine davon mochte die von Gladys Estermann sein, dann hörte ich noch ein Geräusch und einen deutlichen Schlag, dem in schneller Folge ein weiterer Schlag in der Nähe und dann einige in größerer Entfernung folgten ... Ich sage ganz offen, daß ich nicht an Schüsse dachte,* obwohl der erste wirklich einem Revolverschuß ähnelte. Ich dachte, daß es am anderen Ende irgendein Problem gäbe, vielleicht einen wichtigen Besuch, und daß vielleicht der Hörer irgendwo mit Wucht aufgeschlagen sei. Deshalb legte ich auf und dachte, wir würden zu einem günstigeren Zeitpunkt wieder miteinander sprechen.«

Aus diesen Ausführungen sowie der vorangegangenen Aussage läßt sich zweifelsfrei schließen, daß das Ehepaar Estermann und Tornay** sich zum Zeitpunkt der Explosionen in der

---

* Der anonyme Ohrenzeuge hat also »Schläge« gehört, nicht die fünf Schüsse, die nach der Vatikan-Version in der Wohnung detoniert sind. [Der Zeuge spricht von »colpi«, ein Begriff, der im Deutschen viele Bedeutungen haben kann: »Schlag«, »Stoß«, aber auch »Knall« und »Schuß«. Da der Zeuge einräumt, er habe nicht an Schüsse gedacht, schien der neutrale Begriff des »Schlages« am Zutreffendsten; Anm. d. Übers.] Wie man im folgenden sehen wird, scheint keiner der Zeugen die Explosionen einer Schußwaffe vernommen zu haben, sondern nur »dumpfe Schläge«. Es ist nicht bekannt, ob die vatikanische Justiz die Möglichkeit in Betracht gezogen hat, daß die Tatwaffe mit einem Schalldämpfer ausgestattet gewesen sein könnte.

** Daß Cédric Tornay sich »zum Zeitpunkt der Explosionen« in der Wohnung der Estermanns aufgehalten habe und am Leben gewesen sei, ist eine willkürliche »Folgerung« des Staatsanwalts, die durch nichts belegt wird. Man be-

Wohnung aufhielten, während die Angehörigen des Oberst unterwegs zum Apartment waren und sich noch im »Cortile dell'Olmo«, dem »Ulmenhof«, befanden (Aussage von Wachtmeister [Auslassung] vom 23. Juni 1998*).

Wir setzten uns nun mit der Frage auseinander, ob sich zum Tatzeitpunkt eine vierte Person** (oder sogar mehrere Personen) in der Wohnung der Estermanns aufgehalten haben könnten, eine Möglichkeit, über die von einigen Seiten spekuliert wurde.

In diesem Zusammenhang muß daran erinnert werden, daß man von außen nur unter größten Schwierigkeiten in das Viertel der Schweizergarde gelangen kann, denn am Sankt-Anna-Tor muß ein erster Kontrollposten (der von der Schweizergarde selbst gebildet wird) passiert werden, eine zweite Sperre, die gleich dahinter liegt, wird vom Corpo di Vigilanza überwacht. Es ist daher äußerst unwahrscheinlich, daß ein Außenstehender unbemerkt in das Viertel vordringen konnte, selbst zu dieser vorgerückten Stunde. Es sei noch einmal daran erinnert, daß auch die Angehörigen Estermanns – wie bereits erwähnt – bei ihrem Eintreffen sofort bemerkt wurden.***

Dies schließt natürlich nicht aus, daß eine mögliche vierte Person aus dem Viertel der Schweizergarde selbst gekommen sein könnte. Die hypothetische Präsenz einer weiteren Person – sei sie nun Bewohner des Viertels oder Außenstehender – wäre innerhalb des Kasernenbereichs jedoch sofort aufgefallen, denn das Viertel ist derart überschaubar, daß man es beinahe mit einem kleinen Mietshaus vergleichen kann, in dem jeder jeden kennt und beobachtet. Ein Beweis hierfür ist die Tatsache, daß die Ermittlungsbehörde mühelos alle Ortswechsel des Vizekor-

achte zudem, daß die »deutlichen Schläge«, von denen der Zeuge spricht, im Wortlaut des Anklägers zu »Explosionen« werden.

* Die Aussage des anonymen Wachtmeisters wird am 23. Juni zu Protokoll genommen, also 49 Tage nach der Tat.

** Der Staatsanwalt hält für gesichert, was alles andere als gesichert ist: daß es sich nämlich bei der dritten Person in der Wohnung um Cédric Tornay handelte, und daß sich beide Estermanns im Apartment aufhielten.

*** Man kann zwar diesen Überlegungen des Berichtes folgen, allerdings sind sie unvollständig. Es wird nämlich nicht ausgeführt, wie leicht man vom Innern des Vatikans aus bis zur Wohnung der Estermanns vordringen kann. Am Eingang der Kaserne, im Cortile dell'Olmo, gibt es keinen Kontrollpunkt.

porals Tornay im Innern des Viertels rekonstruieren konnte, nachdem dieser seinen Dienst bei der Synode beendet hatte.

Nach dieser Vorbemerkung soll nochmals darauf hingewiesen werden, daß Wachtmeister [Auslassung] und Korporal [Auslassung] dem Vizekorporal Tornay – ein drittes Mal, und zwar kurz vor 20.59 Uhr – im zweiten Durchgang begegnet sind. Cédric Tornay war allein und trug eine schwarze Lederjacke, wie man sie später an seiner Leiche fand. Herr [Auslassung] und Herr [Auslassung] beobachteten, daß der Vizekorporal den Ehrenhof durchquerte und sich in den ersten Durchgang begab, wo die Kommandantur und das Offiziersgebäude liegen und der schließlich in den Cortile dell'Olmo führt. Wie bereits erläutert, liegen die beiden Durchgänge nicht auf einer Geraden, weshalb die beiden Zeugen den Vizekorporal nur bis zu dessen Betreten des ersten Durchgangs sehen konnten. Man könnte also annehmen, daß Tornay eine vierte Person am Eingang des Offiziersgebäudes getroffen hätte und mit dieser gemeinsam die Treppe bis zur Estermannschen Wohnung hochgegangen wäre, doch Schwester [Auslassung], die, wie erwähnt, nur wenige Sekunden Vorsprung vor Tornay hatte und den Aufzug benutzte, hat deutlich gemacht, daß die Schritte auf der Treppe »nur von einer Person stammten« (Vernehmung vom 26. Mai 1998).

Deshalb bliebe als letzte Hypothese, daß sich die vermeintliche vierte Person bereits auf dem Treppenabsatz oder sogar im Innern der Estermannschen Wohnung befunden hätte.

Die erste Möglichkeit muß ausgeschlossen werden, da Schwester [Auslassung] wenige Sekunden vorher ihre Wohnung betreten und die Tür offengelassen hatte. Sie hörte schwere Schritte die Treppe hochkommen und kehrte daraufhin an ihre Wohnungstür zurück, um diese zu schließen. Hätte sich unterdessen jemand auf dem Treppenabsatz aufgehalten, dann hätte die Ordensschwester diese Person auf jeden Fall bemerken müssen.

Ebensowenig plausibel erscheint die zweite Möglichkeit, wonach sich die vierte Person bereits in der Wohnung der Estermanns befunden haben könnte. Abgesehen davon, daß die Eheleute, wie bereits erwähnt, sehr zurückgezogen lebten und es nicht zu ihren Gepflogenheiten gehörte, fremde Personen nach Hause einzuladen (noch viel weniger an jenem Abend, da sie die

Angehörigen des Oberst erwarteten), so hätte die Enge der Räumlichkeiten die Anwesenheit einer vierten Person im Wohn- und Arbeitszimmer gar nicht zugelassen. Vor allem ließen sich keinerlei Spuren finden, die auf eine Auseinandersetzung hingedeutet hätten, und die Räume waren in vollkommener Ordnung, bis auf das Telefon, dessen Hörer nicht aufgelegt war.*

Wollte man all diese Einwände auch ignorieren, so muß man doch zugestehen, daß die hypothetische vierte Person auf keinen Fall direkt in den Tathergang eingegriffen haben kann, auch deshalb, weil die Schüsse – wie im folgenden gezeigt wird – allesamt aus der Dienstpistole Tornays abgegeben wurden. Die physikalisch-chemische Analyse zur Lokalisierung der Schmauchspuren (durch Paraffinabdruck der Hand) hat ergeben, daß Vizekorporal Tornay die Tatwaffe in der Hand hielt und den Abzug drückte. Es hätte sich also bestenfalls um einen passiven Zeugen gehandelt, der nach der Tat aus der Wohnung geflohen ist oder sich in einem anderen Zimmer des Apartments versteckt hat.

Nach unserem Dafürhalten ist jedoch a priori auszuschließen, daß die vermeintliche vierte Person sofort geflüchtet sein könnte. Es ist zwar richtig, daß die Eingangstür der Estermanns von Schwester [Auslassung], die nach der Tat als erste herbeieilte, offen vorgefunden wurde. Dieser Umstand impliziert jedoch nicht notwendigerweise eine überstürzte Flucht. Die Experten haben diesbezüglich zwei Hypothesen vorgebracht. Nach der ersten Hypothese stand die Tür bereits offen, als Tornay an die Wohnung der Estermanns kam, was nicht ganz auszuschließen ist,** da das Umfeld des Gebäudes einen rundum gesicherten Eindruck erweckt. Man möge sich daran erinnern, daß auch die Ordensschwester nach der Heimkehr ihre Wohnungstür offengelassen hatte. Dennoch erscheint die zweite Hypothese überzeugender: Danach hätte Frau Estermann die Tür geöffnet und sich mit der

---

* Wenn man den Heiligen Stuhl richtig versteht, dann ist die vatikanische Justiz zu dem Schluß gekommen, daß keine vierte Person in der Wohnung war, weil a) die Estermanns ein zurückgezogenes Leben führten (!), b) das Apartment aus kleinen Räumen bestand (!), c) keine Spuren einer Auseinandersetzung gefunden wurden (!). Diese Argumentationen bedürfen keines Kommentars.

** Man beachte, daß der Vatikansprecher Navarro-Valls während der Pressekonferenz am 5. Mai 1998 behauptet hatte, Tornay habe an der Tür geklingelt (vgl. S. 25).

Gestalt Tornays konfrontiert gesehen, einer Gestalt, die in jenem Augenblick nicht gerade vertrauenerweckend gewirkt haben dürfte. In dem kleinen Flur waren für den Vizekorporal gerade mal drei Schritte nötig, um in das Wohn- und Arbeitszimmer zu gelangen und bis zum Oberst vorzudringen, der gerade telefonierte. Frau Estermann wurde überrascht, konnte aufgrund von Tornays schnellem Vorgehen die Tür nicht mehr schließen und folgte aller Wahrscheinlichkeit nach dem Vizekorporal. Womöglich wollte sie – instinktiv agierend – auch einen Zugang zur Wohnung offenlassen, um eventuell Hilfe herbeirufen zu können. Im übrigen gibt es einen eindeutigen Beweis dafür, daß die Tür während der gesamten Operation offenstand; denn wie man im Anschluß sehen wird, flog das dritte Projektil (der Blindgänger) aus der Tatwaffe durch die Glastür des Wohn- und Arbeitszimmers und durch die Wohnungstür (beide standen offen), um schließlich in den Rahmen der Aufzugstür einzuschlagen.*

Es gibt außerdem eine Reihe weiterer Fakten, die der hypothetischen Flucht einer vierten Person widersprechen. Zum einen berichtete Schwester [Auslassung], daß »nach den Geräuschen** absolute Stille geherrscht hat«, und auch Herr [Auslassung] bestätigte, daß es nach den Detonationen »still war«. Außerdem trat Schwester [Auslassung] sofort danach auf den Treppenabsatz und lief, da sie durch die offene Wohnungstür der Estermanns Gladys Estermann am Boden liegen sah, »die

---

* Obwohl diese Argumentationen in hypothetischer Form vorgetragen werden (»Hypothese«, »was nicht ganz auszuschließen ist«, »aller Wahrscheinlichkeit nach«), sind sie unwahrscheinlich und bezeugen, wie tendenziös die Verkürzungen aus dem Untersuchungsbericht sind.

Nach Meinung der vatikanischen Gerichtsbarkeit hätte man die Tür der Estermanns offengelassen, weil das Umfeld des Gebäudes einen »rundum gesicherten Eindruck erweckt« (!). Oder Frau Estermann hätte, nachdem sie die »nicht gerade vertrauenerweckende« Gestalt Tornays hereingelassen hatte, die Tür deshalb offenstehen lassen, »um eventuell Hilfe herbeirufen zu können« (wie man im folgenden sieht, wird Frau Estermann auch nach den ersten beiden Schüssen, die laut vatikanischer Justiz gegen ihren Mann abgefeuert wurden, keine Hilfe herbeirufen). Ebensowenig wird erläutert, auf welche Hinweise sich der Schluß bezieht, daß es sich bei dem Blindgänger um den dritten Schuß handelte.

** Auch die anonyme Ordensschwester, die Tür an Tür mit den Estermanns wohnte, sprach also davon, daß sie »Geräusche«, nicht Schüsse gehört habe (und es sei noch einmal daran erinnert, daß die Tür der Estermanns offenstand ...).

Treppe hinab, um Hilfe zu holen«.* Frau [Auslassung]** ihrerseits machte deutlich, daß sie kurz zuvor »in die Passage zwischen den beiden Innenhöfen hinabgegangen« war, dort aber »niemanden antraf, weder in der Passage noch im Innenhof«; daraufhin ging sie wieder hoch zur Wohnung (im ersten Stock), wobei sie Schwester [Auslassung] begegnete, die aus dem zweiten Stock herunterkam (Vernehmung vom 23. Juni 1998).

Daraus folgt, daß im unmittelbaren Anschluß an die Explosionen niemand zu sehen war, weder an der Wohnungstür der Estermanns noch auf der darunterliegenden Haustreppe, noch in der Passage oder im Innenhof. Falls sich irgendwelche Personen im oberen Bereich des Treppenhauses oder auf dem Treppenabsatz des dritten (und letzten) Obergeschosses aufgehalten hätten, so wären sie in der Folge entdeckt worden, nicht nur von Schwester [Auslassung] und Frau [Auslassung], sondern auch von Herrn [Auslassung], der, wie erwähnt, im dritten Stock wohnt und »sofort in das darunterliegende Stockwerk eilte«*** (Bericht des Majors der Schweizergarde+), sowie von den zahlreichen Personen, die sich in der Zwischenzeit eingefunden hatten.

Genauso unhaltbar ist die Hypothese, wonach sich Dritte im Apartment der Estermanns versteckt hätten. Es sei in diesem Zusammenhang daran erinnert, daß Vizekorporal [Auslassung], der von Schwester [Auslassung] herbeigerufen worden war, sogleich hochlief, um Hilfe zu leisten, und als erster das Ausmaß des Blutbades erkannte: »Ich roch Schießpulver und begriff, daß es Explosionen gegeben haben mußte ... Ich habe noch nie soviel Blut

* Die Schwester soll also die »Geräusche« gehört haben und dann ins Treppenhaus getreten sein, von wo aus sie durch die offene Tür der Estermannschen Wohnung Frau Gladys auf dem Boden liegen sah; doch statt Erste Hilfe zu leisten, soll sie die Treppe hinuntergelaufen sein, »um Hilfe zu holen«.

** Es handelt sich um Caroline Meier, die Ehefrau des Wachtmeisters der Schweizergarde Stefan Meier (die beiden wohnen im ersten Stock, im Apartment unter den Estermanns).

*** Es handelt sich um den damaligen Hauptmann der Schweizergarde Roman Fringeli (der im dritten Stock des betreffenden Gebäudes wohnte). Einige Zeit nach dem Blutbad verließ Hauptmann Fringeli die Garde, und es heißt, er sei zu diesem Schritt gedrängt worden.

+ Der Verfasser des erwähnten Berichts ist Major Peter Hasler, einer der ersten, die nach dem Verbrechen am Tatort erschienen. Soweit sich dies feststellen läßt, war es Major Hasler, der die Zeugenaussagen aufnahm.

gesehen.« Herr [Auslassung] zählte die ersten Personen auf, die nach und nach am Tatort eintrafen und denen er begegnete [...]. Wenn er einen Fremden getroffen hätte, wäre ihm dieser sicherlich aufgefallen. Ebensowenig berichteten die anderen, die in der Zwischenzeit nach oben kamen – zu den ersten in der Wohnung gehörten der Wachtmeister der Schweizergarde [Auslassung] (Aussage vom 23. Juni 1998), der Gardearzt Dr. [Auslassung] und der Offizier des Corpo di Vigilanza [Auslassung] (Aussage vom 20. Mai 1998) –, von der Anwesenheit Dritter.*

Schließlich wurde auch von vier frisch benutzten Gläsern berichtet, die am Tatort auf Holzmöbeln gestanden haben sollen. Weder bei der Spurensicherung am Tatort noch bei der Prüfung der detaillierten Lichtbilddokumentation konnten jedoch Trinkgläser entdeckt werden, die auf Möbelstücken standen. Unsere Behörde ließ am 16. Mai 1998 die versiegelte Wohnung öffnen und nahm eine eingehende Untersuchung des Tatorts vor; aus dem Protokoll geht insbesondere hervor, daß »kein Glas gefunden werden konnte, weder im Arbeitszimmer, wo sich das Verbrechen abspielte, noch im angrenzenden Eßzimmer. Es fanden sich ebensowenig Gläser im Wohnzimmer oder in der Küche, wo die Trinkgläser in entsprechenden Hängeschränken aufbewahrt werden. Im Eßzimmer befinden sich außerdem saubere Gläser, die in speziellen verschließbaren Möbelstücken aufbewahrt werden.« Auch das Argument, daß seit dem Delikt mehrere Tage verstrichen seien, ist ohne Belang, denn das Apartment der Estermanns war in der Zwischenzeit durch den Herrn Einzelrichter versiegelt worden.**

---

* Von dem Wunsch beseelt zu beweisen, daß sich in der Wohnung der Estermanns nur der angebliche Amokschütze Cédric Tornay aufhielt, hat das Staatssekretariat eine »Collage« aus dem Justizbericht zusammengekleistert, die stellenweise unverständlich wirkt. Die Patchwork-Methode verstellt den Blick auf die genaue Rekonstruktion des Tathergangs durch die vatikanische Gerichtsbarkeit, und die Zuverlässigkeit der verschiedenen Zeugenaussagen ist kaum noch einzuschätzen (auch hinsichtlich der Identität der Zeugen, die bekanntlich verschleiert wird).

** Diese Aussage übersieht geflissentlich, daß der »Herr Einzelrichter« eine Stunde nach Entdeckung der Leichen am Tatort eintraf, d.h., nachdem man nicht nur die vier Gläser hatte verschwinden lassen, sondern neben der Wohnung auch das Büro des Kommandanten sowie die Wohnstube des Vizekorporals in der Kaserne gründlich »gefilzt« hatte.

Nachdem der Kreis der zur Tatzeit anwesenden Personen auf Oberst Estermann, dessen Gattin Gladys und Vizekorporal Tornay eingeschränkt werden konnte, ist es nun möglich, den genauen Tathergang in der Wohnung der Estermanns zu rekonstruieren.

Die Gerichtsmediziner Prof. Arcudi und Prof. Fucci stellten bereits in ihrem Abschlußbericht fest, daß »sich Oberst Estermann zu Beginn der Tat im Zimmer befunden haben muß, wahrscheinlich auf dem Schreibtischstuhl sitzend, mit dem Rücken zur Glastür, die durch die Schlafcouch teilweise verdeckt war. In der rechten Hand hielt er die Fernbedienung (mit der er vermutlich kurz zuvor den Fernseher abgestellt hatte), mit der linken preßte er den Telefonhörer gegen die linke Ohrmuschel.« Diese Hypothese wurde durch die Aussage des Herrn [Auslassung], die oben zitiert wurde, ganz genau bestätigt. Alle gesicherten Indizien deuten also darauf hin, daß Oberst Estermann gegen 21 Uhr tatsächlich mit seinem Freund [Auslassung] telefonierte* und deshalb den Fernseher abgestellt (will heißen: in Stand-by-Modus geschaltet) hatte.

Aufgrund der Disposition der Räumlichkeiten, der Anordnung der Möbelstücke (vor allem der Schlafcouch) sowie der Lage und Stellung von Tornays Leiche gehen Prof. Arcudi und Prof. Fucci davon aus, daß der Vizekorporal das Wohn- und Arbeitszimmer durch die Glastür betrat. Anschließend »muß Tornay, nachdem er das Hindernis, das die Schlafcouch für ihn darstellte, zur Linken passiert hatte, in dem Raum zwischen Couch, Telefontisch und vorderer Wand stehengeblieben sein, d.h. also zur Linken Estermanns; die beiden Personen befanden sich in dieser räumlichen Disposition, als die beiden ersten Schüsse, in sehr rascher Folge, abgefeuert wurden«. Gleich darauf folgten drei weitere Schüsse.

Unter Tornays Leiche wurde eine Pistole der Marke SIG Mod. 1975 gefunden. Sie ist Schweizer Bauart, Kaliber 9 mm, versehen mit der Registriernummer A-1-101-415; im dazugehörigen Magazin befinden sich normalerweise sechs Patronen, in diesem Fall war nur noch eine vorhanden. Diese Waffe erwies sich in der

---

* Soweit bekannt, gehört die Verbindungsübersicht mit allen Telefonaten, die vom Anschluß der Estermanns – Tel: 06/698/83925 – an jenem Abend gegen 21 Uhr geführt wurden, nicht zu den »gesicherten Indizien«.

Folge als die Dienstpistole des Vizekorporals, dem sie im Sinne von Artikel 38 des »Regolamento organico disciplinare e amministrativo della Guardia svizzera pontificia« (Dienst- und Verwaltungsreglement der päpstlichen Schweizergarde) vom 28. Juni 1976 ausgehändigt worden war. Im Zuge der Ermittlungen fanden wir in der Unterkunft Tornays in der linken Tischlade das dazugehörige Halfter (vgl. Protokoll der Inaugenscheinnahme vom 9. Mai 1998*). Bei der ersten Tatortbesichtigung durch die Experten wurden fünf Patronenhülsen und ein Projektil entdeckt; bei der Autopsie der Leichen drei Projektile; bei der zweiten Tatortbesichtigung durch die Experten wurde schließlich das fünfte Projektil auf dem Treppenabsatz, im Metallrahmen des linken Türpfostens des Aufzugs, sichergestellt.**

Die Waffe sowie die fünf Patronenhülsen und fünf Projektile wurden den Professoren Arcudi und Fucci zur ballistischen Vergleichsanalyse*** ausgehändigt. Die Wissenschaftler feuerten zwei weitere Schüsse ab, weil einerseits die Funktionstüchtigkeit der Waffe zu überprüfen war und andererseits zwei Projektile und zwei Patronenhülsen zum Vergleich mit den anderen fünf Projektilen und Hülsen herangezogen werden sollten.

Die ballistische Untersuchung ergab, daß die Pistole einwandfrei funktioniert, die Mikroanalyse »führte zu der Feststellung, daß die Enden der Patronenhülsen jeweils dieselben Marken durch den Schlagbolzen aufwiesen, während sich Größe und Anordnung der Kratzspuren (Riefen) auf allen Projektilen deckten«. Die Gutachter schlossen daraus, daß »die Patronenhülsen und Projektile, die am Tatort gefunden wurden, aus der halbautomatischen SIG, Registriernummer A-1-101-415 abgefeuert wurden«.

Nachdem sichergestellt werden konnte, daß die fünf Schüsse

* Diese Inaugenscheinnahme fand also erst fünf Tage nach der Tat statt.

** Die erwähnte »zweite Tatortbesichtigung«, bei der das fünfte Projektil im Rahmen der Aufzugtür entdeckt worden sein soll, wurde von Staatsanwalt Nicola Picardi am 9. oder 10. Mai, also fünf oder sechs Tage nach dem Delikt, vorgenommen. Das Projektil befand sich außerhalb der Wohnung, angeblich auf etwa 1,20 m Höhe, d.h. an einem frei zugänglichen Ort. Es ist ausgesprochen merkwürdig, daß dieses Geschoß nicht früher gefunden wurde.

*** Prof. Arcudi und Prof. Fucci sind Gerichtsmediziner (und führten die Autopsie der Leichen durch); wie ist es möglich, daß denselben Wissenschaftlern auch die ballistische Analyse und die »Rekonstruktion des Tathergangs« übertragen wurde?

aus der Dienstpistole von Vizekorporal Tornay stammten, war zu klären, wer die Waffe in der Hand gehalten und wer den Abzug betätigt hat.

Zu diesem Behufe zogen Prof. Arcudi und Prof. Fucci Herrn Dr. Claudio Gentile von der Physikalischen Fakultät der Universität Messina hinzu. Mit Hilfe eines Rastermikroskops (internationale Kennzeichnung: SEM) mit Röntgensonde (internationale Kennzeichnung: EDX) wurde eine Schmauchspurenanalyse auf dem mit Klebestreifen gefertigten Handabdruck vorgenommen. »Auf den Fragmenten des Handabdrucks von Cédric Tornay wurden Partikel gefunden, die eindeutig zu Schmauchspuren gehören und nach Zusammensetzung, Beschaffenheit und Körnung vollkommen mit denen übereinstimmen, die von einer der Patronenhülsen am Tatort genommen wurden.«

Die Gutachter konnten sicherstellen, daß »alle Partikel, die sich auf den untersuchten Proben befinden, eindeutig in die Kategorie Schmauchspuren gehören«. Daraus zogen die Wissenschaftler den Schluß, daß »die vorliegende Untersuchung zu einem positiven Ergebnis kommt«, da sie »Schmauchspuren auf der rechten Hand (Tornays), insbesondere in der Hautfalte zwischen Daumenwurzel und Zeigefinger« ergeben hat.*

Da nun feststand, daß die fünf Schüsse von Tornay abgefeuert wurden (und zwar mit dessen Dienstwaffe), läßt sich schließlich auch der Ablauf des Delikts nachzeichnen, wie es sich innerhalb weniger Augenblicke gegen 21 Uhr in der Wohnung der Estermanns abspielte.

In einer ersten Phase gab Tornay zwei Schüsse auf Oberst Estermann ab, der daraufhin zu Boden stürzte. Oberst Estermann schlug mit der rechten Gesichtshälfte auf dem Fußboden auf und wurde dementsprechend auf der rechten Seite liegend

* An dieser Stelle sollte noch einmal darauf verwiesen werden, daß der Vatikansprecher Navarro-Valls Prof. Arcudi und Prof. Fucci vor der Öffentlichkeit als »zwei Experten, die seit über zwanzig Jahren für den Vatikan arbeiten und die unser volles Vertrauen genießen«, bezeichnet hatte. Die fachliche Integrität dieser beiden herausragenden Professoren soll in keiner Weise in Frage gestellt werden, doch ihre Gutachten sind de facto »parteiisch« und hätten von daher einer Überprüfung und Gegenanalyse bedurft. Vor allem, wenn man bedenkt, wie groß der Interpretationsspielraum bei derlei Gutachten ausfällt.

am Tatort vorgefunden. Der Telefonhörer fiel ebenfalls zu Boden, und zwar am hinteren Bein des Tischchens, auf dem der Apparat stand. Der Hörer weist Blutflecken auf.*

Die Gutachter Prof. Arcudi und Prof. Fucci stellten fest, daß der erste Schuß »mit großer Wahrscheinlichkeit derjenige war, der den Oberst Estermann im Bereich des linken Deltamuskels getroffen hat, während der zweite die Gegend des linken Jochbogens traf – nachdem das Opfer vermutlich eine leichte Linksdrehung vollführt hatte. Diesen – sehr zuverlässigen – Schluß legen sowohl die Fundstellen der Projektile als auch die Eintrittsöffnungen der Geschosse nahe, denn letztere weisen auf einen (im Verhältnis zur Körperoberfläche) nahezu rechtwinkligen Einschlag hin. In demselben Sinne sind die Schußkanäle im Inneren des Körpers zu interpretieren, denn der erste führt, in leichter Steigung, von links nach rechts, der zweite von vorne nach hinten, wobei der Schußkanal von der Körperachse ein wenig nach rechts abweicht. Dieses Phänomen läßt sich durch die Linksdrehung erklären, die das Opfer zwischen erstem und zweitem Schuß vollführte.«**

Die Gutachter sind außerdem der Meinung, daß Tornay in dieser ersten Phase der Tat auf ein und derselben Position verharrte, worauf »zum einen die schnelle Folge der beiden Schüsse hinweist; zum anderen stimmen die Schußkanäle, die an der Leiche Estermanns festgestellt werden konnten, hundertprozentig mit einer unveränderten Position des Schützen überein«. Frau Estermann muß sofort danach in das Wohn- und Arbeitszimmer ge-

---

* Wir haben bereits gehört, daß der anonyme Freund aus Orvieto – also der Mann, der laut vatikanischer Gerichtsbarkeit im Moment der Schießerei mit Estermann telefonierte – (direkt oder über die Vermittlung durch einen Priester) folgendes bezeugte: Er habe durch den Hörer einige »deutliche Schläge« gehört und habe dabei »nicht an Schüsse gedacht«; es ist auch nichts darüber bekannt, daß er Hilferufe von Frau Estermann gehört hätte, die somit der Tötung ihres Mannes – und schließlich ihrer selbst – beiwohnte, ohne einen Laut von sich zu geben.

** Im Vatikan hält sich hartnäckig das Gerücht, wonach eines der Projektile das Gesicht Estermanns auf eine Weise getroffen habe, die der Darstellung durch den Heiligen Stuhl widerspreche. Man beachte, daß der Heilige Stuhl mit seinem Wortlaut den Abschlußbericht des Staatsanwalts interpretiert, welcher sich seinerseits auf die rechtsmedizinischen Gutachten beruft. Das Gerücht stammt aus äußerst zuverlässiger Quelle.

kommen sein, womit die zweite Phase der Straftat einsetzt. Die Gutachter stellen, wie erwähnt, zwei Hypothesen auf: Die Ehefrau könnte durch den Lärm der Explosionen herbeigerufen worden sein. Oder sie folgte Tornay, den sie durch die Wohnungstür gelassen hatte, vorausgesetzt, daß diese nicht bereits offengestanden hatte. In jedem Fall kam Frau Estermann durch die Glastür und positionierte sich zwischen Sofa und vorderer Wand, wodurch sie den Durchgang verstellte. So fand sie sich direkt gegenüber Vizekorporal Tornay, welcher in der Zwischenzeit vermutlich eine leichte Körperdrehung nach rechts vollzogen hatte. Aus dieser Position muß Tornay den dritten Schuß – welcher ins Leere ging – abgegeben haben; das Projektil flog durch die Glas- und durch die Wohnungstür, die beide offenstanden, und schlug, wie bei der zweiten Tatortbesichtigung durch die Gutachter festgestellt, in die Metallummantelung des linken Aufzugspfostens ein. Gleich darauf gab der Vizekorporal den vierten Schuß ab, der Frau Estermann traf. Diese kippte mit dem Rücken gegen die Wand und rutschte abwärts, krümmte sich über den einknickenden Beinen zusammen und blieb schließlich am Boden liegen.*

Die Gutachter bemerken, daß Frau Estermann – weil sie vermutlich aus dem Zimmer flüchten oder, reflexartig, eine Schutzhaltung einnehmen wollte – wahrscheinlich eine Körperdrehung nach rechts vollzog und dem Täter somit die linke Flanke darbot. Diese wurde daraufhin – im Bereich des linken Schulterblattes – vom vierten Schuß getroffen. Dies ergibt sich – laut Prof. Arcudi und Prof. Fucci – »aus der Flugbahn, die der Blindgänger beschrieben hat, sowie aus dem Schußkanal des Projektils, das Frau Estermann traf. Dieser Schußkanal verlief, wie erwähnt, in leichter Steigung, d.h. von der Horizontalen abweichend, von links nach rechts und gleichzeitig von hinten nach vorne. Die Besonderheiten dieses Schußkanals zeigen, daß die linke Schulter des Opfers nach vorn geschoben war, während der Kopf sich nach rechts neigte.« Die Verletzung durch das Projektil führte auf Höhe des fünften Halswirbels zu einer Knochensplitterung

---

* Es wird nicht klar, aus welchen Fakten die vatikanischen Ermittler diese Chronologie der Ereignisse ableiten (zuerst die Tötung Estermanns, dann der Schuß ins Leere und schließlich die Ermordung der Gattin). Diese Abfolge muß daher als vollkommen willkürlich betrachtet werden.

und einer Rückenmarksläsion, welche eine Tetraplegie [gleichzeitige Lähmung aller vier Gliedmaßen, Anm. d. Übers.] nach sich zog.«*

In der dritten und damit letzten Phase des Delikts erhob Vizekorporal Tornay die Waffe gegen sich selbst.

Die Problemstellungen, denen die Ermittler zuerst nachzugehen hatten, ergaben sich aus zwei Fragen: Warum stürzte Tornay nach vorne statt nach hinten, wie es der, wenn auch bescheidene, Rückstoß des Schusses hätte erwarten lassen?** Warum wurde die Waffe unter der Leiche des Vizekorporals gefunden? In ihrer Beschreibung der Schlußphase der Selbsttötung konnten Prof. Arcudi und Prof. Fucci deutlich machen, daß sich der Vizekorporal »aller Wahrscheinlichkeit nach hingekniet hat,*** und zwar mit dem Rücken zum Fenster und mit der rechten Flanke zur Holztür in der Vorderwand weisend. Dann führte Tornay den Lauf der Waffe in die eigene Mundhöhle ein und feuerte, den Kopf nach vorne gebeugt, einen Schuß ab. Das Geschoß durchschlug die hintere Schädelwand, flog durch den Raum und drang in die Zimmerdecke ein, wo es ein Loch im Putz (mit entsprechenden Putzablösungen) erzeugte, ehe die Kugel zurück auf den Schreibtisch fiel.+ Tornays Körper stürzte in der Folge nach vorne und blieb, mit leichter Drehung auf die rechte Flanke, bäuchlings liegen. Der Ablauf dieser letzten Tatphase findet nicht nur in der

---

* Diese Rekonstruktion der mutmaßlichen Tötungsumstände von Frau Estermann läßt eine zentrale Frage unbeantwortet: Warum schrie die Frau nicht um Hilfe? Weder nachdem ihr Mann erschossen wurde, noch nachdem, wie der Vatikan meint, auf sie gefeuert worden war, wenn auch der Schuß ins Leere ging.

** Die betreffende Pistole ist eine Waffe von enormer Durchschlagskraft: Die kinetische Energie, mit der die Kugel aus dem Lauf geschleudert wird, führt zu einem Verpuffungsdruck, der an der Mündung etwa 2600 bar beträgt. Es ist also vollkommen irreführend, von einem »bescheidenen Rückstoß« zu sprechen, dieser ist an sich schon beachtlich, und im Falle einer Selbsttötung erst recht (es ist mit einem Entgleiten der Waffe zu rechnen).

*** Daß Tornay sich hingekniet habe, um den vorgeblichen Selbstmord auszuführen, ist nicht mehr als eine Hypothese der vatikanischen Gutachter (»aller Wahrscheinlichkeit nach«).

+ In seiner Pressekonferenz vom 5. Mai 1998 hatte der Pressesprecher des Vatikans, Navarro-Valls, noch behauptet, das Projektil »ist mit Spuren menschlichen Gewebes in der Zimmerdecke« gefunden worden (vgl. S. 25); hier dagegen heißt es, die Kugel sei »zurück auf den Schreibtisch« gefallen …

Splitterung der beiden oberen Schneidezähne,* sondern auch im Schußkanal seine Bestätigung; des weiteren in Blutspritzern und Spuren der Hirnmasse, die sich in maximal 80 cm Höhe (während Tornay 1,82 m groß war) über dem Fußboden auf der genannten Holztür befanden; durch die Flugbahn des aus dem Schädel ausgetretenen Geschosses sowie durch das räumliche Verhältnis von Einschußloch in der Zimmerdecke auf der einen und Körper des Täters auf der anderen Seite.« Zusätzliche Hinweise auf den oben beschriebenen Ablauf der Selbsttötung Tornays fanden die Gutachter in der »Waffe, die unter dem Körper desselben gefunden wurde, und schließlich in kleinen Blutflecken, die sich im Radialbereich der Fingerkuppen der rechten Hand (dritter bis fünfter Finger) nachweisen ließen. Letzteres führt zu dem Schluß, daß der Täter die Waffe verkehrt herum hielt, das heißt: den Lauf der Waffe gegen sich selbst gerichtet, wobei der erste Finger den Abzugshahn betätigte.«**

In der Folge der Ermittlungen ergab sich ein weiterer Problempunkt, denn die Austrittsöffnung des Geschosses am Hinterkopf hatte einen Durchmesser von nur sieben Millimetern, während das Projektil das Kaliber 9 mm aufwies. Prof. Fucci wurde diesbezüglich mit einer spezifischen Detailklärung beauftragt. Der

---

* Diese Beschreibung ist nicht erschöpfend. Man müßte die genaue Morphologie und die Richtung der »Splitterung der beiden oberen Schneidezähne« kennen, außerdem wäre zu untersuchen, ob diese Verletzung vor oder nach dem Schuß zustande kam. Auf diese Weise könnte auch beantwortet werden, ob diese dentale Splitterung nicht vielleicht dadurch verursacht wurde, daß man die Pistole mit Gewalt in den geschlossenen oder nur halb geöffneten Mund Tornays eingeführt hat. Diese Gesichtspunkte sind von fundamentaler Bedeutung, werden von der vatikanischen Behörde aber geflissentlich übergangen.

** Die Argumentationen des Vatikans sind hier mindestens so verschlungen wie Leiche und Waffe Tornays. Was genau ist damit gemeint, daß der Täter die Waffe *verkehrt herum* hielt, das heißt: den Lauf der Waffe gegen sich selbst gerichtet, wobei der erste Finger den Abzugshahn betätigte« (ein Umstand, der im übrigen durch Induktionsschluß erklärt wird)? Wurde auf dem Abzugshahn der Waffe der Fingerabdruck von Tornays Daumen entdeckt? Und fanden sich die Abdrücke der anderen Finger auf dem Griff der Waffe? Der Bericht des Vatikans gibt auf diese elementaren Fragen keine Antwort. Und wenn es zutrifft, daß Tornay sich auf den Boden kniete, den Kopf nach vorn neigte und sich mit der umgedreht gehalten Waffe selbst in den Mund schoß, warum trat die Kugel dann »im unteren Teil des Hinterkopfes« aus (wie im Bulletin des vatikanischen Presseamts Nr. 186 vom 6. Mai 1998 geschrieben steht) und nicht durch die Schädeldecke?

Gutachter stellte in seinem Zusatzbericht fest, daß die betreffende Verletzung die Form eines sechseckigen Sternes aufwies, wobei allein schon der Kernbereich des zerstörten Gewebes einen Durchmesser von sieben Millimetern aufwies, während die äußeren Ausfransungen der Verletzung in ihrer Länge zwischen vier und elf Millimetern schwankten. »Der Durchmesser der Gesamtverletzung bewegt sich folglich zwischen minimal elf und maximal 18 Millimetern, das heißt: Das Phänomen ist mit dem Austritt eines Projektils Kaliber 9 mm vollkommen vereinbar, vor allem wenn man in Rechnung stellt, daß dessen Durchschlagskraft im Hinterkopfbereich bereits gemindert war. Daß es sich hierbei um eine Austrittsöffnung handelt, wird zudem eindeutig durch die Eigenschaften der Kopfhautverletzung sowie durch die darunterliegende Schädelöffnung belegt; die Knochenmasse wies nämlich ein zehn Millimeter großes Loch auf, dessen Ränder nach außen gebogen waren. Der geringere Substanzverlust der Kopfhaut gegenüber der Schädeldecke ist eine natürliche Folge der größeren Elastizität des Gewebes.« Demgemäß schloß Professor Fucci, daß hier »alle typischen Merkmale der Austrittsöffnung eines Projektils Kaliber 9 mm vorliegen«.*

Die akribische Rekonstruktion der oben ausgeführten Faktenlage findet eine zusätzliche Bestätigung in der Lichtbilddokumentation (Aufnahmen Nr. 9, 10, 28, 29 und 30) sowie in den genauen Beschreibungen, die die Gutachter im Bericht über die erste Spurensicherung am Tatort liefern. Die verschiedentlich vorgebrachte Hypothese, wonach Tornays Hand nach dessen Ableben von einer vierten Person benutzt worden sein könnte, um einen Schuß ins Leere abzugeben, ist daher vollkommen haltlos** ...

---

* Wie ist es möglich, daß ein Geschoß mit gewaltiger Durchschlagskraft (aus einer Armeewaffe) und einem Durchmesser von 9,41 mm (fast 1 cm), das in den Schädel ohne Hindernisse oder Widerstände eingedrungen ist, eine Öffnung des Schädelknochens von nur zehn Millimetern hervorruft? Die Erläuterungen des vatikanischen Gutachters sind nicht haltbar.

** Die kategorische Feststellung, die hier der Justizbehörde des Vatikans zugeschrieben wird, ist vollkommen willkürlich. Die Untersuchung durch den Vatikan hat nicht die Fakten geliefert, die ausschließen, daß sich die Bluttat vom 4. Mai 1998 nicht auch teilweise oder gänzlich anders abgespielt haben könnte, als vom Staatsanwalt des Vatikans vermutet. Dies betrifft sowohl das Gesamtszenario der Tat als auch die Hauptfiguren und die Rolle, die Tornay darin spielte.

Sucht man nach den Gründen für Tornays Tat, so stößt man nicht nur auf ein Motiv, sondern auf einen ganzen Komplex an Beweggründen, die zum einen subjektiver (das heißt mit Temperament und Charakter des Vizekorporals in Verbindung stehend), zum anderen objektiver Natur sind (das heißt, daß sie von äußeren Umständen abhingen, die weder vorherzusehen noch zu beeinflussen waren). Die beiden Motivgruppen haben aller Wahrscheinlichkeit nach in einer Wechselwirkung zu der bestürzenden Tat Tornays geführt.

Zuvorderst sei erwähnt, daß die Autopsie in Tornays Schädel eine taubeneigroße subarachnoidale Zyste zutage gefördert hat (4 x 2,5 cm), welche den vorderen Teil des linken Stirnlappens beeinträchtigt und schließlich deformiert hat. Auch die Hirnschale wurde partiell angegriffen. Den Gutachtern schien es unmöglich, den Ursprung dieser Alteration festzulegen, sie wiesen lediglich auf die Möglichkeiten einer angeborenen, einer infektiösen oder einer durch Geburtstrauma verursachten Fehlbildung hin.

Die einschlägige neurologische Literatur (R. D. Adams, M. Victor: *Principles of neurology*. McGraw-Hill. New York u. a. 1985) unterstreicht auf der einen Seite die Bedeutung dieser Gehirnregion, die man traditionell »organ of civilization« nennt, auf der anderen Seite beschreibt sie eingehend die klinischen Auswirkungen und Syndrome einer Schädigung der Stirnlappen. In unserem Zusammenhang ist besonders wichtig, daß diesbezüglich auf eine Schädigung der kognitiven Funktionen (»impairment of cognitive function«) und eine Herabsetzung der Verhaltenshemmschwellen (»disinhibition of behaviour«) hingewiesen wird …

Prof. Arcudi und Prof. Fucci schließen daraus, daß die beschriebene Deformation des linken Stirnlappens »einen Faktor darstellt, der für die Verhaltensstörungen verantwortlich oder mitverantwortlich sein könnte, vorausgesetzt, daß diese Phänomene schon im Vorfeld augenscheinlich geworden sind«.*

* Nachdem man das Blutbad dem vermeintlichen Amokschützen Tornay untergeschoben hat, versucht man nun ein Motiv zu konstruieren, indem man einen »Gehirntumor« unterstellt, der bei dem jungen Vizekorporal zu mysteriösen »Verhaltensstörungen« geführt haben soll. Werden die Soldaten des Heiligen Vaters denn nicht regelmäßigen und strengen medizinischen Kontrollen unterzogen? Ist es möglich, daß niemandem in der Kaserne jemals aufgefallen war, daß Tornay unter nichts geringerem als »Verhaltensstörungen« litt?

Die vorliegende Untersuchung hat zwei widersprüchliche Aspekte in der Persönlichkeit des Vizekorporals zutage gefördert: Während er einerseits als ein liebenswerter und höflicher Mensch galt, der freundschaftliche Beziehungen zu pflegen verstand und auch über eine gewisse Ausstrahlung verfügte, so stach andererseits auch sein oft zügelloses Verhalten hervor, das man sogar als respekt- und verantwortungslos bezeichnen könnte, wenn man sich vor Augen führt, daß wir es hier nicht mit einem gewöhnlichen Bürger, sondern mit einem Soldaten zu tun haben, der sich freiwillig zum Dienst in einem Korps von altehrwürdiger Tradition und Disziplin gemeldet hat, ja mehr noch: mit einem Soldaten, der in dem betreffenden Korps gar die Funktion eines Unteroffiziers bekleidete. Es sei hier lediglich als ein Beispiel angeführt, daß bereits bei der Offiziersversammlung der Garde am 1. Oktober 1996 »singolarités de … comportement« (Verhaltensauffälligkeiten) zur Sprache kamen, für die Tornay durch Kommandant Buchs gemaßregelt wurde. In besagtem Bericht wurde des weiteren ausgeführt, daß es im Büro des Vizekommandanten Estermann zu einer heftigen Diskussion (oder mehreren heftigen Diskussionen) mit Tornay gekommen ist, die der Vizekorporal damit beendete, daß er mit großer Wucht die Tür zuwarf. Es wurde auch vermerkt, daß Tornay – ohne entsprechende Erlaubnis – zwei Nächte außerhalb des Vatikans verbracht hatte und beim zweiten Mal als Rechtfertigung vortrug, er habe zuviel getrunken und sei auf der Straße eingeschlafen. In betreffendem Bericht wird auch erwähnt, daß der Vizekorporal bei einer anderen Gelegenheit, während er auf einer alten Paradekanone saß und rauchte, sich angesichts seines Kommandanten und dessen Ehegattin nicht erhoben und nicht salutiert hat.* Aus dem Bericht des die Funktionen eines Kommandanten ausübenden Estermann vom 2. April 1998 geht außerdem hervor, daß Tornay den

Tatsache ist, daß alle medizinischen Unterlagen (auch die der Schweizer Militärbehörden) dem Unteroffizier einen exzellenten Gesundheitszustand bescheinigen.

* Die – authentische – Begebenheit wird hier nicht korrekt wiedergegeben. Tornay hatte Freischicht und rauchte eine Zigarette; als Oberst Estermann in Begleitung seiner Frau vorüberkam, begrüßte er sie mit einem »Buongiorno«, verzichtete aber auf den militärischen Gruß, da der Kommandant in Zivil unterwegs war.

Eindruck eines Individuums erweckte, das »wenig stabil« ist und »geneigt, mit labilen Menschen Umgang zu pflegen«; außerdem betrug er sich »nicht korrekt gegenüber Vorgesetzten (arrogant, uneinsichtig)«.

Unserer Meinung nach können diese Zwischenfälle als Symptome einer »Verhaltensstörung« gelten,* die einen ihrer Gründe in der erwähnten Schädigung des linken Stirnlappens haben könnte; des weiteren mögen äußere Faktoren wie Erziehung und kulturelles Umfeld eine Rolle gespielt haben.

Wie bereits erwähnt, wiesen die chemisch-toxikologischen Analysen, die von Prof. Arcudi und Prof. Fucci, gemeinsam mit Dr. Furnari durchgeführt wurden, im Urin (nicht jedoch im Blut) Spuren eines Stoffwechselprodukts von Cannabis (Delta-9-Tetrahydrocannabinolsäure) nach. Dieser Befund läßt – wiederum laut Gutachter – darauf »schließen, daß Tornay in den drei Stunden vor seinem Ableben die betreffende Substanz nicht zu sich genommen hatte und im Augenblick der Tat nicht unter akuter Einwirkung der Substanz stand«. Dennoch »dürften angesichts der Spuren von Cannabis-Stoffwechselprodukten im Urin psychische und verhaltensspezifische Alterationen vermutet werden, falls nachgewiesen werden könnte, daß Tornay chronischen Gebrauch von dieser Droge machte«.

Im Zuge der Ermittlungen wurde in der Unterkunft des Vizekorporals Tornay (in der Tischlade) unter anderem ein Filmdöschen sichergestellt, das 24 Stummel von handgefertigten Zigaretten enthielt. Bei der toxikologischen Untersuchung dieser Zigarettenstummel fanden sich »deutliche Spuren von Cannabis-Derivaten, die durch Dünnschichtflüssigkeits-Chromatographie nachgewiesen und außerdem durch Gaschromatographie und

---

* Diese Zwischenfälle, die der Vatikan zitiert, um die von den Gutachtern bescheinigten »Verhaltensstörungen« Cédric Tornays zu belegen, wirken eher wie gelegentliche Aufmüpfigkeiten eines jungen Mannes, der sich an den harten Alltag des Militärs gewöhnen muß. Aber wenn diese Zwischenfälle tatsächlich als so gravierend galten und außerdem seit Oktober 1996 aktenkundig waren – warum beförderte man dann den »wenig stabilen, disziplinlosen und arroganten« Tornay am 1. August 1997 zum Unteroffizier? Warum wurde er nicht aus der Truppe ausgeschlossen? Es ist außerdem völlig unklar, wie und bis zu welchem Grad die Staatsanwaltschaft des Vatikans innerhalb der Schweizergarde ihre Ermittlungen vorangetrieben hat.

Gaschromatographie mit Massenspektrometrie bestätigt werden konnten«.*

Auch wenn diese Umstände keinen eindeutigen Beweis liefern mögen, sind wir der Meinung, daß nicht ausgeschlossen werden kann, daß Tornay chronischen Gebrauch von dieser Droge machte.** Diese Möglichkeit würde eine zusätzliche Erklärung für Tornays Verhalten liefern. Die pharmakologische Literatur (vgl. unter anderem: Goodmann and Gilmans: *The Pharmacological Basis of Therapeutics.* Pergamon Press. New York u. a. 1990) nennt bei der Beschreibung der psychotoxischen Wirkung, die von Cannabis hervorgerufen wird, unter anderem »hallucinations, delusion and paranoid feelings«, außerdem wird erläutert, daß »die Gedanken wirr und unzusammenhängend werden, es zeigen sich Phänomene von Persönlichkeitsverlust und der Verlust des Zeitgefühls«; außerdem beschrieben werden Angst- und Panikzustände sowie Uneinsichtigkeit (»loss of insight«). Die mentale Verfassung, in der Tornay sich in der Stunde unmittelbar vor der Tat – soweit sie rekonstruiert werden konnte – befand, scheint genau mit dem Bild übereinzustimmen, das die Literatur entwirft. Einige Verhaltensweisen scheinen insbesondere den typischen klinischen Aspekten des »Angstzustandes« zu entsprechen. Es sei hier nur an das Telefonat erinnert, das Tornay um 20.30 Uhr

* Soweit bekannt, wurde die Besichtigung von Tornays Unterkunft am 19. Mai durchgeführt, also zwei Wochen nach dem Blutbad. Und es ist wahrlich unverständlich, warum Cédric Tornay im Innern der Kaserne »24 Zigarettenstummel« von »Joints« – also verfängliche Beweisstücke – aufbewahrt haben soll. (Da es sich um Stummel handelte, waren die Zigaretten folglich bereits konsumiert worden.) Fest steht dagegen eine Tatsache, die der vatikanischen Staatsanwaltschaft unbekannt zu sein scheint: daß nämlich die Unterkunft des Vizekorporals – trotz der Dienstsiegel – nach dem Amoklauf zu nächtlicher Stunde mehrfach, und von verschiedenen Personen, aufgesucht wurde. Und welche Analysen wurden durchgeführt, um sicherzustellen, daß jene »Joints« tatsächlich von Tornay geraucht worden waren?

** Nach Meinung der Gutachter und der vatikanischen Staatsanwaltschaft war Cédric Tornay folglich nicht nur an einem Gehirntumor erkrankt, sondern machte wahrscheinlich auch »chronischen Gebrauch von Drogen«, da er regelmäßig »Joints« geraucht haben soll (wovon weder die Kameraden noch die Offiziere des Korps etwas gemerkt hatten). Es mag sein, daß der junge Tornay, wie viele seiner Altersgenossen (die deshalb niemand für potentielle Mörder oder Wahnsinnige hält), manchmal »Joints« geraucht hat, aber es ist wenig einsichtig, inwiefern dieser Umstand eine Kausalverbindung zum Amoklauf des 4. Mai 1998 aufweist.

mit einem Mädchen führte, das er nur wenige Wochen vorher kennengelernt hatte; nach Meinung dieses Mädchens klang Tornays Stimme nicht nur enttäuscht, sondern auch »atemlos und aufgeregt«. Man muß an dieser Stelle außerdem den »Verlust des Zeitgefühls« anführen, denn Tornay fragte das Mädchen – völlig unvermittelt – nach dem Datum des betreffenden Tages, und in dem Brief an die Mutter waren ihm vorher schon bei der Berechnung seiner Dienstdauer Fehler unterlaufen. Die enorme Affektgeladenheit, die Tornay in dieser und anderen oben beschriebenen Situationen an den Tag legte, hat sicher nicht zur psychisch-emotionalen Entwicklung und Reifung geführt, die seiner Rolle entsprochen hätten, vielmehr verursachte sie wiederholte schwere Anfälle von Uneinsichtigkeit (»loss of insight«). Relevant ist übrigens auch der Eindruck, den das Mädchen infolge des letzten Telefonats gewann: »Du bist die letzte Person, von der ich mich noch verabschieden will … morgen fahre ich nach Hause.«* Des weiteren sei noch auf den Brief an die Mutter verwiesen, der oben im kompletten Wortlaut zitiert wurde; an dem Schriftstück lassen sich Halluzinationen, Uneinsichtigkeit, wirres und unzusammenhängendes Denken ablesen (abgesehen von der ungewöhnlichen Verwendung des zweiten Ehenamens der Mutter, sollte man sich vor allem folgenden Satz vergegenwärtigen: »Je dois rendre ce service à tous les gardes restant ainsi qu'à l'église catholique. J'ai jurer de donner ma vie pour le pape et c'est ce que je fais.«), ebenso wie paranoide Verfolgungsphantasien (»Ce que j'ai fait ce sont eux qui m'ont pousser.«).**

Einen dritten Faktor, der ebenfalls in den subjektiven Bereich

---

* Dieses »Mädchen, das er nur wenige Wochen vorher kennengelernt hatte«, heißt Manuela; sie hat zwar einen ausländischen Familiennamen, ist aber Italienerin: Einige Zeit vor dem Anruf hatte sie begonnen, Tornay zu umwerben. Sie arbeitet als Angestellte in einem Reisebüro namens »Ivet« in der Via della Conciliazione. Diese Agentur wurde 1997 vom Vatikan durch die »Agenzia per il Giubileo 2000« (Agentur für das Jubiläumsjahr 2000) übernommen und nennt sich seitdem »Quo vadis«. Das junge Mädchen ist somit eine Angestellte des Vatikans.

** Wie man sieht, macht sich der Vatikan zwei Einwände zu eigen, die Tornays Mutter angesichts des mysteriösen Abschiedsbriefes vorgetragen hat (Tornays fehlerhafte Berechnung der eigenen Dienstzeit und der falsche Familienname, mit dem der Umschlag an Frau Baudat adressiert war). Tornays Mutter behauptet aber des weiteren, daß dieser Brief eine Fälschung ist und daß sie

fällt, stellt eine zum Ausbruch kommende Lungenentzündung dar, die von den Gutachtern anhand der Autopsieergebnisse und der histologischen Analyse diagnostiziert wurde. Nichtsdestotrotz war Tornay an jenem 4. Mai besonders aktiv gewesen. Er war allen Dienstverpflichtungen nachgekommen: Am Morgen war er von 6 Uhr bis 8 Uhr und am Nachmittag von 16 Uhr bis circa 19 Uhr zur Wache eingeteilt. Am Vormittag hatte er außerdem das Konsulat der Republik Mauritius aufgesucht, am Nachmittag war er unter anderem dreimal beim Gardeschneider gewesen. Der Vizekorporal befand sich daher zweifellos in einer Streßsituation, die zum einen seine bereits erläuterte Impulsivität (die wahrscheinlich noch von der Hyperaktivität – man denke an den zerschlagenen Stuhl – übertroffen wurde), andererseits auch den Mangel an ungetrübtem Einsichtsvermögen betreffs der Gesamtsituation, in die er geraten war, sowie den Mangel rationaler Hemmkräfte und somit der nötigen Selbstkontrolle sicherlich übersteigerte.*

Ein ebenso bedeutender Kausalnexus dürfte sich aus den äußeren Umständen ergeben, Umstände, die Tornay nicht vorausgesehen hatte und die sich völlig seiner Kontrolle entzogen. Allen voran die Nachricht der Ernennung Estermanns zum Gardekommandanten, eine »schlechte Nachricht«, die der Vizekorporal mit einem »je m'en fous« hatte quittieren wollen, denn mittlerweile stand die »Bombennachricht« von einer Arbeitsstelle in der Schweiz im Raum. Zum zweiten die Nachricht, daß ihm die Auszeichnung in Form der »Benemerenti«-Medaille verweigert worden war. Und schließlich – aber nicht zuletzt – mußte das

über die notwendigen Gutachten verfügt, um dies zu beweisen. Aber vielleicht meint man im Vatikan, sie sei ebenso »wahnsinnig« wie ihr Sohn ... Apropos Abschiedsbrief: Im Anschluß an das Blutbad schwenkte der Heilige Stuhl das Schriftstück noch als den unumstößlichen Beweis für die offizielle Version. In diesem Justizbericht kommt dem Brief dagegen nur noch marginale Bedeutung zu.

* Um eine Tat zu begründen, für die es schlichtweg kein Motiv gibt, schnürt der Vatikan gleich ein ganzes Paket von Komplimenten an Tornay: Der junge Mann sei von einem Gehirntumor befallen gewesen, habe eine gestörte Persönlichkeit besessen, sei drogenabhängig und in einem Zustand geistiger Verwirrung gewesen, außerdem an akuter Lungenentzündung erkrankt, und er habe sich in einer »Streßsituation« befunden, die dadurch bewiesen wird, daß er dreimal den Gardeschneider aufgesucht hat ...

Ausbleiben des [Auslassung] (und der Journalisten, die ihn hätten begleiten sollen)* in Tornay schwere Angstzustände auslösen, da mithin die »Bombennachricht« von der Arbeitsstelle in der Schweiz immer unwahrscheinlicher wurde, eine Nachricht, die für Tornays Zukunft nun eine noch größere Bedeutung gewonnen hatte.

Die verschiedenen beschriebenen Faktoren sind nach unserem Dafürhalten miteinander in Wechselwirkung getreten und haben die psychische Verfassung eines Tornay alteriert, der aller Wahrscheinlichkeit nach ohnehin nicht über eine vollständige und angemessene mentale Reife verfügte. Die Alteration der mentalen Verfassung manifestiert sich im übrigen auch in der Art und Weise, wie die Straftat ausgeführt wurde. Professor Arcudi und Professor Fucci hatten bereits bemerkt, daß die schnelle Folge, in der Tornay die Schüsse abgab, ein Indiz dafür ist, daß der Vizekorporal »von einem ›Anfall von Wahnsinn‹, einer akuten mentalen Kurzschlußreaktion übermannt wurde, die ihm vollständig oder zumindest in beachtlichem Maß jegliche Fähigkeit zur Selbstbeherrschung nahm«.**

Das, was der Heilige Stuhl für die Schlußfolgerungen des vatikanischen Ermittlungsberichtes ausgibt – vorausgesetzt, daß diese der Wahrheit entsprechen und nicht vielmehr parteiische Ablenkungsmanöver sind –, ist eindeutig durch die offizielle Wahrheit »inspiriert«, die der Heilige Stuhl sofort nach dem Blutbad verbreiten ließ. Es basiert auf einer Reihe von

* Diese obskure Passage der »Collage«, die der Heilige Stuhl verfertigt hat, bezieht sich auf ein Versprechen, das Pater Yvan Bertorello (im Text mit [Auslassung] gekennzeichnet) einigen Schweizergardisten – darunter Cédric Tornay – gegeben hatte: Er wollte sie in einen Enthüllungsbericht (mit Interviews und Fotos) aufnehmen, mit dem eine französische Zeitschrift die Vernachlässigung der Schweizergarde durch den Vatikan thematisieren sollte. Doch am vereinbarten Tag ließen sich weder die Korrespondenten der Zeitschrift noch Pater Bertorello blicken – ein weiteres Indiz für die strategische Doppelrolle, die dieser merkwürdige Priester spielt.

** Cédric Tornay – so schließt die vatikanische Staatsanwaltschaft – habe also die Eheleute Estermann und dann sich selbst in einem »Anfall von Wahnsinn« getötet, just so, wie Navarro-Valls, der hellsichtige Anhänger des Opus Dei, wenige Stunden nach dem Blutbad verkündet hatte. Doch das Tatmotiv ist verschwunden, und den »Beweis« (die verweigerte Auszeichnung) läßt man unter den Tisch fallen.

Hypothesen, Deduktionen und Vermutungen.* Die vermeintlich gesicherten Ergebnisse von Autopsien und anderen Gutachten wurden keinerlei Gegenanalyse unterzogen. Keine der (wenigen) Zeugenaussagen weist eine erschöpfende Ausführlichkeit auf. Alles wird mit einem grobschlächtigen Theorem erklärt, in dem das Tatmotiv fehlt und das eine gewisse Glaubwürdigkeit gewinnen soll, indem man dem mutmaßlichen Amokschützen Tornay einen »Anfall von Wahnsinn« unterstellt – einen extravaganten »vorsätzlichen Anfall«, den der kriminalistische Sachverstand des Heiligen Stuhls zu diesem Anlaß erfunden hat. Zu Person und persönlichem Umfeld von Alois Estermann und Gladys Romero wurden keine weiterreichenden Ermittlungen angestellt, während der junge Vizekorporal – das designierte Opferlamm – einer geistigen und körperlichen »Vivisektion« unterzogen wurde, bis man ihn schließlich als physisch krank, wahnsinnig und drogenabhängig abstempeln konnte.**

In Wahrheit beweist der »manipulierte« Justizbericht des Heiligen Stuhls absolut nicht, daß es sich bei Cédric Tornay um den Amokschützen des Blutbades vom 4. Mai 1998 handelt: Der Bericht stellt entsprechende Vermutungen, Hypothesen, Unterstellungen auf, führt aber keinen Beweis, der »über einen angebrachten Zweifel erhaben wäre«. Das, was der Heilige Stuhl der Öffentlichkeit präsentiert hat, kann in keiner Weise ausschließen, daß sich das Blutbad nicht zur Gänze oder in Teilen anders abgespielt hat und daß die Wirklichkeit nicht

* Die Auszüge aus dem Justizbericht, die der Heilige Stuhl zitiert, sind ihrerseits schon voller Vorbehalte: »Man leitet daraus ab«, »unwahrscheinlich«, »etwaig«, »Hypothese«, »Möglichkeit«, »es ist nicht völlig auszuschließen«, »aller Wahrscheinlichkeit nach«, »vielleicht«, »wahrscheinlich«, »sehr wahrscheinlich«, »ziemlich zuverlässig«, »könnte«, »scheint« werden unzählige Male wiederholt. Allein das Adverb »wahrscheinlich« wird mehr als zehnmal verwendet.

** Es sollte hervorgehoben werden, daß die Mutter des Vizekorporals vom Untersuchungsrichter Marrone nur ein einziges Mal befragt wurde: am 6. Mai 1998. Man bat sie lediglich darum, die Authentizität der Handschrift ihres Sohnes zu bestätigen, als es um den mysteriösen Brief ging, den Tornay anderthalb Stunden vor dem Blutbad geschrieben haben soll. Danach wurde Frau Baudat (die an jenem 4. Mai sogar mehrmals mit ihrem Sohn telefoniert hatte) von den vatikanischen Justizbehörden nicht wieder hinzugezogen.

vielleicht nur durch eine makabere Inszenierung verdeckt wurde. So gibt es keine stichhaltigen Beweise dafür, daß sich a) an jenem Abend nicht noch andere Personen in der Wohnung der Estermanns aufhielten; daß b) alle Schüsse aus Tornays Dienstpistole vom Vizekorporal abgegeben wurden, und zwar ausschließlich von diesem; daß c) sich der Vizekorporal während der Ermordung der Estermanns tatsächlich in deren Wohnung aufhielt und daß er zu diesem Zeitpunkt noch am Leben war; daß d) Cédric Tornays »Suizid« nicht von jemand anderem begangen wurde; daß e) keiner der Zeugen gelogen hat; daß f) andere Zeugen nicht vielleicht Sachdienliches verschwiegen haben; daß g) die Vigilanza die Spuren und Beweismittel am Tatort genau, korrekt und vollständig gesichert hat; daß sich h) in die verschiedenen Gutachten nicht Fehler eingeschlichen haben, die Detail- oder sogar Kernaussagen betreffen.

Sicher ist nur, daß die Akten, die die vatikanische Staatsanwaltschaft während ihrer Ermittlung angelegt hat – die Ermittlungen endeten, laut Heiligem Stuhl, mit der Archivierung des Falles –, in ihrem vollständigen Wortlaut geheimgehalten werden, so daß nicht einmal Frau Baudats Anwälte Einsicht nehmen können, die Instanz also, die im juristischen Sinne den mutmaßlichen Mörder vertritt. Es ist offensichtlich, daß es auch in diesem Fall nicht im Interesse des Heiligen Stuhls liegt, für Klarheit in der Untersuchung und in den Schlußfolgerungen der vatikanischen Justizbehörde zu sorgen, vielmehr sollen die Ermittlungsergebnisse – deren Geheimhaltung in Teilen verletzt wird – dazu dienen, den Fall im Sinne der eigenen »Wahrheit« abzuschließen. Einer »Wahrheit«, die in Wirklichkeit auf Lücken und Lügen basiert.

Aus Vollèges, ihrem Wohnort im Wallis, meldet sich Tornays Mutter und verwirft die Schlußfolgerungen, zu denen der Heilige Stuhl in Kenntnis des Berichts der vatikanischen Staatsanwaltschaft kommt. Statt dessen erneuert sie ihre Vorwürfe.

»Dieses Dokument, das der Vatikan verbreitet, ist nicht von der Staatsanwaltschaft, sondern vom Presseamt des Heiligen

Stuhls unterzeichnet«, erklärt Muguette Baudat. »Mein Sohn nahm keine Drogen, er hatte keinen Gehirntumor, und er hatte auch keine Lungenentzündung, was man schon daran sieht, daß er am 4. Mai den ganzen Tag Dienst tat. Der Brief, den er angeblich verfaßt haben soll, ist nicht echt: Wir haben ihn von einem Graphologen untersuchen lassen, und er hat sich als Fälschung erwiesen. Die drei Toten vom 4. Mai sind Opfer eines Komplotts geworden. Die offizielle Version des Vatikans ist eingebettet in Widersprüchlichkeiten und Lügen, die eine schändliche Wahrheit verbergen sollen. Meine Anwälte warten noch immer darauf, daß man ihnen die Ermittlungsakten zukommen läßt. Wir werden den Vatikan zwingen, die Wahrheit über das Blutbad zu sagen, wir verfügen nämlich auch über zwei höchst bedeutsame Dokumente, die ich sicher in einer Bank deponiert habe, und außerdem werden wir die Ergebnisse der Zweitgutachten bekommen.« Cédric Tornays Mutter behauptet darüber hinaus, im Vatikan gebe es jemanden, der die Wahrheit aufklären könnte, doch dieser Jemand sei verschwunden, und sie macht darauf aufmerksam, daß jemand aus Rom bis nach Vollèges gereist sei, um sie zum Schweigen aufzufordern. »Man hat mich schon im vergangenen September ermahnt und unter Druck gesetzt, und auch meine Anwälte wurden unter Druck gesetzt. Ich bekomme langsam Angst, aber ich vertraue auf Gott: Er ist mein bester Schutz.«

Die Antwort des Vatikans auf Muguette Baudats Anschuldigungen folgt auf den Fuß: »Wir haben Verständnis für den Schmerz der Mutter, doch so sehen nun einmal die Untersuchungsergebnisse aus, und man kann die Wahrheit nicht einfach wegwischen«, erklärt der Pressesprecher Navarro-Valls. »Ihr Schmerz ist verständlich und verdient unsere Achtung, ebenso wie man den *ausgesprochen stillen* und äußerst würdevollen Schmerz der Angehörigen der beiden Estermanns zu respektieren hat. Die Teilhabe am Schmerz von Frau Baudat«, doziert Navarro-Valls, Pressesprecher des Vatikans und ordentliches Mitglied des Opus Dei, »muß sich mit der skrupulösen Achtung vor der Wirklichkeit, wie sie durch Tatsachen belegt wurde, vereinbaren lassen.« Im Endeffekt fordert man Tornays Mutter ein weiteres Mal auf, ihren Mund zu halten.

In den Kammern des Staatssekretariats herrscht jedoch erneut Unruhe und Sorge angesichts der unnachgiebigen Muguette Baudat und angesichts der Dokumente, die sie zu besitzen behauptet. Die Mutter des Vizekorporals stellt sich noch immer als letztes Hindernis einer endgültigen Sanktion der »Wahrheit« in den Weg, einer Wahrheit, mit der die ganze Affäre ins Reich des Vergessens verbannt werden soll. Daher heckt die Seilschaft des Opus Dei – mit ihrer Sachkenntnis in Fragen der Massenmedien und Kommunikation – eine spektakuläre Gegenaktion aus, die am folgenden 17. Februar das Licht der Welt erblickt.

* * *

Am selben Tag, an dem der Heilige Stuhl der Welt verkündet, daß das Strafverfahren bezüglich des Blutbades vom 4. Mai eingestellt wird, am 8. Februar 1999 also, wird Raoul Bonarelli von den vatikanischen Behörden offiziell zum Stellvertretenden Inspekteur des Corpo di Vigilanza ernannt.* Er wird damit de facto zum designierten Nachfolger von Generalinspekteur Camillo Cibin, dem inzwischen achtzigjährigen Kommandanten der vatikanischen Staatspolizei.**

Eine wahrlich einzigartige Beförderung, die mit einer doppelten Koinzidenz einhergeht. Bonarelli war und ist in die

* Am 8. Februar 1999 lief der frisch beförderte Bonarelli durch das Presseamt des Heiligen Stuhls und plauderte angeregt mit den anwesenden Journalisten.

** Nach der Beförderung Bonarellis sieht die Führungsstruktur des Corpo di Vigilanza des Vatikans wie folgt aus: Generalinspekteur Camillo Cibin, Stellvertretender Inspekteur Vikar Domenico Giani, Stellvertretender Inspekteur Raoul Bonarelli, Major Bruno Luti. Es folgen sechs Offiziere: Gianfilippo Albini, Augusto Coali, Aristide Tulini, Gianfranco Maritan, Elgidio Biocca, Franco Chiei Gamacchio.

Zu Beginn der neunziger Jahre war Bonarelli noch gewöhnlicher Offizier, 1994 war er zum Major ernannt worden. Der Rang des Oberst wurde ihm erst 1997 verliehen, da diese Beförderung über Jahre durch die Seilschaft des Opus Dei bekämpft und blockiert worden war. Die Funktion des Stellvertretenden Inspekteurs, die Bonarelli am 8. Februar verliehen wurde, war seit 1996, seit dem Ausscheiden Stefano Righettis, vakant gewesen.

Es ist zu beachten, daß an ebenjenem 8. Februar 1999 ein gewisser Domenico Giani zum Stellvertretenden Inspekteur Vikar ernannt wurde, ein Mann, der von außerhalb des Vatikans kommt, wobei niemand weiß, woher.

Untersuchungen zur Entführung von Emanuela Orlandi verwickelt: Die italienische Staatsanwaltschaft ermittelte – und
ermittelt noch heute – wegen Falschaussage und Behinderung
der Ermittlungen.* Am Abend des 4. Mai leitete Bonarelli, in
seiner Funktion als hoher Offizier der Vigilanza, nach dem
Blutbad in der Wohnung der Estermanns die Spurenerhebung
und Sicherstellung der Beweismittel, außerdem verfolgte er,
aus nächster Nähe, alle wissenschaftlichen und ballistischen
Analysen während der Untersuchungen des Falles. Eine zumindest unschickliche Rolle, denn im Vatikan ist allseits bekannt, daß Estermann und Bonarelli seit Jahren Intimfeinde
waren.

* Nachdem Bonarelli (italienischer Staatsbürger) in einem ersten Verfahren
von der Generalstaatsanwaltschaft freigesprochen worden war, wird gegen ihn
nun erneut durch die römische Staatsanwaltschaft ermittelt. Ihm wird vorge-
worfen, vom Vatikan aus die Ermittlungen der italienischen Staatsanwaltschaft
im »Fall Orlandi« behindert zu haben.
   Das neue Verfahren gegen den Offizier der vatikanischen Vigilanza gründet
auf einem mitgeschnittenen Telefonat, das zur Akte »Orlandi« gehört. Die
Identität des Gesprächspartners bleibt anonym (im Vatikan wird behauptet, es
könnte sich um den damaligen Staatssekretär, Kardinal Agostino Casaroli persönlich, handeln):
   Anonymer Anrufer: »Ich habe mit ... gesprochen, und er sagt ... als Zeuge ...
das, was du über die Orlandi weißt? Nichts ... wir wissen nichts ... wir wissen
alles nur aus der Zeitung ... von dem Umstand, daß sie [die Entführung,
Anm. d. it. Red.] außerhalb des Kompetenzbereichs [des Vatikans, Anm. d. it.
Red.] ... und der italienischen Autoritäten ... passiert ist.«
   Bonarelli: »Ach, das soll ich also sagen?«
   Anonymer Anrufer: »Na ja, was wissen wir schon ... Wenn du sagst: Ich habe
niemals Ermittlungen angestellt ... Die Behörde hat das ins Innere [des Vatikans, Anm. d. it. Red.] delegiert ... die Sache ist weitergeleitet worden ... sag
aber nicht, daß sie an das Staatssekretariat gegangen ist.«
   In den Ermittlungsakten zum Fall Orlandi befindet sich auch die Zeugenaussage von Monsignore Francesco Saverio Salerno (der seinerzeitige Rechts-
berater an der Präfektur für die wirtschaftlichen Angelegenheiten des Heiligen
Stuhls), nach dessen Worten im Archiv des Staatssekretariats wichtige Dokumente zum Verschwinden Emanuela Orlandis aufbewahrt werden. Und Bonarelli ist schon immer eine Schachfigur des Staatssekretariats gewesen.

3

Am selben Tag, an dem das Presseamt des Heiligen Stuhls die »ausgewählten Passagen« aus den Schlußfolgerungen von Staatsanwalt Picardi publiziert, wird in Rom ein einzigartiges Spektakel aufgeführt. *Am selben Tag*, an dem der Heilige Stuhl den vermeintlichen Amokläufer Tornay als geistesgestört, krank und drogensüchtig abstempelt, wird verbreitet, daß der verstorbene Vizekorporal außerdem homosexuell war, sich prostituierte und Alkoholprobleme hatte.

Am Abend des 8. Februar, eines Montags, gegen 21 Uhr, präsentiert ein gewisser Massimo Lacchei im Theater Colosseo in Rom ein Erzählungsbändchen (Titel: *Verbum dei et verbum gay*, Croce-Verlag). In einer dieser Erzählungen sollen die beiden Hauptfiguren – laut Vorwort des Buchhändlers und Verlegers Fabio Croce – Estermann und Tornay »nachempfunden« sein, und die äußerst bescheidene Prosa Laccheis stellt sie in einer homosexuellen Beziehung dar. Dies dient dem Autor als Vorwand für eine sensationsträchtige Pressekonferenz. »Ich habe Cédric und Alois im Haus eines Mannes kennengelernt, der früher einmal in der italienischen Politik großen Einfluß hatte; er war um die achtzig, homosexuell, ehemaliger Regierungschef, eine faszinierende Persönlichkeit, die sich für Kunstgeschichte interessierte«, erklärt Lacchei vor einer Phalanx in- und ausländischer Journalisten, die man über eine konzertierte Kampagne in der Regenbogenpresse angelockt hatte. »Nachdem diese Homoparty im Haus des betagten Politikers vorbei war, traf ich Cédric in der Via della Conciliazione. Er war niedergeschlagen und sagte, er wolle so schnell wie möglich in die Schweiz zurückkehren, sein Verhältnis zu Estermann sei getrübt, der Oberst habe eine Beziehung mit einem anderen Gardisten angefangen, und er könne diese Situation nicht länger ertragen. Dann lud ich ihn zu mir nach Hause ein, und dort liebten wir uns.« Da ein Schweizer Journalist eine gewisse Skepsis an den Tag legt, führt Lacchei einen »Beweis« an: »Cédric war eindeutig beschnitten,* was durch die Mutter bestätigt werden kann. Sie weiß auch, daß ihr Sohn aus dem Vatikan flüchten wollte und daß er aus Angst zu trinken begonnen hatte.« Es ist offenkundig, daß dieses literarische Werk nur als Vorwand dient oder daß das Blutbad nur als werbewirksamer Aufhänger fungiert ...**

»Estermann suchte häufig das Haus des betagten Politikers auf«, fährt Lacchei laut Pressemeldungen fort, »genauso wie das von Enrico Sini Luzi, dem homosexuellen römischen Aristokraten, der für die päpstlichen Zeremonien zuständig war und der nach einem exzessiven Sadomaso-Spiel getötet wurde.*** Der Oberst [Estermann, Anm. d. it. Red.] hatte auch Cédric in diesen Kreis eingeführt. Tornay wußte zuviel, er hatte viele illustre Persönlichkeiten kennengelernt, vermutlich hatten sie Angst, er würde in die Schweiz zurückkehren und alles ausplaudern, und deshalb wurde er getötet. Am Abend des 4. Mai war in der Wohnung der Estermanns ein vierter Mann: Er wurde nach dem Massaker sofort ins Ausland geschickt.«+

Die »Enthüllungen« Laccheis finden sich am Folgetag in den

* Im Vatikan erzählt man sich, Lacchei sei auf folgende Weise zur Kenntnis dieses anatomischen Details gelangt: Ein spanischer Monsignore aus dem Staatssekretariat soll Einblick in den vatikanischen Untersuchungsbericht und somit auch in die Ergebnisse der Autopsie von Tornays Leiche genommen haben, dann habe er diese Besonderheit einem befreundeten spanischen Journalisten, A. P., anvertraut. Dieser wiederum, ein Intimus von Monsignore K. (»mia cara«), soll es Lacchei in einer Art Nachrichtenbörse in der Nähe der Via della Conciliazione »gesteckt« haben.

** Der Verleger von Laccheis Bändchen wird sich im September 1999 selbst verlegen und das Machwerk *Delitto in Vaticano. La verità* (Verbrechen im Vatikan. Die Wahrheit), gezeichnet Fabio Croce, auf den Markt bringen: rund vierzig schwindsüchtige Seiten, die – aus Gründen der Profitgier und Eigenwerbung – auf der vorgeblichen homosexuellen Beziehung zwischen Estermann und Tornay herumreiten. Die Quelle: niemand anderes als Lacchei.

*** Enrico Sini Luzi, 66 Jahre alt, Ritter des Malteserordens und Kammerherr Seiner Heiligkeit, wurde in der Nacht des 5. Januar 1998 von einem jungen Rumänen mit einem Kerzenleuchter erschlagen. Dies geschah im Laufe eines erotischen Schäferstündchens in Luzis römischer Wohnung.

+ Einige Tage später gibt Lacchei einer auflagenstarken italienischen Wochenzeitung ein Interview, in dem er ähnliche Aussagen, in einer neuen Version, trifft: »Es war Ende Mai 1997, als mich eines Morgens ein bedeutender Aristo-

114

wichtigsten Zeitungen an prominenter Stelle (gemeinsam mit den Bruchstücken, die der Heilige Stuhl aus den Untersuchungsergebnissen der vatikanischen Staatsanwaltschaft zusammengekleistert hat). Manch einer im Vatikan reibt sich die Hände: Die »Nachricht«, daß Tornay homosexuell war und trank, läßt in der öffentlichen Meinung das Bild von der »gestörten« Persönlichkeit des vermeintlichen Amokläufers um so glaubwürdiger erscheinen, und das »Schwulenmotiv« kann im Notfall als Ersatzwahrheit für die offizielle Version dienen. Diese »Ersatzversion« diskreditiert zwar auch Ruf und Persönlichkeit von Oberst Estermann, doch dies stört die vatikanische Schwulenfraktion aus Laien und Prälaten wenig: Sie alle sind Vasallen der Freimaurerseilschaft (die sie ihrerseits aufgrund ihres »kleinen Lasters« in der Hand hat) und ergötzen sich schon lange daran, die Schweizergarde als »Homo-Harem« darzustellen.

Die Fraktion der schwulen Prälaten (die sich privat bisweilen mit dem anmutigen Appellativ »mia cara« (meine Liebe) titulieren und von denen einige enge Beziehungen zu Lacchei unterhalten) ist im Vatikan wohlbekannt.* Zu den renommiertesten Mitgliedern dieser besonderen Seilschaft zählen

krat mit homosexueller Veranlagung (den ich kurz vorher kennengelernt hatte) zu sich nach Hause, in einen eleganten Palazzo, einen Steinwurf vom Vatikan entfernt, einlud. Nach einer Weile kamen auch ein amerikanischer Priester, ein Monsignore im Priestergewand, Alois Estermann und Cédric Tornay. Ich wurde allen Gästen vorgestellt ...« (Interview von Gennaro De Stefano in: *Oggi*, 24.2.1999). Lacchei wird den Inhalt des Interviews später dementieren.

* Zu der in der Vatikanhierarchie verbreiteten Praxis, die Homosexualität zu instrumentalisieren, siehe auch: I Millenari: *Wir klagen an*. Zwanzig römische Prälaten über die dunklen Seiten des Vatikans. Aufbau Taschenbuch Verlag. Berlin 2000, S. 163 ff. »Im kirchlichen Umfeld, vor allem aber in der vatikanischen Kurie, taucht Homosexualität entweder als Verleumdung auf, die ihr Opfer für den Rest seines Lebens aus dem Verkehr zieht, oder sie ist einem Speerwurf vergleichbar, in den die Sportlichen all ihre Kraft legen, um sich durchzusetzen. [...] Die Homosexualität [...] dient in bestimmten Kreisen innerhalb des Vatikans dazu, Günstlinge rascher zu befördern und die weniger gern Gelittenen von jeglicher Anwärterschaft auszuschließen, indem man sie so gründlich mit Dreck bewirft, daß sie entmutigt von jedem Streben nach Beförderung ablassen.«

In den letzten Jahren ist es der Schwulenfraktion – dank der Freimaurerseilschaft – gelungen, einer beachtlichem Anzahl ihrer Vertreter zum Teil bedeutende Bischofssitze in Italien zu verschaffen.

der sanfte Monsignore K. (der, wie man munkelt, eine Beziehung zu Lacchei unterhält oder unterhalten haben soll), der anmutige Monsignore S., der schmierige Pater S. (der vor wenigen Jahren, ausgerechnet von einem Schweizergardisten, wegen sexueller Belästigung angezeigt wurde) und eine Trias päpstlicher Zeremonienmeister*: die Monsignores B., V. und C. (letzterer ist besonders kaltschnäuzig und machtgierig und befand sich einst in enger »Schwesternschaft« mit dem verblichenen Kammerherrn Seiner Heiligkeit, Enrico Sini Luzi). Doch es gibt noch eine Menge anderer: vom inzwischen exilierten Monsignore R.** über die großherrlichen Kardinäle G. und D. bis zum emeritierten Erzbischof G. (der sich, um die Wahrheit zu sagen, in den Fluren des Vatikans einen Ruf als veritabler Kinderschänder erworben hat).

Die Fraktion der vatikanischen »Tunten« verfügt über diverse Mentoren und Schutzengel im Freimaurerklan: zum Beispiel Monsignore Donato De Bonis und Kardinal Pio Laghi***. Ein weiterer wichtiger Schutzpatron der vatikanischen Schwulenfraktion ist Kardinal Fiorenzo Angelini (des-

* Der Dekan der päpstlichen Zeremonienmeister, Monsignore Vito Gemmiti, der nicht zur Fraktion der Homosexuellen gehört, war Sekretär des verstorbenen Kardinals Sebastiano Baggio, der als einer der höchsten Vertreter des Freimaurerklans im Vatikan galt.

** 1994 wurde Bischof R. wegen homosexueller Praktiken aus dem Vatikan entfernt. Doch da er in Verbindung zur Freimaurerseilschaft stand, stieg er in der Hierarchie auf: Er wurde in die USA versetzt und zum Erzbischof einer wichtigen Erzdiözese ernannt.

*** In den siebziger Jahren, als er noch apostolischer Nuntius in Argentinien war, unterhielt Kardinal Pio Laghi brüderliche Beziehungen zu Generälen der Militärjunta in Buenos Aires. Trotz der blutigen Repressalien, trotz Tausender von »Desaparecidos«, die auf das Konto der Militärs gehen, verbrachte der zukünftige Purpurträger seine Wochenenden beim Golfspiel in einer Villa von La Plata, die den argentinischen Streitkräften gehörte. Die Mütter der Desaparecidos der Plaza de Mayo werden Monsignore Laghi denn auch beschuldigen, die Militärdiktatur und ihre repressiven Methoden anerkannt und unterstützt zu haben. Als er dann Nuntius in den USA wurde, intensivierte Monsignore Pio Laghi seine brüderlichen Beziehungen, so daß er bald in den Vatikan zurückkehren und sich neben der Purpurfarbe ein Dikasterium und reichlich Macht sichern konnte.

1993 gelang es der Freimaurerseilschaft, Kardinal Pio Laghi und Monsignore De Bonis auf zwei weitere Sessel zu hieven: Laghi wurde zum »Cardinalis Patronus«, De Bonis zum Prälaten des umstrittenen Malteser-Ritterordens er-

sen Augapfel der reizende Monsignore K. ist), den man für einen der Gründerväter der »vatikanischen Loge« hält.*

Der Freimaurerclan, der sich massiv gegen die vom rivalisierenden Opus Dei lancierte Ernennung Estermanns zum Kommandanten der Schweizergarde gewehrt hatte, ist nun ganz damit beschäftigt, die offizielle Version des Blutbades vom 4. Mai zu sanktionieren, und bei dieser Operation gilt es, Cédric Tornay, das rituelle »Schlachtopfer«, zu dämonisieren. Die Aktion findet in der gegnerischen Gruppierung der Opus-Dei-Anhänger eine aktive Unterstützung im Namen des »höheren Wohls der Kirche« und des gemeinsamen Interesses an der Macht. In Momenten größter Not (oder günstiger Gelegenheiten) sehen sich die beiden Seilschaften gezwungen, gemeinsame Sache zu machen.

In einem zähen Ringen teilen die Clans der Freimaurer und des Opus Dei die gigantische (politische, ökonomische und logistische) Machtfülle des Vatikans untereinander auf, wobei der Pontifex maximus nur als klerikales Aushängeschild dient. Die Organisationsstrukturen dieser Clans basieren auf absoluter Geheimhaltung, und auch ihre Operationen laufen im verborgenen ab.** Sie pflegen Kontakte und Verbindungen zu

nannt, »eines der Heiligtümer, das – wie die Freimaurerloge P2 – auch Männer der Geheimdienste in seinen Reihen hat« (Sergio Flamigni: *Il covo di Stato.* Kaos edizioni. Mailand 1999, S. 135). Der Malteserorden wurde so eine weitere Domäne der »vatikanischen Loge«, eine Domäne, in der jedoch auch die ordentlichen Mitglieder des Opus Dei nicht fehlen (die sich für moderne »Ritter des Heiligen Grals« halten).

* Vgl. Mario Guarino: *I mercanti del vaticano.* Kaos. Mailand 1998, S. 57 und 214f. In den Fluren des Vatikans wird von jeher über den inzwischen zahnlosen Kardinal Angelini geklatscht, der ein großer Liebhaber des starken Geschlechts sein soll.

** Am Rand dieser beiden dominierenden Seilschaften arbeiten kleinere Machtgruppen (zum Beispiel der polnische Clan der treuesten Gefolgsleute des Papstes, die aus wirtschaftlichen Gründen dem Opus Dei nahestehen; die Prälaten, die sich auf die »Legionäre Christi« berufen; außerdem die Anhänger von »Comunione e liberazione« (»Gemeinschaft und Befreiung«), die Gläubigen der »Kolumbusritter«, einige ehemalige spirituelle Ziehsöhne des Erzbischofs Marcel Lefèbvre usw.), die einmal die Freimaurer, ein anderes Mal die Opus-Dei-Leute unterstützen, je nachdem, aus welcher Richtung gerade der machtpolitische Wind weht.

Politik und Hochfinanz in weiten Teilen der Welt, außerdem zu den Massenmedien und Agenten der unterschiedlichsten Sicherheitsdienste. Es liegt im Interesse beider Fraktionen, daß die Wahrheit über den Dreifachmord nicht ans Licht kommt, gerade weil die Wurzeln des Blutbades vom 4. Mai in die Tiefen ihres ewigen Untergrundkrieges reichen.

4

Am 8. Februar 1999 veröffentlicht der Heilige Stuhl – in hauseigener Verpackung – die angeblichen Schlußfolgerungen der vatikanischen Staatsanwaltschaft, womit in den Massenmedien erneut das Interesse am Blutbad des 4. Mai erwacht.

Die internationale Presse berichtet über die Reaktionen von Tornays Mutter, über deren massive Vorwürfe gegen die vatikanischen Behörden, und diese Berichte werden von den Journalisten mit allerlei Zweifeln an der offiziellen Version garniert. Wieder schießen die Mutmaßungen über Alois Estermanns mögliche Geheimdiensttätigkeit und über sein Privatleben ins Kraut, außerdem kursiert das Gerücht, die Schweizer Staatsanwaltschaft wolle ein eigenes Ermittlungsverfahren einleiten und die Leiche von Cédric Tornay, dem angeblichen Amokschützen, exhumieren lassen.* Also läutet der Heilige Stuhl eine neue Gegenaktion ein.

Am 17. Februar verbreitet das Presseamt des Heiligen Stuhls ein bizarres Kommuniqué, das sich »an die sozialen Kommunikationsmittel und an die Meinung der Weltöffentlichkeit« wendet; es ist pauschal mit »Familie Estermann-Meza Romero« gezeichnet. Dieses Kommuniqué, das in italienischer Sprache (!) abgefaßt ist, den Ort der Niederschrift aber verschweigt, wurde zwei Tage vorher unter der Regie von Navarro-Valls und unter tatkräftiger Mitarbeit von Pater Pedro Freites Romero** im Vatikan gefertigt. Und so entspricht

* Dieser Umstand wird in der Folge von den Schweizer Behörden dementiert. Man hat auch die Theorie vertreten, dieses Gerücht sei vom apostolischen Palast ausgegangen; man habe es lanciert, um Frau Baudat dazu zu bringen, den Inhalt der wichtigen Dokumente zu verraten, die sie in petto haben will und die vor allem gerichtsmedizinischen Charakters sein sollen.

** Es wurde bereits dargelegt, daß dieser Cousin (ersten Grades) von Gladys Meza Romero der Verantwortliche für das lateinamerikanische Programm von Radio Vatikan ist. Es scheint, daß Navarro-Valls die Mütter von Alois

der Sprachstil dem Duktus der Kurie, während die Thesen aus dem Geist des Opus Dei geboren sind – das Schriftstück wurde weder von den Familienmitgliedern der Estermanns noch denen der Meza Romeros verfaßt, es wird diesen als »Mitunterzeichnern« einfach untergeschoben:

»Wir, die Mitglieder der Familien Estermann-Meza Romero, können angesichts des tragischen Todes unserer Liebsten – Kommandant Alois Estermann und Frau Doktorin Gladys Meza Romero Estermann –, eines Todes, der die beiden auf völlig sinnlose Weise am 4. Mai 1998 in ihrer Wohnung in Vatikanstadt ereilt hat, angesichts dieser furchtbaren Tragödie können wir noch immer unseren Schmerz nicht bemeistern. Uns Eltern, Geschwistern und anderen Familienmitgliedern gelingt es noch immer nicht, in Selbstverleugnung diesen schweren Schicksalsschlag hinzunehmen, den das Leben uns bereitet hat. Mit unseren Lieben starb ein Teil unseres Lebens, unserer Träume, unserer Hoffnungen ...

Wir sind eine sehr bescheidene, christliche und vor allem tief geeinte Familie: Das Gefühl des Glaubens und der Hoffnung ist fest in uns verankert, und deshalb empfehlen wir dieses grauenhafte Ereignis in die Hände der göttlichen Barmherzigkeit.

Es steht uns nicht zu, den Urheber dieses Blutbads zu richten, vielmehr nehmen wir mit tiefem Schmerz und christlicher Vergebung die Schlüsse an, die die Justizbehörden des Vatikans uns wie der gesamten Weltöffentlichkeit übermittelt haben. Wie bekannt, hat das Presseamt des Heiligen Stuhls am vergangenen 8. Februar ein Kommuniqué veröffentlicht, in dem mitgeteilt wird, daß der Untersuchungsrichter am vatikanischen Gerichtshof, Gianluigi Marrone, mit Dekret vom 5. Februar 1999 die Archivierung des Falles beschlossen hatte. Dabei brachte er auch verschiedene Hypothesen zur Sprache, die über den Mord an unseren lieben Angehörigen aufgestellt wurden.

Obwohl wir die geschädigte Partei sind, wollen wir nicht auf die verschiedenen Hypothesen eingehen, die man konstruiert hat

Estermann (in der Schweiz) und von Gladys Meza Romero (in Venezuela) knapp über den Inhalt des Kommuniqués in Kenntnis gesetzt hat; doch ein Bruder von Alois Estermann und mehrere Schwestern der verstorbenen Gattin Estermanns beklagen, daß sie in keiner Weise informiert worden seien.

120

und die noch immer verbreitet werden. Und noch viel weniger wollen wir eine Polemik vom Zaun brechen, die sich gegen diejenigen Personen oder Presseorgane richtet, die eine Lawine aus übler Nachrede und Unterstellungen losgetreten haben, eine Lawine, die die öffentliche Meinung gänzlich verwirrt und vor allem unser Leid noch verschärft hat. Unserer Ansicht nach besteht die Pflicht der Kommunikationsmittel und Meinungsmacher darin, über die verschiedenen Ereignisse von einem objektiven Standpunkt aus und auf der Grundlage der Wahrheit zu berichten, da sie einen Dienst an der Gemeinschaft zu leisten haben.

Nachdem wir die Berichte aus Printmedien und Funk gelesen und gehört hatten, gewannen wir den Eindruck, die Würde und das Gedenken unserer Lieben würden mit Füßen getreten, und dies hat unsere Wunden wieder aufgerissen. Wir wünschten, wir könnten Verständnis und Vergebung aufbringen für die ungesunden Beweggründe, die sich hinter derartigen Informationen verbergen, doch wir können nicht gleichgültig bleiben und schweigen, denn wir spüren, daß gleichermaßen unsere Ehre und unsere persönliche Würde mit Füßen getreten werden, während die grundlegendsten Menschenrechte ein weiteres Mal verletzt werden. Angesichts absurder und beleidigender Behauptungen weisen wir, die Familienmitglieder Estermann-Meza, einhellig und in entschiedenster Form die diffamierenden Verleumdungen zurück, deren sich einige Massenmedien oder Personen geringen moralischen Urteilsvermögens bedient haben, um der öffentlichen Meinung ein vollkommen entstelltes Bild der Wirklichkeit vorzuführen, wodurch der Ruf und die Integrität unseres lieben Alois und unserer lieben Gladys – in menschlicher wie moralischer Hinsicht – schwer beschädigt wurden.

Wir weisen die Meldungen, die über moralische Aspekte des Lebens von Alois und Gladys erschienen sind, kategorisch zurück. Wir können auch nicht das kleinste Verdachtsmoment akzeptieren, das Hypothesen über verwickelte Liebesaffären oder über Spionagegeschichten nährt, mit denen Alois in den Schmutz gezerrt werden soll, ein Mann, der für den Dienst an der Kirche lebte und der nur treu eine Mission erfüllen wollte, die er als seine Berufung empfand. Wir allein, die Mitglieder einer geeinten Familie, können Zeugnis darüber geben, wer Alois und

Gladys wirklich waren; wir kannten nämlich genau die Festigkeit und Tiefe ihrer Partnerschaft, die Art, in der sie ihre moralischen Werte und ihr christliches Engagement lebten; wir wußten sehr gut, wie sich ihre Ehe gestaltete und welche Lehren sie uns dadurch erteilten, daß sie gleichzeitig einen klaren Spiegel abgaben, in dem sich die ganze Familie mit Stolz und Zufriedenheit betrachten durfte. Es scheint angezeigt, auf die Treue und den gegenseitigen Respekt hinzuweisen, den die beiden stets an den Tag legten. Ihr Glaube ging so weit, daß sie sich voller Begeisterung zu Fürsprechern von Seligsprechungen machten: Alois hatte sich ganz dem Seligsprechungsverfahren des Schweizer Laien Wolf gewidmet, während Gladys mit tiefer Anteilnahme und Sympathie den Antrag auf Seligsprechung des venezolanischen Laien José Gregorio Hernández begleitete.

Dies sind bezeichnende Details, die uns, wenn wir denn die Wahrheit über das Leben von Alois Estermann und seiner Frau Gladys ein wenig näher kennenlernen wollen, als Orientierungshilfe dienen können. Diejenigen, die sich erlaubt haben, verderbte und widersinnige Dinge zu schreiben, hatten in das Leben von Alois und Gladys – da sind wir sicher – nicht den geringsten Einblick, denn wenn sie die beiden gekannt oder sich ihnen auch nur genähert hätten, dann hätten sie – falls sie in lauterer Absicht handelten – völlig andere Nachrichten geliefert und die Ereignisse in menschlicher, klarer und würdiger Form dargestellt. Da wir an dieser Stelle, als Mitglieder einer einzigen Familie, eine Wertung abgeben, wollen wir die Journalisten und Kommunikationsmittel allgemein auffordern, ihren Beruf in einer größeren ethischen Dimension wahrzunehmen; wir wünschen denen, die mit außergewöhnlicher Schöpferkraft und beachtlicher Erfindungsgabe gesegnet sind, daß sie einen besseren Beitrag für das Gemeinwohl leisten mögen, ohne ständig ins Vulgäre, in Grobheiten und Auswüchse von schlechtem Geschmack abzuleiten. Sie täten besser daran, ihre Intelligenz und Kreativität dazu zu benutzen, die wahren Werte herauszustellen, nach denen der Mensch heute dürstet. Warum sollte man eigentlich nicht die Werte der Liebe, der Treue, der Familie, des Lebens und des Friedens vertiefen?

Es gibt so viel Gutes, das getan werden kann, doch mit Nachrichten, die völlig verdreht oder erfunden sind, kann man die Gesellschaft nur verwirren, und indem man einer skandalösen Profitgier Vorschub leistet und gleichzeitig den Manifestationen des schlechten Geschmacks Platz einräumt, schlägt man doch Kapital aus der Ehre und dem Tod von Menschen, die aufrichtig und würdevoll waren.

Hinter einigen Hypothesen verbirgt sich zudem noch eine andere Wahrheit, deren Ziel es ist, nicht nur Personen, sondern die ganze katholische Kirche und deren Institutionen zu treffen. Heldenmut kann man auf viele Arten beweisen, ohne die Würde anderer Menschen zu zerstören. Wir glauben nicht, daß man auf diese – derart schädliche und traurige – Art um Wahrheit oder Gerechtigkeit bitten oder sie gar ausrufen darf.

Zum Abschluß wollen wir in jedem Fall all jenen Journalisten und Massenmedien danken, die ihr ganzes Streben und ihr Engagement darangesetzt haben, die Öffentlichkeit in der größten Geradlinigkeit und Unvoreingenommenheit über dieses tragische Ereignis aufzuklären. Wir Angehörigen wünschen uns, daß das Andenken an unsere lieben Verstorbenen, an Alois Estermann und Gladys Meza Romero, bewahrt wird, und wir bitten darum, daß sie in Frieden ruhen mögen.

Wir wären dankbar, wenn man zukünftig nicht weiter an unseren Schmerz rühren würde. Es gibt viele, die mit uns leiden; man denke an unsere Eltern: Sie sind inzwischen alt und haben verdient, ihre letzten Tage in Frieden zu verbringen; man denke auch an unsere Brüder, Schwestern, Nichten und Neffen.

Denjenigen, die sich wirklich für das Leben von Alois und Gladys interessieren, legen wir schließlich nahe, die Zeugnisse von Personen zu sammeln, die die beiden gut kannten. Wir wären dankbar, wenn Journalisten und Massenmedien uns helfen könnten, diesen furchtbaren Alptraum zu überwinden und eine Linderung unseres Leids zu erfahren, das wir bisher in Würde und Stillschweigen ertragen haben.

Wir bitten demütig darum, daß man dem Zerstörungswerk gegen uns Einhalt gebiete, daß man uns eine Hilfestellung für die Zukunft gebe, indem man in unserem Leben das leuchtende Beispiel von Liebe, Verständnis, Toleranz und Güte weiterleben läßt, wie es uns Alois und Gladys gegeben haben. Wir bitten darum, daß ein für allemal die gewissenlosen Zungen verstummen mögen, die nicht neue Hoffnung und den Wunsch, zu leben und zu kämpfen, wecken, sondern die nur Niedergeschlagenheit, Enttäuschung, Mißtrauen und Kummer verbreiten.

Wir danken all den Männern und Frauen, die guten Willens sind, die unsere Anregungen aufnehmen und unseren Schmerz in Hoffnung zu verwandeln suchen.«

Dieses groteske Kommuniqué – das offenkundig gefälscht ist und vom Presseamt des Heiligen Stuhls verbreitet wurde – ist im Grunde eine zielgerichtete Schelte der Massenmedien. Der Heilige Stuhl möchte, daß nicht mehr über Gerüchte, Vorbehalte und Indiskretionen berichtet wird, sondern daß man sich ganz auf die Verbreitung der offiziellen Wahrheit beschränkt, d. h. der Wahrheit – und ausschließlich derjenigen –, die »urbi et orbi« vom Vatikan verkündet wurde. Doch dieses Kommuniqué ist auch eine Mahnung an Frau Muguette Baudat, den einzigen Menschen, der weiterhin lautstark gegen die »offizielle Wahrheit« wettert und dem es – zumindest theoretisch – gelingen könnte, den Fall wieder aufzurollen.*

Die Wiederaufnahme des Falles ist allerdings eine etwas abwegige Hypothese, denn inzwischen hat man sogar den Tatort aus der Welt schaffen lassen. Alle persönlichen Gegenstände der Estermanns wurden aus der Wohnung, in der sich am 4. Mai der Dreifachmord abgespielt hatte, entfernt, und im März 1999 ließ man das Apartment von Grund auf renovieren.**

* * *

* Dieses Kommuniqué wird von ebenso diskreten wie hartnäckigen Aktionen flankiert, mit denen man auf zahlreiche Vatikan-Journalisten aus dem In- und Ausland Druck ausübt. Der unbestrittene Meister in dieser Disziplin ist niemand anderer als Navarro-Valls, doch steht er nicht allein. Monsignore Stanislaw Dziwisz (der persönliche Sekretär des Pontifex) hat beispielsweise über seine Privatkanäle interveniert, damit italienische und ausländische Zeitungen mit Frau Baudat keine Interviews mehr führen.

** Am Abend des 27. Februar 1999 (eines Samstags) stießen einige Angehörige der Familien Alois Estermanns und Gladys Meza Romeros, nachdem sie die Wohnung leer geräumt und das Mobiliar sowie die Einrichtungsgegenstände aufgeteilt hatten, gegen Mitternacht lautstark miteinander an. Die Renovierungsarbeiten begannen am darauffolgenden Montag.

Cédric Tornay, der Vizekorporal der päpstlichen Schweizergarde, war ein junger Mann wie viele andere auch. Er war weder krank noch verrückt, noch drogenabhängig. Er geriet nur in eine Geschichte, der er nicht gewachsen war. Und er hat weder einen Mord noch Selbstmord begangen.

Um Auftraggeber, Ausführende und Tatmotiv des Blutbades vom 4. Mai 1998 zu entdecken, hätte eine ernsthafte staatsanwaltschaftliche Untersuchung unter anderem über das Ehepaar Estermann und dessen »vertrauliche« Aktivitäten ermitteln müssen, und dabei wäre man zwangsläufig in die geheimsten Kammern des Vatikans vorgedrungen. Damit wäre genau das passiert, was der Heilige Stuhl um jeden Preis verhindern wollte.

3. Teil

UM DER WAHRHEIT WILLEN

1

Die theologischen und liturgischen Neuerungen, die infolge des II. Vatikanischen Konzils (1962–65) eingeführt wurden, stießen in den erzkonservativen und integralistischen Kreisen der römischen Kirche auf Ablehnung und aktiven Widerstand. Diese oppositionelle Strömung wurde insbesondere vom Opus Dei unter Josemaría Escrivá de Balaguer angeführt, einem Mann, der sich zu der Aussage verstieg: »Ich habe nicht aufgehört, euch zu warnen: das Böse kommt von innen und von hoch oben. Es gibt eine wirkliche Fäulnis, und zur Zeit scheint es, als sei der Mystische Leib Christi ein Leichnam in stinkender Verwesung.«[*]

Das Opus Dei, das Ende der zwanziger Jahren in Spanien entstanden war, entwickelte tragfähige Strukturen und breitete sich, mit den typischen Eigenheiten einer religiösen Sekte[**], in Europa aus. Der Begründer und Führer, Josemaría Escrivá de Balaguer, ist ebenso charismatisch wie autoritär. Die Leitmotti stehen im Zeichen des Fanatismus[***], und die

[*] In der Opus-Dei-Zeitschrift *Crónica*, Februar 1972, zitiert nach Peter Hertel: *Geheimnisse des Opus Dei*. Geheimdokumente, Hintergründe, Strategien. Herder. Freiburg u. a. 1995, S. 94. Des weiteren: »Jeder von uns […] muß Opus Dei sein, das heißt operatio Dei [unterstr. im Original] – Arbeit Gottes, mit dem Ziel, das Opus Dei auf Erden zu tun.« Und, den Escrivá-Biographen Peter Berglar zitierend: »›Operation Gottes‹, ein großer rettender Eingriff des göttlichen Arztes, der das Corpus mysticum Christi, den Leib des Herrn, die Kirche, die so sehr geschwächt ist vom Abfall im Glauben und bisweilen an Krücken durch die Welt der Moderne humpelt, heilen und buchstäblich wieder auf die Beine bringen will.« (Ebenda, S. 93 f.)

[**] Im Jahr 1997 wird eine Untersuchungskommission des belgischen Parlaments die Organisation Escrivá de Balaguers in eine Liste von 189 Sekten oder sektenähnlichen Gesellschaften aufnehmen.

[***] Escrivá de Balaguer sprach Maximen aus wie: »Stähle deinen Willen, damit Gott dich zum Führer mache.« – »Die Ehe ist für das Fußvolk und nicht für den Generalstab Christi.« – »Blind dem Vorgesetzten gehorchen … Weg der

Anhänger – Geistliche ebenso wie Laien – werden einer ehernen Disziplin unterworfen, die sie als »Soldaten Christi« in einer milizähnlichen Organisation zusammenschließt. Die interne Struktur folgt dem paramilitärischen Muster, ist streng nach Abteilungen gegliedert und steht unter strikter Geheimhaltung. Ein »Werk Gottes«, für das »der Herr keinen vorübergehenden Charakter« will, sondern »einen unsterblichen Charakter«, eine »heilige, unveränderliche und ewige« Organisation, wie Jesus sie als »Instrument der Rettung im Herzen seiner Kirche«* wollte. Die Aufgabe ist messianisch: Die Völker und ihre Institutionen sollen »christianisiert« und »geheiligt« werden.

Papst Johannes XXIII. ging der Integralismus des Opus Dei gegen den Strich, und auch sein Nachfolger, Paul VI., war nicht viel nachsichtiger gegenüber dieser Organisation. Doch im Innern der römischen Kirche fand der okkulte Antimodernismus, wie er von Escrivá de Balaguers Gemeinschaft propagiert wurde, viele Anhänger; zwischen dem Ende der sechziger und Anfang der siebziger Jahre** liefen ihm aus den unterschiedlichsten Beweggründen Gläubige zu. So nahmen zum Beispiel die italienischen Kardinäle Silvio Oddi und Pietro Pa-

---

Heiligkeit.« – »Im übrigen verspreche ich euch den Himmel.« – »Die Ebene der Heiligkeit, die der Herr von uns wünscht, ist durch diese drei Punkte bestimmt: heilige Unnachgiebigkeit, heiliger Zwang und heilige Unverschämtheit.« (Zitiert nach Peter Hertel: *Ich verspreche euch den Himmel*. Geistlicher Anspruch, gesellschaftliche Ziele und kirchliche Bedeutung des Opus Dei. Patmos. Düsseldorf 1985, S. 18 ff.)

* Peter Hertel: *Geheimnisse des Opus Dei*. Geheimdokumente, Hintergründe, Strategien. Herder. Freiburg u. a. 1995, S. 93 f.

** Der Supernumerarier des Opus Dei, Peter Berglar, wird über jene Zeit schreiben: »[Die Kirche wurde] während des ersten nachkonziliaren Jahrzehnts [...] von wellenförmig sich ausbreitenden Erosionen heimgesucht [...] – von Irrlehren, Theologenaufsässigkeit, allgemeinem Disziplinverfall – [...]« (Peter Berglar: *Opus Dei*. Leben und Werk des Gründers Josemaría Escrivá. Adamas. Köln 1992, S. 222) Ein düsteres Gesamtbild, für das das Opus Dei den Reformkurs des II. Vatikanischen Konzils verantwortlich machte. Und 1970 sprach der Gründer des Opus Dei zu seinen Anhängern: »Ich leide sehr, meine Kinder. Wir durchleben eine Zeit des Irrtums. Millionen Seelen fühlen sich verwirrt.« (Ebenda, S. 278) – ein »Irrtum« und eine »Verwirrung«, die Escrivá de Balaguer in der Kirche des II. Vatikanischen Konzils sah.

lazzini oder der polnische Kardinal Karol Wojtyla eine ausgesprochen wohlwollende Haltung gegenüber dem Opus Dei ein.

Um das »modernistische Abdriften« der römischen Kirche zu bremsen, das Escrivá de Balaguer für deren Ende hielt, begann er darum zu kämpfen, daß seiner Organisation der Status der Prälatur übertragen werde: Dieser Zwischenschritt war entscheidend, um die Eroberung des Vatikans voranzutreiben. Mit jenem Status war nämlich der Weg zum obersten Ziel frei: Man konnte sich zum »Generalstab Christi« aufschwingen und so die »Befreiung« des Christentums von Modernismus, Subjektivismus, Marxismus, Materialismus vorantreiben – mit einem Wort: Die Kirche sollte ganz in der Einflußsphäre des Opus Dei aufgehen.

Das Machtstreben des Opus Dei versetzte jedoch die höchsten Kreise der Vatikanhierarchie in Alarmbereitschaft und provozierte heftigen Widerstand. Zum einen widersetzte sich der Freimaurerclan, der seit Jahren viele Schalthebel der römischen Kurie in Händen hielt, zum anderen auch »modernistischere« Kreise der Kirche.* Ein epochemachender »Heiliger Krieg« kündigte sich an, und nichts Geringeres als »das Heil der Kirche« schien auf dem Spiel zu stehen; ein Heil, das aus Sicht des Opus Dei vom modernistischen Reformkurs, aus Sicht der vom Freimaurerclan geführten Vatikanhierarchien dagegen vom integralistischen und reaktionären Antimodernismus bedroht wurde. Beide Fraktionen waren überzeugt, »im Namen Gottes« zu kämpfen (und dies mag die brutalen Auswüchse des Konflikts erklären).

Während des Konklaves im August 1978 – aus dem Johannes Paul I. als Pontifex hervorgehen sollte – publizierte eine Presseagentur die Namen von vier »papabili« (aussichtsreiche Kandidaten der Papstwahl), die angeblich zur Gefolgschaft der Freimaurerei gehörten. Im Vatikan ging man davon aus, daß

---

* Eine gewisse Sorge erfaßte auch die verschiedensten Sektoren der internationalen Finanzwelt: Die Opus-Dei-Kapitale breiteten sich immer mehr aus und begannen das finanzpolitische Gleichgewicht und die bewährten Machtstrukturen in Europa und Lateinamerika zu stören.

diese Aktion vom Opus Dei lanciert worden war, und tatsächlich waren diese vier Kandidaten danach aus dem Rennen.*

Die Wahl von Johannes Paul I. als Nachfolger Petri schien für das Opus Dei sehr vielversprechend. Papst Luciani galt als Befürworter der »Obra«, und man erzählte sich, er wolle der Organisation Escrivá de Balaguers das Privileg einer Personalprälatur verleihen. Heute hegen im Vatikan mindestens zwei Würdenträger den Verdacht, daß der plötzliche und mysteriöse Tod von Papst Luciani eben mit dem Plan in Zusammenhang stand, dem Opus Dei jenen hochsensiblen Status zu verleihen (und einige andere Prälaten haben ähnliche Vermutungen in bezug auf das Attentat gegen Johannes Paul II. im Mai 1981).

Nach der Wahl von Papst Luciani veröffentlichte Mino Pecorellis Wochenzeitung *Op* am 12. September einen Artikel mit dem Titel »La Gran Loggia Vaticana« (Die Vatikanische Großloge), der die Namen von 121 vatikanischen Prälaten enthielt, die zu den Freimaurern gehören sollten. Nachdem Pecorelli am 20. März des Folgejahres ermordet worden war, fand man in den Terminkalendern des Journalisten Hinweise auf Kontakte und Zusammenkünfte mit zwei besonderen Informanten: mit den Opus-Dei-nahen Kardinälen Silvio Oddi und Pietro Palazzini.**

Im Konklave vom September 1978 erwies sich das Gewicht der Opus-Dei-nahen Kardinäle als ausschlaggebend, und es wurde schließlich der polnische Kardinal Karol Wojtyla zum Nachfolger Petri bestimmt. Einige Monate nach der Wahl beauftragte Papst Johannes Paul II. die Kongregation für die Bischöfe damit, den Antrag des Opus Dei zu prüfen. Am

---

* Es handelte sich dabei um die Kardinäle Sebastiano Baggio (Präfekt der Kongregation für die Bischöfe), Salvatore Pappalardo (Erzbischof von Palermo), Ugo Poletti (Generalvikar der Diözese Rom) und Jean Villot (Staatssekretär), die von der Nachrichtenagentur Euroitalia nur mit ihren Initialen (»Seba«, »Salpa«, »Upo«, »Jeanvì«), ihren Mitgliedsnummern und dem Datum des mutmaßlichen Beitritts zur Freimaurerorganisation gekennzeichnet wurden. Jahre später wird Pier Carpi, ein Mitglied der Freimaurerloge P2, erklären: »Im Vatikan gibt es seit 1971 die Freimaurerloge ›Ecclesia‹ ... Ihr gehören mehr als hundert Kardinäle, Bischöfe und Monsignori der Kurie an. Es gelingt ihnen, alles absolut geheimzuhalten, nur den Nachforschungen durch die Leute des Opus Dei sind sie nicht verborgen geblieben.« (*L'Europeo*, 12.12.1987.)
** Vgl. Flamigni: *Il covo di Stato*. Kaos edizioni. Mailand 1999, S. 68.

13. Mai 1981 wurde auf dem Petersplatz ein mysteriöser Mordanschlag gegen den Pontifex verübt, ein Attentat, das jedoch fehlschlug. Im darauffolgenden November leitete der polnische Papst die bürokratischen Prozeduren ein, die schließlich dazu führen sollten, daß dem Opus Dei der Status der Personalprälatur verliehen wurde. Und trotz heftiger Meinungsverschiedenheiten und Widerstände* erklärte Papst Johannes Paul II. das Opus Dei am 28. November 1982 offiziell zur Personalprälatur.** Escrivá de Balaguers Organisation verwandelte sich so in eine extraterritoriale Diözese, in eine Kirche in der Kirche, die praktisch auf offiziellem Weg im Vatikanspalast Stellung beziehen konnte. Dieser Vormarsch wurde am 4. Dezember 1984 in aller Öffentlichkeit sanktioniert, als der Pontifex einen neuen Direktor für das Presseamt des Heiligen Stuhls – und damit seinen eigenen Sprecher – ernannte: den Opus-Dei-Numerarier*** Joaquín Navarro-Valls.

* Als man sie um eine Stellungnahme ersuchte, sprachen sich selbst die spanischen Bischöfe mit großer Mehrheit dagegen aus, daß man dem Opus Dei den betreffenden Sonderstatus verleihe.

** Am 17. Mai 1992 wird der polnische Pontifex Josemaría Escrivá de Balaguer (nur 17 Jahre nach dessen Tod und nach einem äußerst zügigen Kanonisierungsverfahren) seligsprechen, ein erster Schritt auf dem Weg zur Heiligsprechung des Opus-Dei-Gründers. Don Flavio Capucci, der Fürsprecher des Verfahrens, wird das feierliche Zeremoniell (das sich vor 200 000 Gläubigen auf dem Petersplatz und vor den laufenden Fernsehkameras der ganzen Welt abspielt) mit folgenden Worten kommentieren: »Dies ist nicht Menschenwerk, dies ist keine menschliche Organisation oder Macht: dies ist die Hand Gottes.«

*** Im Inneren des Opus Dei gibt es *Numerarier* und *Supernumerarier*. Der Numerarier ist ein ordentliches Mitglied; er bleibt ledig und gehört dem Führungskreis an, in dem die Männer für die höchsten Führungspositionen qualifiziert sind; diese müssen theologische und weltliche Studien abgeschlossen haben und über einen akademischen Grad verfügen; sie leben meist in Gruppen zusammen, gewöhnlich in den Gemeinschftsräumen der Opus-Dei-Zentren. Der Supernumerarier ist ein außerordentliches, beigezähltes Mitglied, das verheiratet ist oder heiraten kann; auch wer den Brief mit der Bitte um Aufnahme als lediges ordentliches Mitglied geschrieben hat, wird, solange dem Ersuchen noch nicht stattgegeben ist, als außerordentliches Mitglied betrachtet; das Gleiche gilt für Assoziierte. Wer sich nicht als ordentliches Mitglied eignet, kann als außerordentliches Mitglied zugelassen werden. (Vgl. Peter Hertel: *Geheimnisse des Opus Dei*. Geheimdokumente, Hintergründe, Strategien. Herder. Freiburg u. a. 1995; sowie ders.: *Ich verspreche euch den Himmel*. Geistlicher Anspruch, gesellschaftliche Ziele und kirchliche Bedeutung des Opus Dei. Patmos. Düsseldorf 1985.)

Die Ernennung von Navarro-Valls war auf Antrag eines Opus-Dei-Mitglieds, des Erzbischofs Eduardo Martínez Somalo, in Abstimmung mit dem persönlichen Sekretär des Papstes, Dziwisz, erfolgt. Den bisherigen Pressesprecher, Hochwürden Romeo Panciroli, der zur Freimaurerseilschaft gehörte und von Monsignore Achille Silvestrini protegiert wurde (seinerseits ein Ziehkind des Staatssekretärs Agostino Casaroli), lobte man durch eine Beförderung weg: Man ernannte ihn zum Erzbischof und schickte ihn als Apostolischen Nuntius nach Teheran.

Kaum hatte das Opus Dei Navarro-Valls durchgesetzt, verlangte es einen grundlegend neuen Status für das Presseamt. Und nach langem Tauziehen zwischen Martínez Somalo (der von Monsignore Dziwisz unterstützt wurde) und Monsignore Silvestrini konnte der Opus-Dei-Clan den Widerstand der Freimaurerseilschaft brechen und die Reform durchsetzen. Das Amt wurde aus der damaligen Päpstlichen Kommission für die sozialen Kommunikationsmittel ausgegliedert und erhielt vollständige Autonomie, es wurde eine Abteilung des Staatssekretariats und unterstand nur noch der direkten Kontrolle durch den Papst.

Mit Geldern des Opus Dei ließ Navarro-Valls die Büroräume renovieren und die Ausstattung aufrüsten, bis das Presseamt am Heiligen Stuhl zu einem höchst effizienten Sprachrohr wurde, das ganz im Dienste der Mystifizierungen und »offiziellen Wahrheiten« des Opus Dei steht.*

* * *

Die ersten Vorstöße des Opus Dei in die Hierarchien des Vatikans fielen, zu Beginn der achtziger Jahre, mit dem Schlußakt des gigantischen Finanzskandals zusammen, in den IOR und Banco Ambrosiano verstrickt waren. Der Skandal war durch

---

* Eines schönen Tages im Jahr 1998 wird man im Saal »Paolo VI.« einen spektakulären Gemeinschaftsauftritt erleben: und zwar des Opus-Dei-Mitglieds Navarro-Valls mit dem Freimaurerkardinal Pio Laghi (»Cardinalis Patronus« des Souveränen Malteser-Ritterordens und – obgleich schon im Pensionsalter – wie ein Weihnachtsbaum behängt mit einem Dutzend anderer Ehrentitel) und dem italienischen Journalisten Maurizio Costanzo (ehemals Mitglied der Freimaurerloge P2). Sie wirken wie die Unheilige Dreifaltigkeit der okkulten Mächte.

die jahrelangen Machenschaften der Vatikanbank IOR ausgelöst worden, die, über Bischof Paul Marcinkus und dessen rechte Hand, Donato De Bonis*, von der Freimaurerseilschaft kontrolliert wurde. Die römische Kirche befand sich auf dem Gipfel einer äußerst bedrohlichen Krise: Verwickelt in den bevorstehenden Bankencrash, bei dem über eine Billion Lire [etwa fünfhundert Millionen Euro, Anm. d. Übers.] sowie diplomatische Beziehungen in alle Welt auf dem Spiel standen, geriet sie selbst in akute Finanznot.

Das Opus Dei kam dem Heiligen Stuhl zu Hilfe. Die Anhänger Escrivá de Balaguers erboten sich, den Zusammenbruch des Banco Ambrosiano abzuwenden, wenn man ihnen dafür die Kontrolle über das IOR überlassen würde.** Doch die Freimaurerseilschaft war keineswegs gewillt, die Vatikanbank aus den Händen zu geben, und widersetzte sich diesem Plan. Der Konflikt zwischen diesen beiden Fraktionen geht eindeutig aus dem Zeugnis von Anna Calvi hervor (der Tochter Roberto Calvis, des katholischen Freimaurers, Bankiers und Ambrosiano-Chefs):

»[Mein Vater] hatte mir nämlich gesagt, daß sein eigentliches Problem nicht die Schwierigkeiten mit der Justiz, sondern das IOR darstelle. Ich erinnere mich, daß er bei dieser Gelegenheit äußerte: ›Die Priester werden unser Tod sein.‹ Und dann fügte er hinzu: ›Sie glauben, wenn einer stirbt, dann überlebt sowieso die

* Beide finden sich auf der Liste der Freimaurerprälaten, die Mino Pecorellis *Op* am 12. September 1978 veröffentlicht hatte.

** Der katholische Logenbankier Roberto Calvi delegierte an den Geschäftemacher Flavio Carboni »die Verbindungen mit einem Teil der vatikanischen Kurie: zuerst mit dem Opus-Dei-nahen Kardinal Pietro Palazzini, dann mit Monsignore Franco Hilary. Monsignore Hilary, Italoamerikaner und enger Freund von Monsignore Marcinkus, bemühte sich, die Beziehungen zwischen Calvi und den Direktoren des IOR zu entkrampfen, Beziehungen, die durch die finanziellen und juristischen Schwierigkeiten des Ambrosiano-Chefs belastet waren – diese Schwierigkeiten hatten auch das vatikanische Staatssekretariat alarmiert. Im Beisein Carbonis kam es zu zahlreichen Treffen zwischen Calvi und Monsignore Hilary, die sich in dem Büro abspielten, das Hilary beim Opus Dei zur Verfügung stand. Laut Carboni nahm an einer dieser Zusammenkünfte auch der Großmeister des ›Grande Oriente d'Italia‹, Armando Corona, persönlich teil.« (Sergio Flamigni: *Trame atlantiche. Storia della Loggia massonica segreta P2.* Kaos. Mailand 1996, S. 313.)

Seele, und von daher ist es kein großer Schaden.‹ Ich kann mich an den ernsten, bitteren Tonfall erinnern, in dem mein Vater mir diese Dinge sagte [...]. Er meinte, wenn es ihm nicht gelingen würde, das Riesenproblem mit der Vatikanbank zu lösen, dann wäre die Katastrophe da. Er erklärte mir, daß er einen Plan vorantreibe, der vielen nicht genehm sei, und daß diese Leute uns gewiß schaden könnten [...].

Als ich einmal ein Wochenende mit ihm in Drezzo verbrachte – ich glaube, es waren die letzten Maitage [1982, Anm. d. it. Red.] –, bat ich ihn um eine Erklärung; ich wollte wissen, was wirklich vor sich ging. Um das Problem der Beziehungen zum IOR zu lösen, sagte mein Vater, hätten sie einen Plan ausgearbeitet, der die direkte Intervention des Opus Dei vorsah. Die ersten Schritte seien bereits unternommen worden, und das Opus Dei werde eine astronomische Summe von über einer Billion Lire aufbringen müssen, um die Verbindlichkeiten des IOR gegenüber dem Banco Ambrosiano zu decken.

Mein Vater sagte, er habe dies direkt mit dem Papst besprochen, und dieser habe ihm sein Einverständnis und seine Unterstützung zugesichert. Er fügte jedoch hinzu, daß es im Vatikan gegnerische Gruppierungen gebe [die Freimaurerseilschaft, Anm. d. it. Red.], die sich der Umsetzung des Planes heftig widersetzten, da dieses Projekt im Endeffekt auch innerhalb des Vatikans ein völlig neues Machtgefüge schaffen würde. Denn das Opus Dei würde die Kontrolle über das IOR erlangen und damit eine neue, viel bedeutendere Position im Vatikan einnehmen. Eben wegen dieser Auseinandersetzungen, wegen dieser internen Querelen war mein Vater äußerst besorgt. Er sagte, daß sich Kardinal Agostino Casaroli [der damalige Staatssekretär, vom Freimaurerclan; Anm. d. it. Red.] gegen die Umsetzung des Plans gewandt habe, und außerdem meinte er, daß ohne dieses Projekt das IOR zusammenbrechen und den Banco Ambrosiano mit in den Bankrott reißen würde. Er fügte hinzu, der Vatikan würde nicht umhinkönnen, den Petersplatz zu verkaufen, und er sagte auch dies in einem Ton, der weniger nach Ironie als vielmehr nach bitterem Ernst klang. Nachdem er mir das alles anvertraut hatte, meinte mein Vater, daß die Leute bei Beträgen dieser Größenordnung auch über Leichen gehen würden.

136

Während des Mittagessens setzte ich das Gespräch mit meinem Vater fort, und er sagte mir, er habe in letzter Zeit häufig mit dem Onorevole* Giulio Andreotti gesprochen, der sich eines sonderbaren Tonfalls bediente und so getan habe, als kenne er die jüngsten Entwicklungen nicht, gleichzeitig verriet seine Miene aber, daß er bestens Bescheid wußte [...]. Er sagte, vor dem Onorevole Andreotti habe er eine Heidenangst, denn dieser gehöre zu der Gruppierung [der Freimaurer, Anm. d. it. Red.], die sich innerhalb des Vatikans gegen das Opus-Dei-Projekt stelle [...]. Er erklärte mir, daß Monsignore Marcinkus innerhalb des Vatikans in eine ziemlich heikle Situation geraten sei und daß man eine Art interne Untersuchung gegen ihn durchgeführt habe, die seine unsauberen Transaktionen und sein Privatleben, das eines Priesters unwürdig sei, unter die Lupe nahm. Mein Vater sagte mir, daß man Marcinkus offensichtlich auf einen wichtigen Posten in den Vereinigten Staaten versetzen wolle, um ihn aus dem IOR zu entfernen. [...]

Am Nachmittag sah ich, daß mein Vater aus einem Garderobenschrank seinen Revolver hervorholte, den er viele Jahre zuvor gekauft hatte, und begann, die Waffe zu reinigen. Ich fragte ihn, wozu er den denn hervorgeholt habe [...], und er erwiderte wörtlich: ›Wenn sie kommen, knalle ich sie ab‹, und dann zeigte er mir, wie man die Waffe hält. Ich fragte ihn, wer denn kommen solle, und er sagte, daß viele Leute ein Interesse daran hätten, ihn zu eliminieren. Er erklärte, er habe schon Wind davon bekommen, daß er sich mit seinem jüngsten Projekt [der Intervention des Opus Dei, Anm. d. it. Red.] Feinde geschaffen habe. Am Ende sagte er mir: ›Morgen gehe ich in den Vatikan, ich setze mich dort hin und rühre mich nicht vom Fleck, bis sie sich endlich dazu durchgerungen haben, ihre Pflicht zu erfüllen.‹«**

Der Konflikt endete mit einer Niederlage des Opus Dei. Der Banco Ambrosiano brach in dem Crash zusammen, und der

* Italienischer Ehrentitel für Parlamentsabgeordnete, Anm. d. Übers.
** Diese Aussage machte Anna Calvi am 22. Oktober 1982 vor den Staatsanwälten Bruno Siclari und Pierluigi Dell'Osso im Sitz der italienischen Botschaft in Washington.
Clara Calvi, die Ehefrau des Freimaurerbankiers, hatte sich am 12. Oktober 1982 ähnlich geäußert: »Zu Beginn des Frühjahrs hatte mein Mann mir gesagt, er wolle nach Spanien reisen. Ich war sehr verwundert und fragte ihn nach dem

katholische Freimaurerbankier Calvi beging in London unter der Black Friars Bridge* »Selbstmord«. Die »vatikanische Loge« dagegen behielt mit Monsignore Marcinkus (und Mon-

Grund. Mein Mann lächelte zuerst verschmitzt, dann sagte er, daß das Opus Dei aufgrund seines Reichtums in Spanien eine gewaltige Macht habe. Das war das erste Mal, daß mein Mann mir gegenüber das Opus Dei erwähnte, und er sagte, das Opus könnte alle finanzpolitischen Probleme des Vatikans lösen und außerdem als Sieger aus dem Kampf hervorgehen, der seit Jahren im Herzen des Vatikans ausgefochten werde: ein Krieg zwischen der Fraktion der ›Ostpolitik‹ [deutsch im Original, Anm. d. Übers. Mit dieser Fraktion ist der Freimaurerclan gemeint, Anm. d. it. Red.] und denjenigen, die diese Politik blockieren, will heißen: dem konservativen Flügel [die Opus-Dei-Fraktion, Anm. d. it. Red.]. Mein Mann verdeutlichte mir, daß er die Intervention des Opus Dei unterstützen müsse, denn nur so könnten die Probleme mit dem IOR und die Finanzprobleme des Vatikans gelöst werden. Er erklärte, daß dies außerdem das Machtgefüge im Vatikan grundlegend verschieben würde, da es dem Opus Dei eine beherrschende Rolle und damit dem konservativen Flügel eine Dominanz einräumte. Von der Spanienreise war danach nicht mehr die Rede […]. Mein Mann ließ mir gegenüber durchblicken, daß er Flavio Carboni beauftragt habe, weitere Kontakte mit wichtigen Vertretern des Opus Dei in der Schweiz aufzunehmen, damit man die Intervention des Opus und die Schuldentilgung des IOR beschleunigen könne. Am Sonntag vor meiner Abreise nach Washington betrat ich das Schlafzimmer und sah meinen Mann auf dem Bett liegen. Er wirkte ziemlich deprimiert. Ich ging zu ihm, um ihm Mut zuzusprechen, und er sagte mir: ›Wenn sie mich umbringen …‹, dann fügte er hinzu: ›Vielleicht werden wir uns nicht wiedersehen.‹ Danach brach er in Tränen aus. Ich war völlig verstört und ging weg, sonst hätte ich nicht mehr den Mut gefunden, am nächsten Tag abzureisen, was er doch unbedingt wollte … Bei dem letzten Telefonat, das ich mit meinem Mann führte, bevor ich von seinem Verschwinden erfuhr, hatte er mich, soweit ich verstand, aus unserer Mailänder Wohnung angerufen. Ich kann mich erinnern, daß mein Mann mir auf englisch sagte, das Geschäft stehe kurz vor dem Abschluß, es sei nur noch eine Frage von Stunden. Auf italienisch fügte er hinzu: ›Hoffen wir das Beste.‹«

* »In der bildreichen Sprache einiger Geistlicher schien ein herausfordernder Ton mitzuschwingen, als sie vorschlugen, die Spur [des Falles Calvi, Anm. d. it. Red.] zu suchen, ›indem man das toponomastische Kaleidoskop schüttelte, ohne die Ökumene zu vernachlässigen‹: Im Vatikan war jedermann bekannt, daß die ›schwarzen Brüder‹ der Black Friars Bridge in London die Augustiner sind – der lutherische Orden. Doch man mußte zu den Eingeweihten gehören, um sich daran zu erinnern, daß die Augustinerstraße, die Austin Friars Street Nr. 15, die Adresse ist, wo sich in London die Bank des Opus Dei befindet, der ›Banco Urquijo Hispano-Americano‹. Diese Parallele war zweifellos eine literarisch-makabre Spitzfindigkeit, aber man hatte plötzlich das Gefühl, im Vatikan wisse man besser als irgendwo sonst, wie das Epitaph zu interpretieren sei, das Calvis Leiche unter dieser Brücke darstellte.« (Giancarlo Zizola, zit. in Fabrizio Rizzi: *Vaticano & Ambrosiano*. Pironti. Neapel 1988, S. 67.)

138

signore De Bonis) die Kontrolle über das IOR. Obwohl er die römisch-katholische Kirche in einen epochalen Finanzskandal geführt hatte, blieb Monsignore Marcinkus, der amerikanische Bischof mit slawischen Vorfahren, die gesamten achtziger Jahre hindurch Chef des IOR: Zum einen war er (wie Monsignore De Bonis, seine rechte Hand) ein Unberührbarer der Freimaurerseilschaft, zum anderen hatte er – auf Geheiß des polnischen Pontifex – heimlich begonnen, mit Hilfe des IOR den antikommunistischen Kampf zu finanzieren, den Solidarność in Polen gegen das Regime Jaruzelskis führte.

Den Anhängern Escrivá de Balaguers gelang es trotzdem, ihren wachsenden Einfluß auf die römische Kirche geltend zu machen. Nachdem der Papst sein Einverständnis gegeben hatte, wurde aus Opus-Dei-Kreisen Kapital in Höhe von 250 Millionen Dollar bereitgestellt, womit der Vatikan sich aus dem Zusammenbruch von Ambrosiano und IOR herauskaufen konnte.[*] Und um die akute Finanznot des Heiligen Stuhls zu lindern, begannen die Opus-Dei-Stiftungen nach dem Gießkannenprinzip Gelder für »karitative Zwecke« zu verteilen.

Es war offensichtlich, daß in dem Machtkampf zwischen Freimaurer- und Opus-Dei-Clan, bei dem es um die Kontrolle der römischen Kirche ging, letztlich der finanzielle Aspekt den Ausschlag geben würde.[**] Und das Ehepaar Estermann beteiligte sich an dem Kampf und wurde zu einem Zahnrad dieses gewaltigen Getriebes.

[*] Am 25. Mai 1984 unterschrieben die Konkursverwalter von Banco Ambrosiano und IOR in Genf eine Vereinbarung, derzufolge der Vatikan 250 Millionen Dollar als »freiwilligen Beitrag« an die Gläubiger des Ambrosiano zahlte, um seinen Anteil an dem Bankrott zu begleichen.

[**] Der Krieg zwischen Freimaurern und Opus Dei wird zehn Jahre später, im September 1992, für die Außenwelt erneut sichtbar werden, und wieder wird es – nicht von ungefähr – um Finanzfragen gehen. Der Kontext diesmal: die Währungskrise Italiens, dessen Lira zum Spekulationsobjekt in- und ausländischer Investoren geworden war.

Einige dem Opus Dei nahestehende Politiker der Democrazia Cristiana beschuldigten die Freimaurer, sie hätten die italienische Währungskrise verschärft, um die Regierung in Schwierigkeiten zu bringen und das nationale Machtgefüge zu verschieben. Zielscheibe dieser Destabilisierung sollte eben die kirchenfreundliche Democrazia Cristiana sein. Ein Opus-Dei-naher Prälat im Vatikan hatte sich sogar zu der Forderung verstiegen, während der Messe für die Heiligen Peter und Paul sollten keine Stücke von Mozart mehr aufgeführt werden

Gladys Meza Romero war mit Monsignore Donato De Bonis*, dem Sekretär des IOR, sehr gut bekannt, und gemeinsam mit ihrem Mann besuchte sie ihn häufig. Angeblich soll Gladys Meza Romero auch den Chef des IOR, Bischof Paul C. Marcinkus, näher gekannt haben. Einige Hinweise legen den Schluß nahe, daß Gladys Meza Romero – vor ihrer Heirat mit Alois Estermann – der Freimaurerseilschaft im Vatikan recht nahegestanden habe, während ihr Gatte für das gegnerische Opus Dei tätig war. Eine in vielerlei Hinsicht verfängliche Situation.

(der berühmte österreichische Komponist gehörte bekanntermaßen zu den Logenbrüdern).

Der Großmeister des »Grande Oriente d'Italia«, Giuliano Di Bernardo, erwiderte auf die Anwürfe: »Die Kräfte der katholischen Reaktion sind im Aufmarsch begriffen, sie ziehen ihre Truppen zusammen und attackieren die Logenbruderschaft. Aber warum wird statt dessen nicht darüber geredet, daß das Opus Dei, der katholische Integralismus, seine Krakenarme in die internationale und nationale Finanzwelt ausgestreckt hat? Männer des Opus Dei sind in die Nervenzentren der Macht eingedrungen und beeinflussen Entscheidungen von nationaler Tragweite. Und warum wird nicht zum Beispiel darüber gesprochen, wieviel Kapital der Vatikan bei der Spekulation mit der Lira eingesetzt hat? Es gibt keinerlei Verschwörung der Logenbrüder, wenn es eine Verschwörung gibt, dann geht sie vom Opus Dei aus.«

»Diese Anschuldigung ist lächerlich«, erwidert der Pressesprecher der »Obra« in Italien, Giuseppe Corigliano. »Die Mitglieder des Opus Dei sind in ihrer beruflichen Praxis absolut autonom und frei, und folglich schulden sie dem Opus keinen Gehorsam.«

Im Februar 1993 wird sich der ehemalige Großmeister des »Grande Oriente d'Italia Palazzo Giustiniani«, Armando Corona, in polemischem Ton äußern: »Das Opus Dei ist eine große internationale Unternehmung. Diese Leute sind die einzig Vollkommenen, die Retter der Menschheit, wir Freimaurer sind für sie nur gottlose Zerstörer. Aber vor allem sind die Leute vom Opus Dei eine große, kompakte und extrem mächtige internationale Organisation, während jede Freimaurerloge der Welt autonom und souverän ist.« (*La Stampa*, 10.2.1993.)

* Obwohl sein Name inzwischen als Synonym für Skandale und Intrigen steht, kämpft Monsignore De Bonis – dank der Logenbruderschaft – weiter an vorderster Front. Im Vatikan sind derart viele Geschichten über ihn im Umlauf, daß man – Gott zu Gefallen – den Mantel des Schweigens darüber breiten sollte. Im Moment ermittelt anscheinend die Staatsanwaltschaft von Palermo gegen ihn; dabei geht es um Vorfälle, die mit seiner Funktion als Prälat des Souveränen Malteser-Ritterordens zusammenhängen.

2

Alois Estermann wurde am 29. Oktober 1954 in Gunzwil (Kanton Luzern) geboren. Er stammte aus einer Familie von Landwirten, die sich später im nahe gelegenen Beromünster ansiedelte. Nach der Grundschule besuchte Estermann die Landwirtschaftsschulen in Hohenrain und Sursee. Im Jahr 1975 erwarb er das Handelsdiplom an der Freien Handelsschule von Luzern, ehe er die militärische Laufbahn einschlug.

Nach der Rekrutenausbildung in der Schweizer Armee wurde Estermann in die Unteroffiziersschule aufgenommen. Dann wechselte er auf die Offiziersschule in Thun (1975–76) und trat schließlich seinen Dienst, mit dem Grad eines Unterleutnants, in einem Grenadierbataillon (Truppeneinheit mit leichtem Gerät) an. Im Sommer 1977 verbrachte der junge Schweizer Offizier drei Monate in der Vatikanstadt, um als Hilfswache Dienst in der Schweizergarde zu leisten. Zwischen 1977 und 1979 besuchte er Sprachkurse in Rom, England, Spanien und Frankreich, außerdem hielt er sich mehrmals in Südamerika auf, vor allem in Argentinien.

Während eines Englandaufenthalts im Jahr 1979 wollte Estermann sich von der Fremdenlegion rekrutieren lassen (diese Streitkraft gehört zur französischen Armee, steht aber ausländischen Bürgern offen). Der junge Schweizer Offizier war von einem katholischen Glauben beseelt, der an Fanatismus grenzte, und auch seine politischen Ideen waren von Fanatismus durchdrungen: Es wird behauptet, daß er sich zur damaligen Zeit in einer rechtsextremen Gruppierung engagierte.

Als Paul VI. starb, war die Funktion des Hauptmanns in der Schweizergarde schon seit mehreren Jahren unbesetzt. Anfang 1978 hatten Regierung und Episkopat der Schweiz zwei

Kandidaten vorgeschlagen, doch Jean Villot, der damalige vatikanische Staatssekretär, wollte den Dienstgrad des Hauptmanns an einen Feldweibel vergeben, der schon mehrere Jahre Dienst in der päpstlichen Truppe geleistet hatte. Nachdem Wojtyla zum Papst gewählt und Villot verstorben war,* übte man mit einer Empfehlung Druck auf den neuen Staatssekretär Agostino Casaroli** aus: favorisiert wurde der junge, unbekannte Alois Estermann.

Die entscheidende Intervention kam von zwei betagten Schweizer Bürgern, dem Ehepaar de Habicht (der Mann, Mieczyslaw, stammte mütterlicherseits von polnischen Vorfahren ab). Die de Habichts gehörten zur besseren Gesellschaft Fribourgs und hatten viele Jahre zuvor in ihrem Haus den jungen Karol Wojtyla beherbergt, als dieser an der katholischen Universität von Fribourg studierte.

Während seines ersten kurzen Romaufenthalts im Sommer 1977 war Alois Estermann seinerseits in der römischen Wohnung des Ehepaars de Habicht untergekommen. Als das Pontifikat Pauls VI. zu Ende ging (August 1978), war Mieczyslaw de Habicht seit einigen Jahren Vizesekretär des päpstlichen Rates für die Laien; 1978–79 wurde er Konsultor dieses Gremiums, und 1980 ließ Papst Johannes Paul II. ihn zum Mitglied des Rats des Vatikanstaates ernennen. De Habichts Frau unterhielt außerdem enge Beziehungen zum Sekretär des neuen Papstes, Don Stanislaw Dziwisz. Es scheint, daß Estermann über Oberst Robert Nünlist (den ehemaligen Komman-

---

* Kardinal Villot starb am 9. März 1979 (an einem Herz-Kreislauf-Kollaps infolge einer Lungenentzündung). Laut Mino Pecorelli (*Op* vom 12.9.1978) war Villot einer der Freimaurerprälaten der »vatikanischen Großloge«. Nach Meinung des englischen Autors David Yallop trug sich Papst Luciani schon gleich nach seiner Wahl mit der Absicht, diesen Würdenträger aus dem Staatssekretariat zu entfernen, und Villot soll dann auch bei dem mysteriösen und überraschenden Ableben von Papst Johannes Paul I. eine gewisse Rolle gespielt haben (vgl. David Yallop: *Im Namen Gottes?* Droemer Knaur. München 1984).

** Monsignore Casaroli wurde, nach dem plötzlichen Tod seines Vorgängers, am 28. April 1979 zum Untersekretär, am 30. April 1979 zum Kardinal geweiht und zum Staatssekretär ernannt. Auch Casarolis Name findet sich auf der Liste der mutmaßlichen Freimaurerprälaten der »vatikanischen Großloge«, die von der *Op* am 12. September 1978 veröffentlicht wurde.

danten der Schweizergarde) mit dem Ehepaar de Habicht in Kontakt kam.*

So geschah es, daß der fünfundzwanzigjährige Alois Estermann am 1. Juli 1980 in der päpstlichen Schweizergarde im Vatikan auftauchte, und zwar, für alle überraschend, im Rang eines Hauptmanns. Der Gardekommandant, Oberst Franz Pfyffer von Altishofen, erfuhr erst an nämlichem Tag von dieser überraschenden Ernennung und war völlig konsterniert: Es war das erste Mal in der Geschichte der Schweizergarde, daß ein junger Soldat sofort im Offiziersrang in die Truppe aufgenommen wurde.**

Mit Brustpanzer und dem gezückten Schwert in der Hand führte Hauptmann Estermann am 6. Mai 1980 die Schar der neuen Schweizergardisten zur feierlichen Vereidigung in den Hof von San Damaso, im Herzen der apostolischen Paläste. Zur weltlichen und geistlichen Prominenz, die der Zeremonie beiwohnte, gehörten der persönliche Sekretär des Papstes, Monsignore Stanislaw Dziwisz, und der Substitut (Stellvertretende Staatssekretär), Monsignore Eduardo Martínez Somalo. Wenige Stunden zuvor war die Messe für die Schweizergarde mit dem päpstlichen Segen zu Ende gegangen – Johannes Paul II. hatte den Rekruten samt ihrem neuen Hauptmann folgende Worte mit auf den Weg gegeben: »Wir beten zum Herrn, daß er Gewalt und Fanatismus von den Mauern des Vatikans fernhalten möge. Doch die Bereitschaft, das Leben hinzugeben, wenn es denn nötig sein sollte, kann auch in eurem Dienst zur Wirklichkeit werden.« Sieben Tage später sollten diese Worte des Papstes wie eine Prophezeiung wirken.

---

* Sicher ist, daß die Winkelzüge, die Estermann im Rang eines Hauptmanns in die päpstliche Schweizergarde katapultierten, in militärisch-politischen Kreisen der Schweiz ihren Ausgangspunkt hatten (in Bern wird der Name eines ranghohen Offiziers genannt, der in einen bekannten Schweizer Spionageskandal – Geheimdiensttätigkeit für den Ostblock – verwickelt ist).

** Der unerklärliche Aufstieg von Hauptmann Estermann verblüffte auch Major Roland Buchs und hohe Chargen wie Peter Hasler und Martin Utz, die seit langen Jahren Dienst in der Garde leisteten (Hasler war 1961 von der Schweizergarde rekrutiert worden und wird erst 1981 zum Feldweibel aufsteigen; Martin Utz wird erst nach vielen Dienstjahren zum Hauptmann befördert werden).

13. Mai 1981, kurz nach 17 Uhr, auf dem Petersplatz: In dem Moment, als der türkische Attentäter Mehmet Ali Agca mehrere Schüsse auf den Heiligen Vater abfeuerte,* befand Hauptmann Estermann sich in einiger Entfernung vom Papstmobil (mindestens dreißig Meter). Unmittelbar nach dem Anschlag wurde der verletzte Papst von seinem Sekretär, Monsignore Dziwisz, und von seinem persönlichen Diener, Angelo Gugel, gestützt (neben dem Heiligen Vater und dessen persönlichem Fahrer waren sie die einzigen Personen an Bord des Papstmobils).

Der erste Sicherheitsmann, der beim Papst eintraf, war der damalige Feldweibel der Schweizergarde, Peter Hasler. Estermann erschien, gemeinsam mit einigen Gendarmen der Vigilanza, erst später im Umfeld des verletzten Papstes** und spielte in den folgenden Minuten keine besondere Rolle***; auch nicht, als der Pontifex (in Begleitung von Monsignore Dziwisz und Monsignore Martínez Somalo) in einem Rettungswagen zur Poliklinik Gemelli raste. Die Ambulanz war übrigens erst am Vortag vom Papst gesegnet worden.

Und doch wird Hauptmann Estermann einige Jahre später – dank der Beeinflussung der Massenmedien durch die Opus-Dei-Seilschaft – zum »Helden« jenes schwarzen Tages erklärt werden: der tapfere Offizier der Schweizergarde, der – ganz auf sich gestellt, den Tod vor Augen – sich als Schutzschild vor den Papst warf und diesem das Leben rettete. Diesen blanken Unsinn sollte eine Fotografie untermauern (Estermann beim verletzten Papst), die bei dieser Gelegenheit in Umlauf gebracht wurde und die sich als Schlüsselelement für Estermanns zukünftige Karriere erweisen sollte.

* Das Attentat, an dem noch weitere Terroristen beteiligt waren (deren Identität nie aufgedeckt wurde), weist auch Querverbindungen zur späteren Entführung Orlandi auf.
** Es wäre interessant, in den Archiven von Gardekommando und Vigilanza zu überprüfen, wie der Einsatzplan der vatikanischen Sicherheitskräfte an jenem Tag aussah und welche Aufgaben und Standorte den jeweiligen Leibwachen des Papstes aus Schweizergarde und Corpo di Vigilanza zugewiesen waren.
*** Tatsächlich steht der Name Alois Estermann nirgendwo in den Akten der italienischen Staatsanwaltschaft, die mit der Untersuchung des Papstattentats vom 13. Mai 1981 betraut war; Hauptmann Estermann wurde von den italienischen Justizbehörden auch nie zu dem Anschlag befragt.

Womöglich durfte der schillernde Held des 13. Mai 1981 diese Rolle einnehmen, weil ihn Monsignore Stanislaw Dziwisz bereits ins Herz geschlossen hatte. Und vor allem hatte der Substitut, Monsignore Eduardo Martínez Somalo, eine Schwäche für ihn. Dieser Geistliche, der 1988 zum Kardinal ernannt werden sollte, stellte in der vatikanischen Kurie die Speerspitze des Opus Dei dar und koordinierte die ersten Schritte zur Unterwanderung der Vatikangremien durch das Opus. Als die Anhänger Escrivá de Balaguers in die Kommandozentralen der katholischen Kirche vorstießen, konnten sie auf die Unterstützung von Monsignore Dziwisz und auf eine wohlwollende Haltung des Heiligen Vaters zählen; begleitet wurde der Vormarsch von flächendeckenden Finanzhilfen, die Opus-Dei-nahe Stiftungen für die unterschiedlichsten »wohltätigen Zwecke« bereitstellten. So setzte für Hauptmann Estermann nach dem 13. Mai 1981 die zweite Karrierephase ein, die sich noch immer im Schatten des Opus Dei, aber womöglich unter einem neuen Banner, entwickelte.

✳ ✳ ✳

Am 27. Oktober 1982 teilte das Presseamt des Heiligen Stuhls mit, daß man Hauptmann Estermann als Begleitschutz für den Papst ausgewählt habe; Johannes Paul II. trat eine Pastoralreise nach Spanien an (31. Oktober – 9. November), und Estermann war für seine persönliche Sicherheit verantwortlich.[*] Eine überraschende »Beförderung«, die in der Geschichte des Korps ohne Beispiel ist: Estermann hatte erst zwei Jahre zuvor seinen Dienst bei der Garde angetreten, und schon wurde er mit einer derart prestigeträchtigen und verantwortungsvollen Aufgabe betraut.

Am 25. November wurde das Kommando der päpstlichen Schweizergarde umbesetzt: Oberst Franz Pfyffer von Altishofen trat, da er die Altersgrenze erreicht hatte, von seinem Posten zurück, und sein Vizekommandant, Oberst Roland Buchs, übernahm die Führung der Truppe.

---

[*] Die Pastoralreise in das Ursprungsland des Opus Dei war der Beginn einer langen Serie von Missionen, bei denen Estermann den Papst – als Garant für dessen persönliche Sicherheit – begleitete.

Im April 1983 wurde Hauptmann Alois Estermann zum Major befördert und rückte damit de facto zum dritten Mann in der Hierarchie der Schweizergarde auf. Über ihm waren jetzt nur noch der Kommandant, Oberst Roland Buchs, und der Vizekommandant, Oberstleutnant Gregor Volken, der, wie jedermann wußte, den Dienst quittieren wollte. Diese Karriere war überraschend und in der Korpsgeschichte einmalig, denn Estermann war erst seit drei Jahren im Dienst; auf der anderen Seite wurde dieser kometenhafte Aufstieg durch den »Heldenmut« gerechtfertigt, den der Offizier beim Attentat auf dem Petersplatz unter Beweis gestellt hatte.[*] Trotzdem behält die Beförderung einen bitteren Beigeschmack, denn in der Regel wurde nur verheirateten Offi-

---

[*] Kurze Zeit später, am 22. Juni 1983, verschwand in Rom ein junges Mädchen: Emanuela Orlandi, die Tochter von Ercole Orlandi, einem Pförtner des päpstlichen Palasts. Diese Entführung ist bis heute mysteriös. Der italienische Untersuchungsrichter Rosario Priore war für die Ermittlungen in dem Fall verantwortlich; er stellte fest, daß Ercole Orlandi am 10. Mai 1981 (also drei Tage vor dem Anschlag auf den Papst) im Hotel Isa in Rom (in dem Agca wohnte) einige Einladungen der Präfektur des päpstlichen Hauses abgab. Mit diesen Einladungen konnte man dem päpstlichen Pastoralbesuch, der am Nachmittag desselben Tages in der Gemeinde San Tommaso d'Aquino (im römischen Viertel Tor Tre Teste) stattfinden sollte, aus der Nähe beiwohnen. Und tatsächlich haben Gemeindemitglieder an jenem Nachmittag einige Fotos aufgenommen, auf denen der türkische Attentäter zwischen den Gläubigen in der ersten Reihe zu sehen ist. Es ist also offenkundig, daß irgend jemand aus dem Vatikan schon drei Tage vor dem Attentat auf dem Petersplatz dafür gesorgt hatte, daß Agca sich dem Papst nähern konnte. Ercole Orlandi, der sich bei dieser Gelegenheit in der unfreiwilligen Rolle des Boten befand, stellt das Bindeglied zwischen dem Verschwinden seiner Tochter und dem Papstattentat vom 13. Mai 1981 dar.

In den Mauern des Vatikans ist seit Jahren noch eine weitere Hypothese in Umlauf. Danach hätte man Emanuela Orlandi verschwinden (aber nicht eliminieren) lassen, weil sie ein Verhältnis zu einem mächtigen Kardinal (dessen Name nicht unbekannt ist) gehabt und ein Kind erwartet habe. Um einen Riesenskandal zu vermeiden, habe ein westlicher Geheimdienst – nach Absprache mit dem Heiligen Stuhl – das Mädchen ins Ausland gebracht und an einem geheimen Ort versteckt. Dort soll sie noch heute unter falschem Namen leben. Dasselbe Schicksal soll auch Mirella Gregori, die Freundin der Orlandi, ereilt haben, da sie über die »heikle« Affäre informiert gewesen sei. Es wird behauptet, daß Estermann über die Angelegenheit nicht nur Bescheid gewußt, sondern sogar selbst jene »Lösung« vorgeschlagen habe, bei deren Umsetzung auch der Corpo di Vigilanza eine Rolle gespielt haben soll.

zieren der Majorsgrad verliehen, und Major Estermann war Junggeselle.*

Wenige Monate später fiel Major Estermann noch ein beispielloses Privileg zu: Obwohl die Gardisten laut Dienstvorschrift erst nach fünf Jahren Truppenzugehörigkeit heiraten durften, konnte Major Estermann schon früher sein Jawort geben. Am 24. Dezember 1983 ehelichte er in der römischen Kirche »Unserer Herrin von Coromotto« (der Schutzpatronin Venezuelas) die Venezolanerin Gladys Meza Romero. Die Messe wurde vom venezolanischen Bischof José Rosalio Castillo Lara zelebriert. (Castillo Lara hatte gerade seinen atemberaubenden Aufstieg in den Machtstrukturen des Vatikans begonnen; von der Freimaurerseilschaft unterstützt, wurde er zum Pro-Präsidenten der Päpstlichen Kommission für die authentische Interpretation des Codex [der spätere Päpstliche Rat für die Interpretation von Gesetzestexten, Anm. d. Red.] ernannt.)

Am 7. März des folgenden Jahres ließen sich Alois Estermann und Gladys Meza Romero in Urica (Venezuela) auch standesamtlich trauen. Am selben Tag gab der Heilige Stuhl die Nachricht von der Heirat Estermanns nach draußen, sorgfältig aufbereitet durch Auslassungen und Lügen. So verbreiteten die Nachrichtenagenturen am 7. März 1984 die Meldung von der Estermann-Hochzeit, bezogen sich dabei aber auf die kirchliche Trauung, die Monsignore Castillo Lara mehr als zwei Monate vorher in Rom zelebriert hatte.** Sie schrieben,

---

* Obwohl er noch gar nicht verheiratet war, bekam Major Estermann außerdem die Dienstwohnung für Ehepaare, die ursprünglich für den frisch vermählten Feldweibel Peter Hasler vorgesehen war. So mußte Hasler die ersten Monate allein in einer Stube der Kaserne wohnen, während seine Frau in einem Hotelzimmer außerhalb des Vatikans logierte.

** Im folgenden der Text, den die italienische Nachrichtenagentur ANSA am 7. März 1984 unter dem Titel »Si è sposato l'uomo che fece da scudo al Papa« (Der Mann, der dem Papst als Schutzschild diente, hat geheiratet) verbreitete:
»Vatikanstadt. Der Major der Schweizergarde Alois Estermann (30), der sich beim Attentat auf dem Petersplatz als Schutzschild vor den Papst warf, hat die sechsundzwanzigjährige Venezolanerin Gladys Meza Romero geheiratet. Den Segen über diese Heirat sprach der venezolanische Bischof Monsignore Castillo Lara, Pro-Präsident der Päpstlichen Kommission für die authentische Interpretation des Codex. Die Trauung fand in der römischen Kirche Unserer Herrin

bei dem Bräutigam handle es sich um den ehemaligen Hauptmann, der sich beim Attentat vom 13. Mai 1981 auf dem Petersplatz als Schutzschild vor den Papst geworfen habe (wie gesagt, eine reine Erfindung). Sie behaupteten, die Braut sei 26 Jahre alt, während sie in Wahrheit 35 war, das heißt: fast sechs Jahre älter als ihr Angetrauter (sie ist 1949 geboren). Mit keiner Silbe wurde erwähnt, daß man Estermann zuliebe die Dienstvorschrift außer Kraft gesetzt hatte. Die Agenturen behaupteten, die Eheleute hätten sich im Vorjahr im Kulturinstitut »Dante Alighieri« (das vom Opus Dei kontrolliert wird) kennengelernt, wo sie beide einen Italienischkurs belegt hatten. In Wirklichkeit machten sie schon viel früher Bekanntschaft, auch wenn die genaueren Umstände nicht geklärt sind.[*]

Die Eheleute Estermann hatten sich im Vatikan einquartiert: Sie hatten eine Wohnung bezogen mit Blick auf die Kaserne der Schweizergarde, in der Nähe des Sankt-Anna-Tores.[**] Dieselbe Wohnung, in der man sie am 4. Mai 1998 töten würde.

von Coromoto, der Schutzpatronin Venezuelas, statt. In Rom begann auch die Liebesromanze der beiden, und zwar im Institut ›Dante Alighieri‹, wo sie einander bei einem Italienischkurs kennenlernten. Die Gestalt Estermanns ist auf einem Foto verewigt, das seinerzeit um die ganze Welt ging: Die Aufnahme hält das tragische Szenario des Attentats vom 13. Mai 1981 auf dem Petersplatz fest. Der Papst stürzt, getroffen von den Kugeln aus Ali Agcas Browning, zu Boden; gestützt wird er von einem jungen Mann in dunklem Anzug, besagtem Alois Estermann, der die Schüsse gehört hatte und auf den weißen ›Geländewagen‹ des Papstes gesprungen war. Da er mit weiteren Schüssen rechnen mußte, beugte sich der Major (damals war er noch Hauptmann) über den Körper des Papstes, um ihn abzuschirmen, womit er bedingungslos seinem Treuschwur gehorchte, wonach er das Leben des Papstes, auch unter Einsatz des eigenen Lebens, zu schützen hat. Estermann ist die ›Nummer 3‹ der Schweizergarde, nach dem Kommandanten, Oberst Buchs, und dem Oberstleutnant Volken. Das frisch vermählte Paar lebt jetzt in einer Wohnung des Offiziersgebäudes.«

[*] Man spricht davon, daß Estermann und Meza Romero einander einige Jahre zuvor in der Schweiz (angeblich um 1979–80 herum) kennengelernt hätten, während sie dort einen Deutschkurs besuchte.

[**] Es wurde nicht mitgeteilt, ob Alois Estermann und Gladys Meza Romero nach ihrer kirchlichen (24. Dezember 1983) oder erst nach ihrer standesamtlichen Trauung (7. März 1984) in Venezuela, d.h. nach der offiziellen Bekanntgabe ihrer Heirat, in dieser Wohnung *more uxorio* lebten.

3

Zwischen Ende der siebziger und Anfang der achtziger Jahre, d.h. während das Opus Dei sich den Status der Personalprälatur erwarb, baute es auch eine effiziente Finanzstruktur auf. Die Anhänger Escrivá de Balaguers hatten über Spanien und Europa ein Finanznetz gezogen, zu dem eine Unzahl Opus-Dei-naher Stiftungen gehörte.* Diese waren zwar über den ganzen Kontinent verstreut, nutzten als zentrale Anlaufstelle aber die spanische Holding Rumasa, die Dutzende Banken und Hunderte von Wirtschaftsunternehmen kontrollierte. Chef der Rumasa war José María Ruiz Mateos, ein spanischer Bankier und Supernumerarier des Opus Dei; im Aufsichtsrat der Holding saß außerdem das Opus-Dei-Mitglied Luis Baron.

Mitte der achtziger Jahre löste die Rumasa – kurz nach dem Crash der Vatikanbank und des Banco Ambrosiano, der Kapital von über einer Billion Lire vernichtet hatte – einen noch gewaltigeren Finanzskandal aus: einen Bankrott von fast vier Billionen Lire [etwa 2 Milliarden Euro, Anm. d. Übers.]. Waren in den Skandal um IOR und Banco Ambrosiano die vatikanischen Freimaurerlogen verwickelt, so trug das Fiasko der Rumasa allein den Stempel des Opus Dei. Im Mai 1986 gab José María Ruiz Mateos einem italienischen Wochenmagazin ein Interview, in dem der Supernumerarier den Zusammen-

---

* Institutionen, die in der Regel Steuervorteile genießen und (nach dem »Vademecum« des Opus) von Opus-Dei-Mitgliedern (gemeinsam mit Sympathisanten) gegründet werden. Dank eines internationalen Kontaktnetzes, in das auch Opus-Dei-nahe Banken eingebunden sind, verfügen sie über persönliche und institutionelle Verbindungen. Ziel ist es, Gelder für die Arbeit des Apostolates zu beschaffen. Die Beziehungen zur Prälatur sind, von außen betrachtet, praktisch nicht erkennbar. (Vgl. Peter Hertel: *Geheimnisse des Opus Dei*. Geheimdokumente, Hintergründe, Strategien. Herder. Freiburg u.a. 1995, S. 40 und S. 190ff.)

hang zwischen dem Finanzdesaster und dem Opus Dei erläuterte:*

Herr Mateos, lassen Sie uns von vorne beginnen. Wann traten Sie dem Opus Dei bei?

»Um 1963 herum, wenn ich mich recht erinnere. Ich hatte damals meinen Weinladen in Jerez, und alle meine Freunde gehörten zum Opus Dei. Die redeten dauernd von dieser Institution, erzählten, wieviel Gutes sie tue, wie wichtig sie sei, und sie forderten mich auf, ebenfalls beizutreten. Als ich anfing, ernsthaftes Interesse zu signalisieren, kamen Opus-Dei-Mitglieder aus Sevilla; wir trafen uns mehrmals, zuerst kamen sie in meinen Laden, dann auch zu mir nach Hause. Wir redeten über alles mögliche, sie stellten Fragen und hörten mir zu. Irgendwann wurde mir klar, daß auch ich bereit war.«

Und was unternahmen Sie dann?

»Ich tat das, was man eben tun muß: Ich schrieb einen Brief, in dem ich um Aufnahme in das Opus Dei bat, als ›Supernumerarier‹, da ich verheiratet war. Wenn man so weit ist, daß man den Brief schreibt, dann ist auch die Antwort klar. Nein, es gab keine Antwort, die gibt es nie. Aber von diesem Augenblick an war auch ich einer vom Opus Dei. Ich nahm an den Besinnungstagen teil, an den Beichten und allem anderen. Das spirituelle Leben im Opus ist äußerst hart, vom Morgen bis zum Abend. Wenn man nicht eine tiefe Ehrfurcht vor Gott hat, ist es unmöglich, längere Zeit im Opus Dei zu bleiben und alle Regeln einzuhalten. Man beichtet sehr häufig, außerdem gibt es die Aussprachen, die oft mit einem Numerarier geführt werden: Während dieser Unter-

* »La cassaforte dell'Opus Dei«, Interview mit Pietro Calderoni in: *L'Espresso*, 4.5.1986. Als Einleitung zu dem Interviewtext schrieb Calderoni: »Ruiz Mateos ist noch heute in der Organisation und empfängt tagtäglich den Besuch von Opus-Dei-Mitgliedern, die ihn kontrollieren und beschützen. Während des Interviews kam Mateos' Frau ins Wohnzimmer und bat ihn ganz diskret in ein Nebenzimmer. Nach einer Viertelstunde kehrte der Geschäftsmann zurück und sagte immer wieder mit bleichem Gesicht: ›Aber wie ist das möglich? Wie haben sie das geschafft? Meine Frau hat mich gerufen, weil ein Priester des Opus Dei vor der Tür stand. Er wollte wissen, warum ich ein Interview gebe, worüber ich spreche, mit wem ich spreche ...‹ Es dauerte einige Minuten, ehe er sich beruhigt hatte und wir das Interview fortsetzen konnten.«

redung spricht man über alles, über das Zuhause, gefühlsmäßige Bindungen, die Arbeit, über Freunde und Begegnungen mit anderen Menschen, und es ist unmöglich, die Wahrheit zu verschweigen. Ich wäre wirklich ein Schuft, wenn ich nicht sagen würde, daß ich, auch heute noch, an das Opus Dei als Institution glaube. Aber ich glaube nicht mehr an die Leute vom Opus Dei. Im Buch des Gründers Josemaría Escrivá de Balaguer, Der Weg, steht geschrieben, daß man Gott über jegliche menschliche Tätigkeit stellen muß. Aber um dies zu sagen und zu tun, muß man Escrivá sein. Heute läuft das Opus Dei Gefahr, daß sich einige seiner Männer hinter dieser Maxime verstecken, um überall die Macht an sich zu reißen: an den Universitäten, in der Armee, in den Banken und in der Kirche.«

Wollen Sie damit sagen, daß es heute im Opus Dei viele Leute gibt, die unter dem Schutz der geistlichen Institution ihre Machtspiele treiben?

»Wenn man nicht über die Spiritualität eines Escrivá de Balaguer verfügt, kann man große Fehler und Irrtümer begehen. Es ist eine Tatsache, daß im heutigen Spanien die gesamte wirtschaftliche Macht in Händen der Opus-Dei-Leute ruht. Niemand kann mir widersprechen, wenn ich Ihnen die Namen der drei mächtigsten Bankiers in Spanien nenne, die gleichzeitig die ökonomische Kraft des Opus Dei darstellen: Es sind dies Luis Valls Taberner, der Präsident des Banco Popular Español, der aber vor allem großen Einfluß auf die Bank von Spanien ausübt, wo er alle seine Männer eingesetzt hat; Rafael Termes, Freund von Valls und Präsident des spanischen Verbands der Privatbanken, sowie Sancho Dronda, Präsident der Sparkassenvereinigung. Alle drei sind äußerst mächtige Männer im Opus Dei. Sie machen alles unter sich aus, in der Bankenbranche ernennen sie, wen sie wollen. Zwei Beispiele: Vor wenigen Wochen haben sie José María Lopez de Letona, einen Opus-Dei-nahen Mann, als Vizepräsidenten der Banesto, der größten spanischen Bank, durchgedrückt. Und dann haben sie beim Banco Control Luis Coronel de Palma, einen weiteren Opus-Dei-Mann, als Vize-Präsidenten eingesetzt. Verstehen Sie, was ich meine?«

Ich verstehe, was Sie sagen, aber ich würde da gerne noch klarer sehen. Ihre Karriere als Finanzier beginnt ausgerechnet in den sechziger Jahren, mit der Freundschaft zu Valls Taberner und Gregorio Lopez Bravo, der ebenfalls zum Opus Dei gehört. Ist dies nun ein Zufall oder nicht?

»Sagen wir, es ist ein Zufall.«

Und dennoch konnten Sie in den Jahren, als die Rumasa florierte, auf die Unterstützung des Opus Dei zählen.

»Sehen Sie, über eine Reihe von Jahren hatte das Opus Dei in Spanien, sagen wir mal, zwei wirtschaftliche Stoßrichtungen. Auf der einen Seite stand ich, Ruiz Mateos, mit meiner Rumasa, mit meiner Strategie der aggressiven Finanzoperationen, auf der anderen Seite stützte das Opus Dei sich auf Leute wie Valls Taberner, einen, sagen wir, orthodoxen Finanzmann. Das Opus hat mich und Valls benutzt, solange es ging. Als die Rumasa nach Meinung der Opus-Leute zu gefährlich wurde, haben sie mich im Stich gelassen, verraten. Ja, verraten. Als die Rumasa in die Krise geriet, wandte ich mich an Valls. Ich sagte ihm: Gib mir eine Hilfestellung, du bist ein großer Stratege, du hast überall deine Leute, sogar in der Bank von Spanien … Er antwortete mir, eiskalt: ›Es hat mich viele Stunden des Nachdenkens gekostet.‹ Dann verlangte er eine Milliarde Peseten [fünf Millionen Euro, Anm. d. Übers.] dafür, daß er mir einen Kontakt zu den Leuten der Bank von Spanien vermittelte … Bitte, da haben Sie Ihre ›ordentlichen Mitglieder‹ des Opus Dei.«

Einem Außenstehenden mag es nicht einleuchten, warum Sie die Leute des Opus Dei um Hilfe bitten, wenn Ihre Rumasa in Schwierigkeiten gerät. Oder vielleicht leuchtet es sehr wohl ein. Das Opus Dei »kontrolliert« alle finanziellen Aktivitäten seiner Mitglieder. Im übrigen besagt dies auch ein Artikel der Opus-Dei-Konstitution ganz ausdrücklich: Artikel 9 lautet: »Die Mitglieder des Opus Dei arbeiten sowohl individuell als auch mit Hilfe von Vereinigungen, die kultureller, künstlerischer oder finanzwirtschaftlicher Natur sein können und die als ›Hilfsgesellschaften‹ bezeichnet werden. Diese Gesellschaften und ihre Aktivitäten sind den Führungspersönlichkeiten unserer Institution zu Gehorsam verpflichtet.« Verhält es sich so, Herr Mateos?

»Ich kann Ihnen nur sagen, daß ich vor einigen Monaten einen Brief an Alvaro del Portillo [den Prälaturbischof des Opus Dei, mit Sitz in Rom, Anm. d. it. Red.] schrieb, in dem ich alles erzählte, was mir zugestoßen war, ich nannte Vor- und Familiennamen, Daten und Fakten. Ich schickte den Brief nicht mit der Post, sondern mein Sohn brachte ihn nach Rom und überreichte ihn dem Empfänger persönlich ...«

Und was geschah dann?

»Drei Wochen später suchte mich hier ein Priester auf, der im Opus Dei in Spanien eine sehr wichtige Rolle spielt und der gerade aus Rom zurückkam. Ich dachte, daß er mit Portillo gesprochen hätte und mir nun etwas sagen würde. Statt dessen war seine erste Frage: ›Wann hast du zum letzten Mal gebeichtet?‹ Und die zweite: ›Wie steht es zwischen dir und Gott?‹ Und die dritte: ›Wie sieht dein spirituelles Leben aus?‹ Da werde ich wütend und sage: ›Mein Problem ist nicht Gott, sondern das seid ihr, mein Problem ist die Rumasa, ich will eine Antwort auf den Brief, den ich Portillo geschrieben habe.‹ Darauf der Priester: ›Dein Brief ist nicht wichtig. Die Rumasa mag dir viel bedeutet haben, aber für Gott ist sie nicht wichtig.‹ Verstehen Sie? Und dennoch ...«

Und dennoch war die Rumasa für das Opus Dei sehr wichtig. Wie viele Schenkungen, wieviel Geld aus den Kassen der Rumasa haben Sie dem Opus Dei zugeführt?

»Viele, zig Millionen Peseten. Ja, viele Dutzend Millionen.«

Herr Mateos, 1982, als die Rumasa bereits kurz vor dem Bankrott stand, machten Sie einem Institut des Opus Dei, dem IEI, eine gewaltige Schenkung. IEI steht für »Instituto de Educación e Investigación« und wurde von Ihrem Freund Lopez Bravo gegründet. Wieviel Geld gaben Sie?

»Ungefähr 1,5 Milliarden Peseten, also etwa 15 Miliarden Lire [7,5 Millionen Euro, Anm. d. Übers.].«

Ein beachtlicher Betrag. Und wie kommt es, daß Sie eine so hohe Summe an ein Erziehungsinstitut gespendet haben?

»Was heißt hier Erziehungsinstitut! Das IEI ist eine Institution, die 1981 vom Opus Dei allein zu dem Zweck gegründet wurde, Geld von seinen Mitgliedern einzutreiben. Lopez Bravo existierte dort nur auf dem Papier. Die Führer des Opus Dei in Spanien, also Alejandro Contero und Francisco Montuega, forderten mich direkt auf, das Geld zu zahlen. Wenn sie mich um Geld baten, zahlte ich immer, aber ich habe nie erfahren, was mit den Geldern passierte. Ich bekam nicht einmal eine Quittung. Schecks, Bargeld, Überweisungen, es gibt unzählig viele Möglichkeiten, dem Opus Dei Geld zu geben. Das IEI war eine dieser vielen Möglichkeiten.«

Herr Mateos, ist es nicht ein wenig merkwürdig, daß das Opus Dei ausgerechnet 1982, d.h. zu der Zeit, als das IOR, die Vatikanbank, in den größten Schwierigkeiten steckt, mit derart hohen Forderungen Geld eintreibt? Und ich nehme an, daß man dies nicht nur bei Ihnen tat. Glauben Sie nicht, daß es eine Verbindung geben könnte zwischen der IOR-Krise und der Spendensammlung des Opus Dei?

»Das kann ich Ihnen nicht beantworten. Mir haben sie nichts gesagt, und ich hatte auch nie Kontakt zu IOR-Leuten. Aber ich kann Ihnen eine Frage stellen, oder Sie zumindest zu einer Überlegung anregen: Finden Sie es nicht sonderbar, daß dem Opus Dei der heißersehnte Status der Personalprälatur ausgerechnet 1982 zuerkannt wird … Vielleicht als Ausgleich für irgend etwas, irgendeine Hilfe? Ich will Sie nur zum Nachdenken anregen.«

Sie behaupten, Sie hätten niemals Beziehungen zu IOR-Leuten unterhalten. Sie sind ein enger Freund des Schweizer Anwalts Arthur Wiederkehr*. Der Anwalt hatte Beziehungen zum IOR und zu Ihnen, oder nicht?

»Das stimmt, Rechtsanwalt Wiederkehr kümmerte sich um die internationalen Beziehungen der Rumasa, und ich glaube, daß er dasselbe auch für das IOR tat. Soweit ich weiß, erledigte er dieselbe Art von Arbeit auch für das Opus Dei.«

---

* Wie man im folgenden sehen wird, hatte Anwalt Wiederkehr Verbindungen zu Alois und Gladys Estermann.

Gehört Anwalt Wiederkehr zum Opus Dei?

»Nein, das würde ich nicht sagen. Sagen wir, er genoß das uneingeschränkte Vertrauen des Opus Dei.«

Herr Mateos, kommen wir noch einmal auf den Höhepunkt des Rumasa-Skandals und Ihre Flucht nach London zurück. Warum beschlossen Sie zu fliehen? Riet Ihnen jemand zu diesem Schritt?

»Acht Tage nach der Enteignung* wußte ich nicht mehr, was ich tun sollte, ich war völlig verwirrt. Die Führer des Opus Dei, Alejandro Contero und Francisco Montuega, kamen zu mir nach Hause, und dann wurden sie noch einmal mit dem Präsidenten der spanischen Privatbanken, Rafael Termes, vorstellig. Sie sagten: ›Es ist besser, wenn du Spanien verläßt, wenn du nach London gehst.‹ Damals vertraute ich Contero und Montuega blind, und so trat ich die Flucht an.«

Sie meinen also, es waren die Führer der Opus Dei, die Sie zum Abtauchen aufgefordert haben. Und dann?

»Sie folgten mir überallhin. Alejandro Contero sah ich dreimal in London und dann zweimal in Frankfurt, als ich nach Deutschland geflohen war. Eines Tages hatte ich die Nase voll und sagte zu ihm: ›Ich gehe zurück nach Spanien.‹ Und er: ›Tu das nicht, man könnte dich umbringen.‹«

Interpretierten Sie das als Ratschlag oder als Drohung?

»Nach allem, was geschehen war, als Drohung. Und es war nicht die einzige. Die zweite, zumindest halte ich sie für eine Drohung, die zweite erhielt ich, nachdem ich nach Madrid zurückgekehrt war und unter Hausarrest stand. Ein Priester des Opus Dei kam zu mir nach Hause und sagte mir in abweisendem Ton: ›Jetzt wirst du allein sein.‹ Er hatte recht. Jetzt bin ich allein.«

---

* 1983 wurde Mateos von den spanischen Finanzbehörden aus dem Direktorium der Rumasa entfernt.
1986 mußte der Prozeß gegen Mateos unterbrochen werden, weil man entdeckte, daß der Staatsanwalt Fernando Jiménez Lablanca ebenfalls Mitglied des Opus Dei war; und nach Aussage des Angeklagten war dieser über die Zahlungen der Rumasa an das Opus informiert.

Herr Mateos, wäre es für Sie in Ihrer heutigen Lage schwierig, das Opus Dei zu verlassen?

»Ich weiß nicht, ich glaube nicht. Aber ich will es nicht. Ich will das Opus Dei nicht verlassen, und sie wollen mich nicht ausstoßen. Sie wissen, daß ich vieles erzählen könnte. Ich könnte noch viel mehr über das Opus Dei sagen, aber ich werde es nicht tun.«

Rechtsanwalt Arthur Wiederkehr – den Ruiz Mateos während des Interviews als Mitarbeiter der Opus-Dei-nahen Rumasa und des vatikanischen IOR erwähnt – hatte 1972 in Zürich die Opus-Dei-nahe Stiftung Limmat gegründet und selbst den Vorsitz übernommen.* Der Schweizer Anwalt war außerdem Aufsichtsratsvorsitzender der Züricher Nordfinanzbank (laut Hertel »die schweizerische Hausbank des Rumasa-Konzerns«), und seine geschäftlichen Aktivitäten hatten auch in Verbindung zu der Affäre um IOR und Ambrosiano gestanden: und zwar über die Hambros Bank und die United Trading Corporation (eine Finanzierungsgesellschaft, die zu der vom Freimaurerbankier Calvi organisierten »Geheimgalaxie« gehörte).** Im Juni 1980 war Wiederkehr von seinem Präsidentenamt in der Limmat zurückgetreten und durch Hans Georg Rhonheimer ersetzt worden.

Im Vatikan heißt es, der Offizier der Schweizergarde Alois Estermann habe bei der Nordfinanzbank ein Konto unterhalten oder zumindest Verbindungen zu diesem Opus-Dei-nahen Geldinstitut gehabt. Soweit bekannt, hatte das Ehepaar Estermann auch Beziehungen zu Anwalt Wiederkehr und war mit

* Zu den sozialen Zielen der Limmat-Stiftung gehört es, solchen Personen oder Institutionen, die dieselben oder ähnliche Ziele verfolgen wie die Stiftung, oder die solche Ziele verfolgen möchten, mit Rat und Tat zur Seite zu stehen, um diesen zu ermöglichen oder zu erleichtern, ähnliche Stiftungen oder Organisationen zu gründen, zu organisieren und zu verwalten, wenn sie dem Gemeinwohl dienen wollen.

** »Die United Trading Corporation war im Februar 1974 vom [damaligen] Konsul Panamas in Zürich, Arthur Wiederkehr, gegründet worden: Der Diplomat wollte, daß sich das neue Steuerparadies Panama zu einem Konkurrenten Liechtensteins entwickelte.« (Charles Raw: *La grande truffa*. Mondadori. Mailand 1993, S. 125.) Die United Trading hatte dann auch Beziehungen zum vatikanischen IOR angeknüpft.

Martin Rhonheimer befreundet. Dieser Sohn des neuen Limmat-Präsidenten wurde bei seinen Rom-Aufenthalten von den Estermanns im Vatikan beherbergt. Man erzählt sich außerdem, daß die Limmat-Stiftung einige hohe Vatikan-Prälaten mit Geld versah: In diesem Zusammenhang werden unter anderem der österreichische Kardinal Alfons Maria Stickler und der kolumbianische Kardinal Alfonso López Trujillo genannt, die beide in Beziehung zu den Estermanns standen.

Aufsichtsratspräsident der Limmat-Stiftung war der Schweizer Bankier Edwin Zöbel aus der Anhängerschaft des Opus-Dei. Gemeinsam mit der Opus-Dei-nahen Stiftung FGM (Fundación General Mediterránea) trieb Zöbel die Gründung der Fundamérica (Fundación General Latinoamericana) voran, eines der zahllosen Opus-Dei-Satelliten, dessen Sitz sich ausgerechnet in Venezuela, der Heimat von Gladys Estermann, befand.*

Weitere – direkte oder indirekte – Verknüpfungen zwischen dem Finanznetz, das die Opus-Dei-nahen Einrichtungen von Europa bis Venezuela gespannt haben, und den geschäftlichen Wechselfällen von IOR und Ambrosiano lassen sich aus den Worten des venezolanischen Finanziers Alberto Jaimes Berti ableiten.

Berti, der in Vatikankreisen bestens eingeführt war, »vertrat die Interessen der venezolanischen Kirche in Italien und stand im Zentrum zweier Skandale: Zum einen wurde er von der venezolanischen Kirche beschuldigt, die Almosen der Gläubigen seines Heimatlandes unterschlagen zu haben [über hundert Milliarden Lire, Anm. d. it. Red.]«.** Außerdem soll Roberto Calvi, der katholische Freimaurerbankrotteur, im Juni 1982, nur wenige Stunden vor seinem »Selbstmord« in London, Berti angerufen haben, um ein Treffen zu vereinbaren. Der

---

* Es wird allgemein angenommen, daß die Limmat-Stiftung auch als Übermittler der Gelder fungierte, die in der Schweiz, Österreich und Deutschland gesammelt und in die venezolanische »Fundamérica« geleitet wurden, Gelder, die das Opus Dei benutzte, um in Südamerika Fuß zu fassen und eine Organisationsstruktur aufzubauen.

** Vgl. »Calvi voleva i soldi dell'Opus Dei«, Interview von Isabel Pisano mit Alberto Jaimes Berti in: *L'Indipendente*, 18. 10. 1996.

Anruf Calvis »war dem venezolanischen Finanzier von Monsignore Donato De Bonis, dem Sekretär des IOR, angekündigt worden«.* Laut Berti fragte Calvi zuerst nach »Neuigkeiten, die einige gemeinsame Freunde in Caracas betrafen«, dann fragte er, ob er einen Teil jener gewaltigen Investitionssumme zurückhaben könne, die der venezolanische Finanzier 1980 angelegt hatte, und zwar auf Anraten »einiger spanischer Banken, die sich auf den Vatikan beriefen«: 2200 Millionen US-Dollar zu gleichen Teilen bei Vatikan und Opus Dei, Geld, das, »wie ich glaube, von José María Ruiz Mateos« stammte und von dem Calvi einen Teil als sein Eigentum betrachtete.**

Der damalige Sekretär des IOR, Monsignore De Bonis, wird leugnen, Alberto Jaimes Berti jemals kennengelernt zu haben, obwohl dieser sehr häufig im Vatikan verkehrte. Aber man erzählt sich, daß der venezolanische Finanzier seine Landsmännin Gladys Meza Romero sehr gut kannte – welche ihrerseits mit De Bonis sehr gut bekannt war –, bevor diese Alois Estermann heiratete.

* * *

Als Karol Wojtyla zum Papst gewählt wurde, hatte dies nicht zur Folge, daß Monsignore Paul Marcinkus als IOR-Präsident seinen Hut nehmen mußte. Auch deshalb nicht, weil der von slawischen Vorfahren abstammende amerikanische Freimaurer-Bischof begann, Solidarność, die katholisch-antikommunistische Gewerkschaftsbewegung in Polen, mit beträchtlichen Geldbeträgen zu finanzieren; dies geschah teilweise direkt, zum Teil aber auch über Calvis Banco Ambrosiano. Dieses Vorgehen – das von den erbitterten Antikommunisten der Opus-Dei-Seilschaft begrüßt wurde – führte zu einer tiefen Spaltung in der Freimaurerfraktion, hatte diese gegenüber den kommunistischen Ländern Osteuropas doch traditionell

---

* Ebenda.
** Ebenda. Nach Aussage des venezolanischen Finanziers erhoben weder das IOR noch das Opus Dei nach Calvis Tod und dem Ambrosiano-Crash Anspruch auf jene Dollar-Millionen, denn »die Geschichte Calvis, das soll nicht vergessen werden, endete mit einem gewaltsamen Tod« (ebenda).

eine »offene« Haltung eingenommen (die sogenannte »Ostpolitik«*, die von Staatssekretär Kardinal Agostino Casaroli
und seiner rechten Hand, Monsignore Achille Silvestrini, be-
trieben wurde).

Ende 1980 eskalierte die Fehde in den Reihen der Freimaurer,
und in dieser Phase mischte Francesco Pazienza, ein V-Mann
des italienischen Geheimdienstes, in der Auseinandersetzung
mit. Pazienza war der Vertrauensmann von General Giuseppe
Santovito, dem Chef des SISMI (des militärischen Geheimdienstes Italiens) und außerdem Mitglied der Geheimloge P2.
Pazienza hatte beste Verbindungen zum Staatssekretariat: Er
stand in Kontakt mit Casarolis rechter Hand: Monsignore Silvestrini**. Der Geheimagent des SISMI wurde ins Staatssekre-

---

* Deutsch im Original, Anm. d. Übers.
** Pazienza schilderte eines seiner Treffen mit Monsignore Silvestrini, im
September 1980, wie folgt: »Monsignore Silvestrini gehörte zu einer Gruppe in
der vatikanischen Kurie, die sehr mächtig war, ich kannte [ihn] seit mehr als
zwei Jahren ... Ich wurde in das Arbeitszimmer von Monsignore Silvestrini geführt. Ich kniete vor ihm nieder und küßte seinen Ring. Er empfing mich mit
sehr viel Wärme, freundschaftlich und herzlich ... Nachdem wir uns eine Weile
unterhalten hatten, [schlug ich vor, ihm] den Direktor des militärischen Geheimdienstes Italiens [vorzustellen] [will heißen: General Giuseppe Santovito,
Mitglied der P2; Anm. d. it. Red.]. Er war erfreut und erklärte sich einverstan-
den, er zeigte sich sogar ein wenig verwundert darüber, daß diese Bekanntschaft
nicht schon früher zustande gekommen sei. Es habe auch höchst bedeutsame
›dienstliche Gründe‹ gegeben, die General Santovito dazu hätten drängen müssen, um Audienz zu ersuchen: Der SISMI spielte nämlich eine herausragende
Rolle beim Schutz des Heiligen Vaters.« (Francesco Pazienza: *Il disubbidiente*.
Longanesi. Mailand 1999, S. 84 f.)
Das folgende Treffen zwischen Monsignore Silvestrini und General Santovito, dem Freimaurer- und Geheimdienstchef, schildert Pazienza so: »Ich stieg
mit Santovito in dessen gepanzerten Alfa Romeo, der Richtung Vatikanstadt
fuhr. Wir passierten die Mauern am Sankt-Anna-Tor. Ich zeigte dem Fahrer den
Weg zum San-Damaso-Hof, von dem aus man, per Aufzug, in die Vatikan-
loggien gelangte. Das Staatssekretariat befand sich in der dritten Loggia. Der
San-Damaso-Hof wird von einem Arkadengang gesäumt, und ein Schweizergardist bewacht den Eingang zum Aufzug [...]. Wir kamen ins Vorzimmer des
Staatssekretärs und wurden sofort ins Arbeitszimmer von Monsignore Silvestrini geführt. Nachdem ich den General dem Würdenträger offiziell vorgestellt hatte, bat ich darum, im Vorzimmer warten zu dürfen. Aus naheliegenden
Gründen des Anstands und Taktes wollte ich den beiden Persönlichkeiten die
Möglichkeit geben, ein offenes Gespräch zu führen, ohne daß ich sie mit meiner Anwesenheit in Verlegenheit brachte.« (Ebenda, S. 86 f.)

tariat bestellt, wo ihm – aus dem Munde Monsignore Pier Luigi Celatas, des Sekretärs Casarolis – eine ganz besondere »Mission« übertragen wurde: Er solle eine »hinreichende Dokumentation beschaffen«, die bewiese, daß die Aktivitäten des IOR und von Monsignore Marcinkus »mit denen der katholischen Kirche nicht in Einklang stünden«. Mit anderen Worten: Es sollte »ein Skandal losgetreten werden«, der sich gegen Marcinkus richtete und schließlich zu dessen Entfernung aus dem IOR führen würde. Wie Pazienza bemerken wird, »war klar, daß sich im Innern der römischen Kurie ein erbitterter Machtkampf auf höchster Ebene abspielte. Und es war auch klar, daß die moralische oder moralistische Begründung, die Monsignore Celata angeführt hatte (›Man muß dafür sorgen, daß das IOR die Aktivitäten einstellt, die mit denen der Heiligen Mutter Kirche nicht im Einklang stehen.‹), gewiß nicht die entscheidende war. Es mußte noch etwas viel Gravierenderes und Beunruhigenderes dahinterstecken.«*

Nachdem der SISMI-Chef und Logenbruder grünes Licht gegeben hatte, trat Pazienza seine Mission an:

»Als ich die Informationen [über Monsignore Marcinkus, Anm. d. it. Red.] auswertete, die mir meine Quellen lieferten, geschah es, [daß] eine dieser Quellen sich gleichzeitig auch als Depositär von Dokumenten und Informationen erwies, die genau dem Typ entsprachen, die Monsignore Celata suchte und wünschte. In der Schweiz, beim Züricher Rechtsanwalt Peter Düft – der als Berater für Kardinal Egidio Vagnozzi arbeitete und auch viele Unterlagen für diesen aufbewahrte –, stieß ich auf Papiere, die für Monsignore Marcinkus äußerst kompromittierend und gefährlich waren; wahrscheinlich waren es genau diejenigen, die Kardinal Casaroli über Monsignore Celata suchen ließ. Und es waren tatsächlich Dokumente, die der inzwischen verstorbene Kardinal Vagnozzi in der Schweiz deponiert hatte. Der Purpurträger war ein erbitterter Feind von Monsignore Marcinkus gewesen, seitdem letzterer ihn in der Verwaltung der vatikanischen Finanzen entmachtet hatte. Es handelte sich also um Dokumente, die aus dem Inneren des Vatikans stammten und die nur darauf warteten,

* Ebenda, S. 178 f.

160

veröffentlicht oder ... an den Meistbietenden verkauft zu werden.«*

Francesco Pazienza lieferte der italienischen Justiz eine Version, die in mehreren Punkten von diesem Wortlaut abweicht,
allerdings gibt es eine Konstante: die Person des Züricher Anwalts Peter Düft und die Rolle, die dieser in der Geschichte
um die Anti-Marcinkus-Akte spielte.** Es mag mehr als ein

* Ebenda, S. 183. Da die Akte gegen Marcinkus auch Roberto Calvi betraf
(für den Pazienza ebenfalls arbeitete) und da der Freimaurerbankier des Am-
brosiano an den Unterlagen ebenfalls interessiert war, um Druck auf den IOR-
Chef ausüben zu können, »wurde die ganze Angelegenheit mit einer stattlichen
Geldzahlung geregelt: dreihunderttausend Dollar an D. N., den Eigentümer der
Akte, und 1,2 Millionen Dollar an den Züricher Rechtsanwalt D., in dessen
Kanzlei N. D. das wertvolle Material deponiert hatte. Das Geld diente dazu, die
Unterlagen und das endgültige Schweigen in bezug auf Calvi und den IOR-Prä-
sidenten zu erkaufen. Die Summe wurde dem Anwalt durch eine Transaktion
über Realfin und Finanzco auf ein Schweizer Geheimkonto gezahlt. Die Mittel
wurden von Calvi bereitgestellt und teilweise in Italien, teilweise in der Schweiz
eingezahlt.« (Ebenda, S. 220.)

** »Während meiner Tätigkeit für die Geheimdienste stieß ich beim Schweizer Rechtsanwalt Peter Düft (welcher als Berater für Kardinal Egidio Vagnozzi
tätig war und für diesen viele Dokumente aufbewahrte) auf Papiere, die für
Monsignore Marcinkus äußerst kompromittierend und gefährlich waren. In
diesem Zusammenhang sei erwähnt, daß General Santovito von Monsignore
Luigi Celata (persönlicher Sekretär von Kardinal Casaroli) beauftragt worden
war, kompromittierende Unterlagen gegen Marcinkus zu suchen, Unterlagen,
die sich im Ausland befinden und daher nur schwer zugänglich sein sollten.
Dieser Auftrag spielte sich vor dem Hintergrund einer Zerreißprobe im Vatikan
ab, eines brutalen Machtkampfes zwischen zwei gegnerischen Gruppierungen:
Die eine wurde ›Mafia di Faenza‹ genannt, wozu neben Kardinal Casaroli die
Kardinäle Antonio Samorè, Achille Silvestrini und Pio Laghi gehörten. Die andere unterstand keinem anderen als Marcinkus, und zu ihr gehörten Monsignore Virgilio Levi (Vizedirektor des *Osservatore Romano*) und Monsignore
Giovanni Cheli (Päpstlicher Nuntius bei der UNO). Die Gruppe um Paul Marcinkus hatte einen enormen Einfluß auf Papst Johannes Paul II. Dieser hatte
sich nämlich zu Beginn seiner Amtszeit mit einem Skandal in den USA ausein-
andersetzen müssen: Im Mittelpunkt stand dabei ein polnischer Priesterorden
in Philadelphia, der in einen enormen Bankenbetrug mit allerlei pikanten Details, verwickelt war. Monsignore Marcinkus hatte sein ganzes Geschick darangesetzt, diesen Skandal im Keim zu ersticken; er wandte sich an die New Yorker
Anwaltskanzlei Finly-Casey & Co. und ersetzte die Fehlbeträge irgendwie. Der
offensichtliche Profit, den Marcinkus aus der Affäre schlug, war, daß er fürder-
hin auf die uneingeschränkte Unterstützung durch den Papst zählen durfte
[...]. Die Dokumente, die ich bei Rechtsanwalt Düft fand, [händige ich nicht]

Zufall sein, daß Rechtsanwalt Düft der Finanzchef des Opus Dei in Zürich war. Und ebenso »zufällig« kannte er Alois Estermann und stand nach dessen Heirat auch mit Gladys Meza Romero in Verbindung. Im Vatikan zeigte er sich in Gesellschaft des Paares, und nicht selten verweilte er in Estermanns Büro im Innern der Kaserne.

General Santovito [aus] (der sie seinerseits Kardinal Casarolis Sekretär gegeben hätte, ohne daß ich irgendeinen Nutzen daraus gezogen hätte), [sondern] ich gab Roberto Calvi die Dokumente, die sich in meinem Besitz befanden – übrigens nur ein Teil des Dossiers gegen Marcinkus. Ich fertigte nicht einmal Fotokopien an.« (Aussagen, die Pazienza am 7. Januar 1994 vor dem römischen Untersuchungsrichter Otello Lupacchini tätigte. Vgl. Sergio Flamigni: *Trame atlantiche*. Storia della Loggia massonica segreta P2. Kaos. Mailand 1996, S. 306 f.)

4

Gladys Meza Romero war eine wirklich außergewöhnliche Frau. Geboren am 24. Januar 1949 in Urica (Venezuela), war sie das dritte von neun Kindern eines venezolanischen Justizbeamten. Ihre Kindheit verbrachte sie in Caracas, wo ihre Familie damals lebte.

Kurz nachdem sie die höhere Schule abgeschlossen hatte, trat sie in den Polizeidienst ein. Einige Quellen behaupten, ihre Rolle als erste Polizistin Venezuelas sei für sie nur das Vorspiel zu einer Laufbahn in den Nachrichten- und Sicherheitsdiensten gewesen. Gladys verfügte über Charisma, Willensstärke und Unternehmungsgeist, Qualitäten, die sie in den siebziger Jahren unter Beweis stellte, wodurch sie die Gunst einflußreicher Persönlichkeiten gewann: Vor allem wurde sie vom damaligen venezolanischen Polizeichef* Enrique Cardozo und von Hilarión Cardozo (dem zukünftigen Justizminister) geschätzt. Die Freimaurerlogen, die traditionell über starke Wurzeln in Südamerika verfügen, standen damals in enger Beziehung zur Regierung in Caracas und zum venezolanischen Staatsapparat.

Gladys Romero zog es 1981/82 nach Rom. Offiziell wird sie in der venezolanischen Botschaft beim Heiligen Stuhl erst zehn Jahre später, also 1992, angestellt werden, und zwar im Kultur-Ressort. Es wird behauptet, daß Gladys' Versetzung nach Rom Anfang der achtziger Jahre auf eine Entscheidung des venezolanischen Innenministers zurückgehe, welcher wiederum einem persönlichen Gesuch von Monsignore José Rosalio Castillo Lara entsprochen habe. Castillo Lara war mit Gladys Romero gut bekannt und begann gerade seine Karriere

---

* D. h. dem Chef des nationalen Sicherheitsdienstes, in dessen Ressort somit auch geheimdienstliche Aufgaben fielen.

in der vatikanischen Kurienspitze, als aufgehender Stern der Freimaurerseilschaft.*

Das Ehepaar Estermann, obwohl eher reserviert, erregte schon bald die Neugier der Vatikanbewohner. Die augenfällige Attraktivität von Frau Estermann (die sich elegant kleidete und trotz ihrer Kurzsichtigkeit keine Brille trug) und der rätselhafte Korps-Offizier mit Opus-Dei-Verbindung konnten nicht unbeachtet bleiben.

Neugier und Gerede nahmen im Lauf der Zeit immer mehr zu, sei es, weil die Estermanns kinderlos blieben, sei es, weil ihr Umgang mit Geld nicht recht zu den bescheidenen Gehältern passen wollte, die ihnen offiziell zustanden.** Eines der vielen Gerüchte um das Paar besagte, daß Gladys Estermann – in Begleitung eines Funktionärs der venezolanischen Botschaft beim Heiligen Stuhl – irgendwann im Jahr 1997 nach Lugano gereist sei, um für eine Stiftung ein Bankkonto zu eröffnen. Diese Operation soll von dem italienischen Journalisten Luigi Bisignani (Mitglied der Geheimloge P2 und ehemaliger Freund von IOR-Chef Monsignore Marcinkus und Monsignore De Bonis) angeregt worden sein.

Ebensowenig unbeachtet blieben die »privaten« Kontakte des Paares, auch wenn diese mit absoluter Vertraulichkeit behandelt wurden. So pflegte man zum Beispiel Umgang mit dem Ehepaar Dobjenski: Der Mann, Tosci Dobjenski, war Aristokrat böhmisch-ungarischer Herkunft (aber italienischer Staatsbürger mit Wohnsitz in Rom) und Angestellter bei der Alitalia. Seine Frau Wenda stammte aus Peru und war für eine südamerikanische Fluglinie (wahrscheinlich die Air Columbia) tätig.*** Der Kontakt zwischen den beiden Ehepaaren war von den Frauen ausgegangen: Sie kannten einander seit langem und wa-

---

* Wenn diese Indiskretion der Wahrheit entspricht, so stellt sich natürlich die Frage, welche »Mission« Gladys Meza Romero in Rom zu erfüllen hatte.

** Für reichlich Gerede innerhalb der heiligen Mauern sorgte zum Beispiel der pompöse Pelz, den Frau Estermann irgendwann zu tragen begann.

Es wird behauptet, die Estermanns hätten beim IOR über mehrere Girokonten in verschiedenen Währungen verfügt.

*** Graf Dobjenski (der sich Jahre vorher auch mit dem Gedanken getragen haben soll, der Schweizergarde beizutreten) war mit dem aus Rußland stammenden Graf Norbert Kinsky verwandt, dem der Souveräne Malteser-Ritter-

ren eng befreundet (man sah sie auch häufig gemeinsam die Messe besuchen, und zwar in der Sankt-Anna-Kirche, neben der Gardekaserne).* Im Vatikan hält sich schon seit langem das Gerücht, daß die Dobjenskis irgendeiner geheimen Aktivität nachgingen, und sie sollen Rom am 12. Mai 1998 (also wenige Tage nach dem Blutbad) Richtung Peru oder Venezuela verlassen haben.

* * *

Die Heirat schien Alois Estermanns Aufstieg in der Schweizergarde weiter zu beschleunigen. Der Offizier, der im Auftrag des Opus Dei das Kommando über die Truppe erringen sollte, fand in seiner Frau die ideale Verbündete.

Im Laufe der Jahre spannen die beiden, mal gemeinsam, dann wieder jeder auf eigene Faust, ein dichtes Netz an Kontakten und Beziehungen zu hochstehenden Persönlichkeiten aus Klerus, Politik, Hochfinanz, Militär und Diplomatie; dabei hielten sie nicht nur die Verbindung mit dem Opus Dei aufrecht, sondern auch mit Freimaurern der vatikanischen und internationalen Logen.

Was die Auslandsbeziehungen betrifft, so müssen zuerst Estermanns gute Kontakte nach Österreich erwähnt werden. Eine enge Beziehung bestand zu Monsignore Kurt Krenn, dem erzkonservativen Bischof von St. Pölten, der mit Hilfe Opus-Dei-naher Gelder das ITI (Internationales Theologisches Institut) gegründet hatte, eine Institution zur Verbreitung der katholische Doktrin in den ehemals kommunistischen Ländern Osteuropas.** Besondere Beziehungen unterhielt Estermann auch

orden in Venezuela ein wichtiges Amt übertragen hatte. Der Prinz von Liechtenstein ist mit einer Kinsky verheiratet, und die Estermanns unterhielten Beziehungen zu einigen Mitgliedern der Liechtensteiner Fürstenfamilie.

* Eine der weiblichen Figuren in Gérard de Villiers' Spionagethriller *L'espion du Vatican* (vgl. S. 72 ff.) nennt sich »Loretta Obinski«, ein Nachname, der an Dobjenski erinnert.

** Nachdem er sich bereits als eifriger Fürsprecher Kardinal Hans Hermann Groërs hervorgetan hatte (der Erzbischof von Wien wurde der Pädophilie beschuldigt), wird Monsignore Krenn im Oktober 1999 dem Führer der österreichischen Rechtsextremen, Jörg Haider, öffentlich seine volle politische Unterstützung zusichern.

zum Bischof von Feldkirch, Monsignore Klaus Küng (Mitglied der Opus-Dei-Prälatur*). Außerdem hatte der Offizier enge Kontakte zur Führungsriege der FPÖ (Österreichs rechts-populistischer Partei unter Jörg Haider), zum Abgeordneten Herbert Schambeck (einem im Vatikan bestens eingeführten Opus-Dei-Mitglied) und zu österreichischen Geschäftema-chern und Finanzmännern, die ebenfalls dem Opus-Dei-Um-feld angehörten.

In Zürich pflegte der Gardeoffizier zahlreiche Kontakte un-terschiedlichster Art. Sogar zu einer paramilitärischen Gruppe von Rechtsextremen aus Deutschland, Österreich und der Schweiz. Die Kampfzelle verfügte über einen Sitz in Liechten-stein und soll, wie man im Vatikan munkelte, in Lateinamerika ein Trainingscamp unterhalten haben, um das Estermann sich persönlich kümmerte. Doch zu seinen Bekanntschaften zähl-ten auch Professor Niklaus Zwicky, der unter anderem der Schweizerischen Gesellschaft für Bioethik angehört (diese Gesellschaft mit Sitz in Zürich steht dem Opus Dei nahe). Außerdem hatten die Estermanns Beziehungen zu dem Tes-siner Bankier Tito Tettamanti (der dem Opus Dei ebenso wie den internationalen Freimaurerlogen zugetan war, die unzäh-lige Auslandstransaktionen steuerten) und vor allem zum Züricher Finanzexperten des Opus Dei: Rechtsanwalt Peter Düft.

Alois und Gladys Estermann knüpften Beziehungen zu einigen Mitgliedern des Liechtensteiner Fürstenhauses (eben-

---

* »Klaus Küng, der Regionalvikar des Opus Dei in Österreich, wurde 1989 zum Bischof von Feldkirch geweiht, obwohl sich die Mehrheit der Diözesan-mitglieder – Geistliche wie Laien – gegen diese Ernennung ausgesprochen hatte [...]. 1991 überbrachte Klaus Küng dem Opus-Dei-Ateneo [heute die Päpst-liche Universität vom Heiligen Kreuz] einen dicken Scheck der Päpstlichen Missionswerke in Österreich. Diese Affäre wurde von einem afrikanischen Stu-denten aufgedeckt, der das Ateneo frequentierte. Aus der anschließenden Un-tersuchung von 1994 geht hervor, daß das Missionswerk in der Diözese Küngs einen Schriftverkehr mit dem Ateneo geführt hat, in den zwei philippinische und ein zairischer Bischof involviert waren. Sie hatten offenbar das Angebot, zukünftige Priester mit Unterstützung des Päpstlichen Hilfswerkes in der Opus-Dei-Einrichtung ausbilden zu lassen, gern angenommen.« (Peter Hertel: *Schleichende Übernahme*. Josemaría Escrivá, sein Opus Dei und die Macht im Vatikan. Publik-Forum. Oberursel 2002, S. 98 f.)

falls aus dem Opus-Dei-Dunstkreis) und sogar zum Sekretär des belgischen Erbprinzen Philippe, der auch als Präsident des »Service belge pour le Commerce extérieur« (Belgisches Außenhandelsamt) fungierte. Letztgenannte Einrichtung unterhielt Beziehungen zur Actec, einer Opus-Dei-nahen Finanzierungsgesellschaft, die in Venezuela besonders aktiv ist. Gegen die Actec sollen derzeit Ermittlungen der belgischen Justizbehörden laufen, bei denen der Opus-Dei-Dunstkreis und dessen Finanztransfers zwischen Belgien und Lateinamerika durchleuchtet werden.

In Frankreich nahmen die Estermanns Kontakt zu Pater Philippe Jourdan auf, der – für das Opus Dei und mit Hilfe der Finanzierungsgesellschaft Sopec – in Paris das Centre Garnelles kontrollierte. Anfang der neunziger Jahre wird Pater Jourdan plötzlich aufgrund nicht näher spezifizierter »Probleme« von seinem Posten entfernt.*

Anfang der neunziger Jahre traf Estermann regelmäßig mit mehreren Offizieren der Bundeswehr und des Diplomatischen Korps zusammen (die er auch im Vatikan, in seinem Büro eines Vizekommandanten der Schweizergarde, empfing). Außerdem hielt er ständigen Kontakt zum Militärattaché – einem Oberstleutnant – der deutschen Botschaft in Italien. Zur selben Zeit festigte er darüber hinaus seine langjährigen Verbindungen zu einem Offizierskreis der argentinischen Marineakademie, und in Rom nahm er Kontakt zu einem hohen Beamten des CIA auf.

Was die kircheninternen Kreise anlangt, so verkehrten Alois und Gladys Estermann regelmäßig mit Monsignore Domenico Pecile, dem damaligen Bischof von Latina-Terracina. Pecile war ein einflußreiches Mitglied der Opus-Dei-Prälatur in Italien und hatte Verbindungen zur Direktion des IOR, zu Sektoren der internationalen Finanzwelt und zum mächtigen Papst-Sekretär Monsignore Dziwisz.

Im Vatikan wird behauptet, daß Gladys Meza Romero lange

---

* Der Opus-Pater Jourdan wurde zum Päpstlichen Ehrenkaplan ernannt und nach Estland versetzt, wo er das Amt eines Generalvikars der dortigen apostolischen Verwaltung bekleidete.

vor ihrer Heirat mit Alois Estermann Beziehungen zu Donato De Bonis (während des Sindona- und Ambrosiano-Bankrotts Monsignore Marcinkus' rechte Hand in der Führung des IOR) unterhielt und daß Gladys es gewesen sei, die De Bonis ihrem Mann vorstellte. Es heißt weiter, daß Alois Estermann und Monsignore Donato De Bonis in der Folgezeit heftige Auseinandersetzungen gehabt hätten. Frau Estermann stand zudem in enger Beziehung zu einem guten Freund von De Bonis: Monsignore Emilio Colagiovanni, einem Prälaten und Auditor der Römischen Rota, der Ende der neunziger Jahre in einen schwerwiegenden Finanzskandal verwickelt wird.*

Alois Estermann war Monsignore Stefano Migliorelli, einem Geistlichen der Ersten Sektion des Staatssekretariats, besonders eng verbunden. Migliorelli arbeitete als einfache Schreibkraft, stellte für das Opus Dei aber eine Schlüsselfigur in der Römischen Kurie dar.** Der Offizier der Schweizergarde war außerdem ein enger Freund zweier einflußreicher Prälaten der Opus-Dei-Seilschaft: Monsignore Julián Herranz Casados und Kardinal Lucas Moreira Neves' (derzeit Präfekt der Kongregation für die Bischöfe)***.

---

* Es handelt sich um eine kolossale Betrugsserie über viele hundert Milliarden Lire [mehrere hundert Millionen Euro, Anm. d. Übers.], die von dem amerikanischen Finanzmann Martin Frankel ausgeheckt wurde und im Frühling 1999 aufflog. Monsignore Colagiovanni hatte – in seiner Funktion als Präsident des »Monitor ecclesiasticus«, der Versicherungsgesellschaft für den Klerus – Frankel zwei vatikanische Affidavits ausgestellt, denn der amerikanische Betrüger hatte die Stiftung »San Francesco d'Assisi« (mit Sitz auf den Britischen Jungferninseln) ins Leben gerufen und behauptet, er werde dem Heiligen Stuhl über die Stiftung 50 Millionen Dollar für wohltätige Zwecke zukommen lassen. In Wirklichkeit hatte Frankel die Deckung durch den Vatikan nur dazu benutzt, seine Betrügereien auszuweiten.

** Im Vatikan erzählt man sich, daß Monsignore Migliorelli, gemeinsam mit Monsignore Dante Caputo und unter der Regie von Navarro-Valls, an der Abfassung des »Passagenwerks« mitgewirkt habe, mit dem der Heilige Stuhl am 8. Februar 1999 die Archivierung der vatikanischen Ermittlungen zum Blutbad vom 4. Mai 1998 bekanntgab.

*** Brasilianischer Dominikaner, 1987 zum Erzbischof von São Salvador de Bahia ernannt und 1998 in den Vatikan zurückgekehrt, verschmäht Lucas Moreira Neves, wenngleich Opus-Dei-Sympathisant, die Kontakte zu den Freimaurern nicht. Man sagt, er sei einer der Lieblingskandidaten des Opus Dei für die Nachfolge von Papst Johannes Paul II.

Es scheint, daß die Estermanns in Rom eine Zeitlang auch einen ranghohen italienischen Offizier, General Alberto Scotti, frequentierten, den ehemaligen Chef eines nicht näher definierten »Informationsdienstes« des Verteidigungsministeriums.

Doch der wahrhaft allmächtige »Pate« der Estermanns blieb der venezolanische Salesianer, Monsignore José Rosalio Castillo Lara, der Bischof also, der Gottes Segen über den Ehebund von Alois und Gladys gesprochen hatte. Dieser langjährige Freund Gladys Meza Romeros, der mit den Freimaurerkreisen Südamerikas in Verbindung stand, war ebenso skrupellos wie ehrgeizig und ergatterte sich 1985 die Kardinalswürde, was er nicht zuletzt seinem guten Draht zum damaligen Staatssekretär, Kardinal Agostino Casaroli, zu verdanken hatte. In der Folge gelang es Castillo Lara, im Vatikan an allen Schalthebeln der Verwaltung zu spielen. Diese enorme Macht erklärt sich dadurch, daß Castillo Lara nicht nur zur Freimaurerseilschaft gehörte, sondern irgendwann auch geheime Beziehungen zum Opus Dei anknüpfte, um seinen Aufstieg zu beschleunigen und sein Vermögen zu vermehren.

* * *

Bischof Rosalio Castillo Lara, der mächtige Mentor der Estermanns (und insbesondere von Gladys Meza Romero), erklomm die Gipfel der Macht im Vatikan mit derselben Unermüdlichkeit, mit der Alois Estermann seine Karriere in der Schweizergarde vorantrieb. Mit einem entscheidenden Unterschied: Der venezolanische Prälat gehörte eindeutig zur gegnerischen Seilschaft: zu den Freimaurern.

1922 in San Casimiro (Venezuela) geboren und 1949 zum Priester geweiht, war Castillo Lara ein einfacher Don-Bosco-Ordensbruder, der unter Armutsgelübde stand. Doch im März 1973 begann sein Aufstieg im Palast der Kirche: Er wurde – unter dem Pontifikat Pauls VI. – zum Bischof geweiht und mit dem Amt des Sekretärs der Päpstlichen Kommission für die Revision des Kirchenrechts versehen, einer Kommission, deren Präsidentschaft Kardinal Pericle Felici innehatte.* Nach dem unerwarteten Ableben Felicis im März 1982 wurde Monsignore Castillo Lara zum Erzbischof und Pro-Präsidenten jener wichtigen päpstlichen Kommission befördert. Ebenso wie der IOR-Präsident Monsignore Paul C. Marcinkus erhielt auch Castillo Lara dieses Spitzenamt, obwohl er nicht zu den Purpurträgern gehörte.

Am 25. Januar 1983 erläuterte Monsignore Castillo Lara im Pressesaal des Heiligen Stuhls vor den anwesenden Journalisten das neue Kirchenrecht. Eine der Neuerungen – gegenüber der Fassung von 1917 – war, daß man das Wort »Freimaurerei« getilgt hatte. Das Verbot, sich einer Freimaurerloge anzuschließen, war in das allgemeine Verbot der »Zugehörigkeit zu einer Sekte, die gegen die Kirche arbeitet«, abgewandelt worden. Und als Sanktion war nicht mehr die automatische Exkommunizierung vorgesehen, sondern eine Strafe, die von den Kirchenbehörden durch ein Verfahren »von Fall zu Fall« festgesetzt wurde.**

Am 25. Mai 1985 wurde Castillo Lara zum Purpurträger erhoben und als Präsident der Päpstlichen Kommission für die authentische Interpretation des Codex eingesetzt. Kurz darauf wurde er auch Mitglied des obersten Gerichtshofes der Apostolischen Signatur. Und am 6. Dezember 1989 ernannte der Papst den venezolanischen Kardinal zum Präsidenten der Verwaltung der Güter des Apostolischen Stuhls (APSA): Castillo Lara wurde praktisch der »Finanzminister« der römischen Kirche, die höchste Autorität in allen vatikanischen Finanzfragen. Eine ungesunde Machtkonzentration, die im Zeichen der Freimaurerseilschaft stand und den Segen des Staatssekretärs Kardinal Agostino Casaroli hatte.

Zu Beginn der neunziger Jahre setzte Castillo Lara an der Spitze des IOR eine Kommission aus vier Kardinälen und

* Die Kommission wurde am 28. März 1963 von Papst Johannes XXIII. zu dem Zweck gegründet, eine Reform des Kirchenrechts vorzubereiten, das den Richtlinien des II. Vatikanischen Konzils angepaßt werden sollte.

** Zu den Neuerungen des Kodex, die von der Kommission in Betracht gezogen wurden, gehörte angeblich auch die Regelung einer Interimsregentschaft für den Fall, daß der Papst Opfer einer Entführung, eines Attentats oder einer schweren Invalidität werden sollte. Dies wurde von Castillo Lara später dementiert.

einem Laien-Beraterstab* ein. Er selbst übernahm den Vorsitz des Gremiums. Als Sekretär, der für die Kontakte zwischen dem Kardinalsgremium und den Laienberatern verantwortlich war, ernannte er Monsignore Donato De Bonis, ehemals Generalsekretär des IOR.** Als Castillo Lara auch noch Präsident der Pontifikalkommission für den Staat Vatikanstadt (also zum Governatore des Kirchenstaates) wurde, war der venezolanische Rothut effektiv zum mächtigsten Mann der römischen Kirche geworden – nach dem Papst.***

Diese Machtkonzentration in den Händen Castillo Laras (die nicht nur die Opus-Seilschaft, sondern auch die Logenbrüder mit ihren internen Rivalitäten störte) war nicht von langer Dauer. Die Gegenreaktion drückte sich in einer wachsenden Feindseligkeit des neuen Staatssekretärs Kardinal Angelo Sodano+ aus. Dem venezolanischen Freimaurer-Kardinal wurden nach und nach alle Ämter entzogen. Am Ende war er nur noch Governatore des Staates Vatikanstadt.

Im Vorfeld des Jubiläums 2000 ließ Castillo Lara sechs CD-ROMs zu den Kunstschätzen innerhalb der heiligen Mauern

---

* Es waren dies die Bankiers Angelo Caloia (Italien), Philipp de Weck (Schweiz), Virgil C. Dechant (US-Amerikaner, »supreme knight« der Kolumbusritter), José Sanchez Asiani (Spanien) und Theodor Pietzcher (Deutschland). Kardinal Eduardo Martínez Somalo stellte den Opus-Dei-Vertreter unter den Purpurträgern dar.

** Im Januar 1993 ernannte Kardinal Castillo Lara den katholischen Bankier Andrea Gibellini zum Generaldirektor des IOR. Ein taktischer Zug, denn Gibellini stand dem Opus Dei nahe.

*** Chef der Vatikan-Finanzen, Chef des IOR, Chef des Staates Vatikanstadt. Im Vatikan machte bald das Bonmot die Runde, wonach das Autokennzeichen SCV (Stato Città del Vaticano, dt.: Staat Vatikanstadt) nichts anderes bedeute als: Se Castillo Vuole – So Castillo will.

+ Monsignore Sodano, als Nachfolger Kardinal Casarolis seit Dezember 1990 provisorischer Staatssekretär, bekam im Juni 1991 die Kardinalswürde verliehen. In der zweiten Hälfte der siebziger Jahre schloß der damalige Erzbischof Sodano als Apostolischer Nuntius in Chile eine herzliche Freundschaft mit General Augusto Pinochet, dem Putschisten und Anführer der blutigen Militärdiktatur in Santiago. Als der Ex-Diktator Anfang 1999 in London verhaftet wurde, übte Kardinal Sodano umgehend diplomatischen Druck auf die britische Regierung aus, d.h. er verwandte die Autorität des Heiligen Stuhls – und damit des Papstes – dafür, daß sein alter Putschisten-Freund aus der Haft entlassen werde. Es ist übrigens bekannt, daß den Gefühlen im vatikanischen Staatssekretariat die Aura der Heiligkeit anhaftet.

erstellen. Eine dieser CD-ROMs enthielt das »Spiel der Schweizergarde«, das für die jüngeren Vatikanbesucher gedacht war und im nachhinein wie ein böses Omen wirkt.* Die Veröffentlichung der CDs war Castillo Laras letzte Amtshandlung. Der venezolanische Kardinal wurde am 4. September 1997, als er 75 Jahre wurde und somit das Pensionsalter erreichte, vom Heiligen Stuhl entpflichtet; ihm wurde auch keine der Verlängerungsfristen gewährt, wie es bei Ministern der Kurie üblicherweise geschieht. Im November kehrte Castillo Lara nach Südamerika zurück. Mit einer Pension, die man fürstlich nennen kann: Der Kardinal soll in Venezuela inzwischen ein beachtliches Vermögen angehäuft und zum Großteil ins Erdölgeschäft investiert haben.

Obwohl er alle offiziellen Funktionen eingebüßt und sich wieder in Südamerika angesiedelt hat, verfügt Kardinal Castillo Lara im Vatikan (wo er regelmäßig erscheint) – bis heute – über eine beachtliche Macht. Diese Macht kommt nun der Freimaurerfraktion zugute, die ihn viele Jahre hindurch protegiert hatte, und sie wird von Laras Statthalter, dem äußerst rührigen Gianni Danzi, verwaltet. Bischof Gianni Danzi war einst Castillo Laras rechte Hand und fungiert heute als Generalsekretär des Governatorats.

Kardinal Castillo Lara war der »Pate« der Estermanns, er gab ihrem Ehebund den Segen der katholischen Kirche, jahrelang stand er in engstem Kontakt zu ihnen, und er wußte ungemein viel über die beiden. Er war Gladys Meza Romero aufs engste verbunden, und zwar bis zum letzten Tag; so setzte er durch, daß ihre Leiche nach Venezuela transportiert und dort bestattet wurde, ohne daß man je den Grund dafür erfahren hätte. Andererseits hat sich auch nie ein Vatikan-Richter die Mühe gemacht, ihn danach zu fragen.

* Das Spiel wurde von der Presse wie folgt beschrieben: »In der ›virtuellen Realität‹ kommt ein junger Besucher an ein Tor des Vatikans, wo er auf einen Schweizergardisten trifft. Zu Füßen des Gardisten steht ein Aktenkoffer. Die Wache hält den Besucher auf und stellt ihm eine Frage: Ein Rätsel, dessen Lösung die Tür zum normalen Rundgang öffnet. Um die Antwort herauszufinden, kann der Besucher im Koffer des Soldaten suchen: Unter den persönlichen Unterlagen und Notizen (Zugang per Mausklick) wird er das Eingangswort finden.« (*Corriere della Sera*, 26.11.1997)

5

Innerhalb der Schweizergarde genoß Estermann weiterhin erstaunliche Privilegien, und er arbeitete sich so schnell voran, daß er bald die Autorität des Kommandanten in Frage stellte.

1984 wurde der Schweizer Armeeoffizier Anton Jossen zum Oberstleutnant und Vizekommandanten der päpstlichen Schutztruppe ernannt. Diese Beförderung entsprach dem Wunsch von hohen Regierungs- und Kirchenstellen des helvetischen Alpenstaates. In der Schweiz war man nämlich der Meinung, daß das Korps der Schweizergarde vernachlässigt werde und sich bald in eine reine Folkloretruppe verwandeln würde, wenn man nicht für eine grundlegende Umgestaltung sorgte. Doch Major Estermann brachte dem neuen Vizekommandanten – mit der aktiven Unterstützung Feldweibel Haslers und unter Duldung durch Oberst Buchs – eine wachsende Feinseligkeit entgegen, bis Oberstleutnant Jossen sich schließlich gezwungen sah, am 27. Juni 1986 sein Entlassungsgesuch einzureichen. Staatssekretär Kardinal Casaroli nahm das Gesuch sofort an. Die Position des Vizekommandanten, die Jossen aufgegeben hatte, blieb über Monate unbesetzt, ehe sie im Jahr 1987 Estermann übertragen wurde.

Am 30. Juli 1989 beförderte das Staatssekretariat Alois Estermann zum Oberstleutnant, bestätigte ihn in der Funktion eines Vizekommandanten und übertrug ihm außerdem das Amt des Verwaltungs- und Finanzchefs der Schweizergarde. Nach nur neun Dienstjahren war der Schweizer Offizier aus dem Opus Dei fast am Ziel. Und schon jetzt hatte er mehr Macht und Einfluß als der Kommandant der Garde, Roland Buchs.

Alois Estermann, nun im Rang eines Oberstleutnants, begleitete den Papst weiterhin auf dessen apostolischen Reisen, wobei er den Sicherheitsdienst gemeinsam mit dem General-inspekteur des Corpo di Vigilanza, Camillo Cibin, leitete. (Cibin ist ehemaliger Offizier der italienischen Carabinieri und dient seit Beginn der sechziger Jahre in der päpstlichen Gendarmerie.) Die Beziehungen zwischen Schweizergarde und Corpo di Vigilanza waren nicht rosig, zwischen Estermann und Cibin waren sie frostig. Dies mochte persönliche Gründe haben, hing aber mehr noch mit dem Konkurrenzverhältnis der beiden zusammen. Der Corpo di Vigilanza kam zu Beginn der neunziger Jahre in den Genuß zahlreicher Privilegien (höhere Gehälter, bessere Ausstattung und Fahrzeuge, Bewegungsfreiheit ohne Beschränkungen durch ein Militärreglement, eine nahezu unbegrenzte Macht, die auf kompletter Geheimhaltung fußte), während die Schweizergarde stiefmütterlich behandelt wurde; und vor allem stand der Corpo unter dem Schutz der Logenseilschaft.

Der Machtkampf, der in den neunziger Jahren ausbrechen würde, schwelte schon damals. Auf der einen Seite stand das Opus Dei, das mit Hilfe Estermanns das Kommando über die Schweizergarde erringen wollte. Auf der anderen Seite die »vatikanische Loge«, die, wie gesagt, bereits über das polizeiliche »Sonderkommando« der Vigilanza verfügte und verhindern wollte, daß die päpstliche Garde unter die Ägide des Opus Dei geriet, daß sie wieder ihrer verfassungsgemäßen Rolle entsprechen oder sogar in eine furchteinflößende Eliteeinheit verwandelt würde. In diesem Krieg trafen zwei erbitterte Gegner aufeinander: Estermann vertrat die Schweizergarde, während für den Corpo di Vigilanza ein neuer starker Mann eingriff: Raoul Bonarelli.

Daß Alois Estermann mehr war als nur ein einfacher Offizier der Schweizergarde, wurde Anfang der neunziger Jahre nochmals augenfällig: Der Oberstleutnant und Vizekommandant der Truppe schwang sich nämlich bei der Kongregation für die Selig- und Heiligsprechungsprozesse zum Postulator der Seligsprechung von Niklaus Wolf auf, einem Laien seiner Heimatdiözese Basel. Wolf hatte von 1756 bis 1832 gelebt, und 1986 war ein Seligsprechungsprozeß eingeleitet worden, der seither ruhte. Estermann hatte das betreffende Dossier wieder hervorgekramt, da Wolf aus derselben Diözese stammte wie er.

Der Gardeoffizier übernahm diese extravagante hagiographische Aufgabe, weil er sich davon zusätzliche Kontakte und einen persönlichen Zugang zu den Spitzen der Kirchenhierarchie erhoffte. Außerdem glaubte er, sich mit seinem Vorhaben neue Meriten zu erwerben. Doch sein Status als Postulator, der schon bei einem Laien höchst ungewöhnlich, bei einem Militär dagegen fast tollkühn wirken mußte, nimmt eine noch kuriosere Färbung an, wenn man sich vor Augen hält, daß der Vizekommandant der päpstlichen Garde über keine akademische Bildung, und schon gar nicht über die eines Historikers, verfügte. Estermanns Gattin schlug denselben Weg ein – mit denselben Hintergedanken: Glayds Meza Romero wurde zur Postulatorin des Seligsprechungsverfahrens des venezolanischen Laien José Gregorio Hernández, eine Kuriosität jagt hier die andere.

Einige Mitglieder der Römischen Rota – allen voran ihr Dekan, Monsignore Mario Pompedda – mißbilligten die Postulatorenrolle der Estermanns und hielten sie – zu Recht – für eine illegitime Anmaßung. Eine ähnliche Ablehnung war in der Römischen Kurie und im ehemaligen Heiligen Offizium* zu spüren.

* * *

Die Estermanns, die der Heilige Stuhl nach dem Blutbad vom 4. Mai 1998 als ein x-beliebiges Ehepaar darstellen will, hatten in Wahrheit mit den phrasenhaften Märchen des Vatikans wenig gemein. Man bedenke nur, daß Alois und Gladys Estermann, direkt oder indirekt, mit ausländischen Stiftungen, Vereinigungen und Finanzierungsgesellschaften Kontakt hatten, die zum Opus Dei oder zumindest zu dessen Umfeld gehörten.

Es wird auch behauptet, daß der Offizier ein Bankkonto bei

---

* Das Heilige Offizium ist aus der »Heiligen Inquisition« hervorgegangen und bildet nun unter der Bezeichnung »Kongregation für die Glaubenslehre« eine Art höchstrichterliche Instanz für alle Glaubensfragen; Anm. d. Übers.

der Mailänder Filiale der Akros-Bank* gehabt haben soll, ein
weiteres bei der österreichischen Bankgesellschaft Schelham-
mer und Schattera. In diesem Kreditinstitut hatte auch der iri-
sche Geschäftemacher Seamus Thimothey, ein guter Bekann-
ter der Estermanns, ein Girokonto. Thimothey gehörte dem
Umfeld des Opus Dei an und handelte unter anderem mit
venezolanischen Partnern. Sein Name wird im Zusammenhang mit einer Affäre wieder auftauchen, bei der es um Waf-
fenschiebereien zwischen Belgien, Luxemburg und einigen
südamerikanischen Ländern (Venezuela inbegriffen) ging.

In Schweizer Justizkreisen wurde lange Zeit über eine Ermittlung gemunkelt, die von der helvetischen Bundesstaatsan-
waltschaft durchgeführt wurde: Dabei soll es um Geldwäsche
und Waffengeschäfte zwischen der Schweiz und Südamerika
im Jahr 1995 gegangen sein. Die Nachforschungen hätten zu
Opus-Dei-nahen Geldkanälen geführt (einem Netz, das sich
vom Kanton Tessin über Österreich und Luxemburg bis nach
Belgien erstreckt). Unter anderem sei dabei der Name des
Vizekommandanten der Schweizergarde, Alois Estermann,
aufgetaucht, und dessen Rolle sei dann auch Gegenstand einer
Sonderermittlung durch die Schweizer Bundesstaatsanwalt-
schaft gewesen.**

Eine Quelle im Vatikan gibt an, Gladys Estermann habe persönlich die Gelder der WOF (World Organization for the Fa-
mily) verwaltet. Die Präsidentschaft dieser Opus-Dei-nahen
Einrichtung hat Cristina Vollmer Herrera, die Gattin des venezolanischen Botschafters am Heiligen Stuhl. Die WOF unterhält ihren Hauptsitz in Mandeville (Louisiana, USA), einige

---

* Die Akros ist einer der »merchant bankers« und wurde 1987 vom Opus-
Dei-Finanzmann Gianmario Roveraro gegründet. Dieser gehörte unter anderem zum Aufsichtsrat der Progredi, einer Opus-Dei-nahen Stiftung mit Sitz in
Brüssel. 1994 wurde gegen Roveraro, der wegen Bestechungszahlungen an die
Guardia di Finanza in die Mailänder Ermittlungen von »Mani pulite« geraten
war, ein Gerichtsverfahren eröffnet, das mit einem Vergleich endete.
** Wenn dieses Gerücht der Wahrheit entspricht, so kann die Untersuchung
des Schweizer Staatsanwalts kein Verschulden Estermanns zutage gefördert haben, denn über eine konkrete Anklageerhebung durch die Schweizer Gerichtsbarkeit ist nichts bekannt.

Filialen in Europa und Südamerika, und sie verfügt über Gelder, die beim IOR deponiert sind.

Frau Cristina Vollmer Herrera war – und ist – nicht nur Präsidentin der WOF, sondern auch der AFA (Alianza per la Familia en America latina). Und Frau Estermann, die offiziell als einfache Angestellte der venezolanischen Botschaft galt, verwaltete die Gelder der AFA.

Das Duo Cristina Vollmer Herrera – Gladys Meza Romero hatte noch mit einer anderen Institution zu tun: dem VPM, mit Sitz in Wien und Zürich. Der VPM (der sich als Verein für philosophische Studien definiert) steht mit dem integralistischsten und Opus-Dei-freundlichsten Teil des österreichischen Episkopats in Verbindung, zu dem auch der Wiener Erzbischof, Kardinal Hans Hermann Groër, gehört (der später aufgrund des berüchtigten Pädophilie-Skandals »ersetzt« wurde). Soweit bekannt, machte das Sekretariat der Schweizer Bischofskonferenz* Mitte der neunziger Jahre beim Heiligen Stuhl eine Eingabe, in der es heftig gegen Gladys Estermanns Aktivitäten beim VPM protestierte.

Cristina Vollmer Herrera und Gladys Estermann sollen auch mit der Bereitstellung von Geldern – etwa vier Milliarden Lire [etwa zwei Millionen Euro, Anm. d. Übers.], gezahlt von der Fondazione Cassa di Risparmio di Roma – zu tun gehabt haben, die der Internationalen Akademie für Philosophie im Fürstentum Liechtenstein** zugute kamen. Auch diese Institution wird vom Opus Dei kontrolliert.

Die venezolanische Botschaft am Heiligen Stuhl soll somit eine Schaltzentrale für Kapitaltransfers zwischen Europa und Südamerika gewesen sein. Diese Transaktionen sollen den Stempel des Opus Dei tragen, und tatsächlich ist die Frau des venezolanischen Botschafters im Vatikan, Cristina Vollmer Herrera, eine Supernumerarierin des Opus Dei (und es heißt, auch ihr Gatte gehöre der Organisation an). Diese Kapital-

* Damals hatte Monsignore Otmar Mäder den Vorsitz der Schweizer Bischofskonferenz inne. Mäder ist Bischof von St. Gallen und mit dem derzeitigen Vizekommandanten der Schweizergarde, Elmar Mäder, verwandt.

** Der Präsident dieser Institution ist Francesco Cossiga, Vizedirektor Rocco Buttiglione; die beiden italienischen Politiker sollen dem Opus Dei sehr nahestehen.

flüsse liefen durch Gladys Estermanns Hände, innerhalb einer venezolanischen Botschaft, die im Vatikan offensichtlich eine Doppelrolle zu erfüllen hatte.

✳ ✳ ✳

Laut Aussage María Angustias Morenos, der ehemaligen Leiterin des Opus Dei in Spanien, hatte Escrivá de Balaguer ausdrücklich die Infiltration der diplomatischen Vertretungen vorgedacht und wie folgt beschrieben: »Unser Ziel ist es auch, alle Universitätslehrstühle, von denen aus viel getan werden kann, zu erlangen; Ziel des Werkes ist es ebenso, Apostolat in staatlichen Einrichtungen zu üben [...]. So sind wir imstande, unseren Leuten, ohne daß sie Prüfungen abgelegt haben, Karrieren, Titel, Doktorgrade und viele Orden zu verschaffen, die viele Menschen zu unserem Apostolat locken werden.« Und: »Die beste Form, dieses Apostolat zu üben, ist, wenn wir dies über die diplomatischen Ämter tun, damit wir in jeder Botschaft und in ihren diplomatischen Vertretungen ein Gebetshaus haben und so die Möglichkeit bekommen, in anderen Ländern Einfluß zu gewinnen, was die beste Weise ist, hineinzukommen.«*

Offiziell wurde Gladys Estermann Ende 1992 in der venezolanischen Botschaft beim Heiligen Stuhl angestellt. Sie gehörte nicht zum diplomatischen Korps, sondern wurde als Verwaltungsangestellte (der Kategorie D) eingestuft. »Sie kümmerte sich um die Archive«, erklärt später der Botschafter Vollmer. In Wirklichkeit war Gladys Estermann, wie Frau Vollmer am Tag nach dem Blutbad einräumt, »für die Kontakte mit dem Vatikan und den hohen Kirchenkreisen zuständig. Sie kannte diese Sphäre sehr gut und unterhielt Beziehungen zu Kardinälen und Bischöfen.«

Bei der heiklen diplomatischen Funktion, die Gladys Estermann – in vertraulicher Mission – für die venezolanische Bot-

---

* María Angustias Moreno: *La Otra Cara del Opus Dei*. Barcelona 1978, S. 32. Zitiert nach Peter Hertel: *Ich verspreche euch den Himmel*. Geistlicher Anspruch, gesellschaftliche Ziele und kirchliche Bedeutung des Opus Dei. Patmos. Düsseldorf 1985, S. 40.

schaft erfüllte, kam ihr auch ein Studienabschluß in Zivil- und Kirchenrecht zugute, den sie 1993 an der päpstlichen Lateransuniversität zu Rom erwarb. Anschließend hatte Frau Estermann sich an der LUMSA (Libera università Maria Santissima Assunta) eingeschrieben, die zum Vikariat von Rom gehört und von Graf Giuseppe La Torre del Tempio di Sanguinetto (außerdem Präsident des Gerichtshofs des Vatikanstaats) geleitet wird.

6

Als Vizekommandant, Verwaltungs- und Finanzchef der Schweizergarde wurde Oberstleutnant Estermann Anfang der neunziger Jahre zum starken Mann der Truppe, aber nicht nur dort. Augapfel des Opus Dei und Protegé der Papst-Entourage, mit zahlreichen Kontakten innerhalb der römischen Kurie und zum internationalen Episkopat, mit Beziehungen zu den Führungsriegen von Politik, Diplomatie, Militär und Banken in Europa und Südamerika und dank einer ausgesprochen geschäftigen Ehegattin, überstiegen Rolle und Macht Alois Estermanns im Vatikan bei weitem das militärische Amt, das er offiziell bekleidete. Dies sorgte jedoch für Unmut beim Freimaurerclan, der sich in der wachsenden Feindseligkeit vatikanischer Logen-Prälaten äußerte; und aufgrund von Gladys Estermanns Opus-Dei-freundlichen Finanzoperationen pflanzten sich die Vorbehalte auch auf der internationalen Ebene der Freimaurerei fort.

Oberstleutnant Estermann war wegen seines mürrischen, bisweilen cholerischen Charakters und seines Hangs zum Autoritären (der sich hinter höflichen Umgangsformen verbarg, aber schnell in Fanatismus umschlagen konnte) in der Schweizergarde gleichermaßen unbeliebt wie gefürchtet. Nicht nur von der Truppe, sondern auch von Offizieren und Unteroffizieren, von denen sich keiner mit den illustren Beziehungen und Protektionen eines Alois Estermann schmücken konnte. Dies galt auch für Kommandant Buchs, der oft wie ein Untergebener Estermanns wirkte und unfähig schien, in der päpstlichen Garde seinen Willen durchzusetzen.

Der einzige, der dem übermächtigen Estermann die Stirn zu bieten vermochte, war der Gardekaplan: Bis 1990 war dies Monsignore Paul Grichting, dann, bis 1994, Pater Martin Beutler und ab 1995 Monsignore Alois Jehle. Vor allem letzterer schien Estermann Furcht einzuflößen, denn wenn Jehle intervenierte, überdachte der Oberstleutnant manchmal sogar bereits getroffene Entscheidungen. Wie äußerst zuverlässige Zeugen aus den Reihen der Schweizergarde berichten, »überwachte« Monsignore Jehle Estermann aus nächster Nähe, und manchmal ging er den Opus-Dei-Offizier mit Argumenten an, die sich zwar unserer Kenntnis entziehen, aber Wirkung zeigten.*

Ab Anfang 1990 begann Oberstleutnant Estermann in der päpstlichen Garde eine streng geheime Opus-Dei-Zelle aufzubauen. Während Estermann noch darauf wartete, offiziell das Korpskommando zu übernehmen, formte er allmählich seine »Spezialeinheit« vor, die das Opus Dei im Sinn hatte: Eine militärisch schlagkräftige Kerntruppe, die bei der Eroberung des apostolischen Palastes die entscheidende strategische Rolle spielen sollte. Ein »Sonderkommando« mit folgenden Aufgaben: die Polizeimacht der Vigilanza auszuschalten, die apostolischen Paläste zu überwachen und den Pontifex zu »kontrollieren«.

Estermann verquickte seine Proselytenmacherei mit den enormen finanztechnischen Kompetenzen, die er innerhalb der Truppe hatte. Ende 1992 stellte der Oberstleutnant 250 Millionen Lire [etwa 125 Tausend Euro, Anm. d. Übers.] bereit, um die Kasernenküchen renovieren zu lassen. Doch dieses Geld stammte nicht aus der Korpskasse und auch nicht von der APSA (Verwaltung der Güter des Apostolischen

* Monsignore Alois Jehle war vormals Seelsorger von Interlaken (Kanton Bern) gewesen und stand zu seinem Amtsvorgänger Paul Grichting (der rund fünfzehn Jahre lang als Gardekaplan in der Schweizergarde tätig war) in enger Beziehung. Jehle, Grichting und Beutler (alle drei Militärseelsorger der Schweizer Armee) hatten Verbindungen zum Freiburger Domkuraten, Pater Hans Brücker, der seinerseits in Beziehung zum Generalsekretär des Schweizer Episkopats, Pater Roland Trauffer, stand. Es ist bekannt, welch großen Einfluß Regierung und Episkopat der Schweiz auf die gesamte Struktur der päpstlichen Garde ausüben. Weniger bekannt ist, daß der Gardekaplan der päpstlichen Truppe auch eine Art Kontroll- und Garantiefunktion für Staat und Kirche der Schweiz ausübt. Brücker, Beutler und Jehle standen in engem Kontakt zu Erzbischof Edoardo Rovida (damals Apostolischer Nuntius in Schweiz-Liechtenstein), der als eine Führungsfigur der vatikanischen Logenbruderschaft gilt.

Stuhls) oder vom Governatorato des Vatikanstaates, sondern vom Orden der Göttlichen Vorsehung aus Baldegg, welchen das Opus Dei gerade eben vor dem Bankrott bewahrt hatte.* 1994 ließ der Vizekommandant ein Apartment sanieren, das seit zwanzig Jahren leer stand und das sich unter der Wohnung der Estermanns befand. Dort quartierte er die sechs Schwestern der Kongregation der Göttlichen Vorsehung von Baldegg ein, die in der Kaserne ihren Dienst verrichteten (die Nonnen hatten viele Jahre in einem heruntergewirtschafteten Apartment eines anderen Kasernengebäudes gewohnt).**

Der Opus-Dei-Offizier ließ außerdem sein Vizekommandanten-Büro von Grund auf renovieren und stattete es mit selbst entworfenen Möbeln aus (die Navarro-Valls' Geschmack nachempfunden waren, der sich, in seiner Funktion als Pressesprecher Seiner Heiligkeit, im Presseamt einen eigenen Salon hatte einrichten lassen). Dann fand Estermann neben der Kapelle der Heiligen Martin und Sebastian einen Kellerraum, den er als Versammlungssaal herrichten und natürlich auf den Namen »Niklaus-Wolf-Saal« taufen ließ. Die Bauarbeiten, die bis 1997 dauerten, wurden von Ingenieur Pier Carlo Cuscianna (Bauleiter in der Abteilung für technische Dienste des Governatoratos) geleitet.*** Um die aufgebrachten Gemüter – die sich unter Hellebardieren wie Offizieren regten – zu beruhigen, stellte Estermann klar, er habe all diese Arbeiten »aus eigener Tasche« bezahlt.

Gleichzeitig verbreitete sich im Vatikan das Gerücht, Alois und Gladys Estermann leiteten gemeinsam eine neue Opus-Dei-nahe Einrichtung namens Fondazione Vita Nuova. Soweit

* Der Orden der Göttlichen Vorsehung von Baldegg ist eine kleine Schweizer Frauenkongregation, die 1993 in Abhängigkeit zum Opus Dei geriet, als die Anhänger Escrivá de Balaguers ihr eine Finanzhilfe zur Verfügung stellten.
** Eine dieser Nonnen ist die Zeugin, die im staatsanwaltschaftlichen Abschlußbericht zum Blutbad des 4. Mai [1998] genannt wird. Diese Schwester (und Schlüsselzeugin), deren Identität im Vatikan bestens bekannt ist, wurde später in die Schweiz versetzt.
*** Estermann nahm nicht die Dienste des renommierten Architekten Adolfo Salabé, Kammerherr Seiner Heiligkeit und Hausarchitekt des Vatikans sowie der italienischen Geheimdienste, in Anspruch. Salabés Fähigkeiten werden innerhalb der heiligen Mauern sehr geschätzt, allerdings nur von Logenbrüdern.

bekannt, vermittelte diese Organisation Fernadoptionen von Kindern aus Lateinamerika. Und manch einer fragte sich, warum das Paar, das noch immer keinen Nachwuchs hatte, nicht selbst ein Kind annahm.

Anfang 1997 reiste Alois Estermann nach Kuba, angeblich in Begleitung eines Opus-Dei-Numerariers. Offiziell wurde diese Mission damit begründet, daß man mit den Behörden in Havanna die Sicherheitsvorkehrungen für die bevorstehende Kubareise des Papstes abstimmen wolle (die Reise war für Januar 1998 vorgesehen); tatsächlich munkelte man jedoch, daß Estermann im Land Fidel Castros die Weichen für eine Landung des Opus Dei stellen sollte.

Der Erzbischofs von Havanna, Kardinal Jaime Lucas Ortega y Alamino, hielt große Stücke auf Oberstleutnant Estermann, von dem er eine beträchtliche Dollar-Zahlung und elektronisches Gerät entgegengenommen hatte – offiziell Geschenke der Schweizergarde. Doch weder das Geld (jedenfalls nicht der Löwenanteil) noch die Elektronik kamen von der Truppe.

* * *

Anfang der neunziger Jahre glaubte Oberstleutnant Estermann einen Gegenspieler auf seinem Weg an die Kommandospitze entdeckt zu haben: Hauptmann Martin Utz. Der Hauptmann gehörte der päpstlichen Truppe schon seit 1968 an; weder Schmeichler noch Karrierist, diente Hauptmann Utz als Gardisten-Ausbilder, und aufgrund seiner Kompetenz, seiner Aufrichtigkeit und Hilfsbereitschaft war er bei der Truppe allgemein beliebt. Es hieß, daß Estermann ihn als vermeintlichen Konkurrenten fürchte, er sah in Utz einen potentiellen Kandidaten für den Kommandantenposten, obwohl dieser sich niemals an der Ämterschacherei beteiligt hatte.

Utz litt jahrelang unter dem angespannten Verhältnis zu Estermann, man übte immer größeren Druck auf ihn aus und legte ihm 1993 wiederholt nahe, seinen Abschied zu nehmen. Eine vergleichbare Aufforderung kam 1994 aus dem Staatssekretariat (es heißt, vom Substituten Monsignore Giovanni Battista Re persönlich). Der Druck bekam langsam eine bedrohliche Note, doch der Offizier hielt die Stellung. Daraufhin wurde eigens eine päpstliche Untersuchungskommission (aus vier Prälaten) eingesetzt, die Utz wegen Inkompetenz, Versäumnissen im Dienst und einer vom Korpsgeist abweichenden Haltung anklagte. Im Februar 1995 machte man Hauptmann Utz (hinter verschlossenen Türen und ohne Verteidiger) den Prozeß, und wenige Wochen später wurde der Offizier aus der päpstlichen Garde »entlassen«.

Nach dem »Fall Utz« herrschte in der Kaserne der Schweizergarde eine drückende Atmosphäre. Das Gerücht ging um, auch Oberst Buchs würde wenige Monate später den Oberbefehl abgeben. Der verbissene Kampf, der hinter den Kulissen zwischen der Opus-Dei- und der Freimaurerseilschaft geführt wurde, erschütterte auch die Gardekaserne.

Unterdessen intensivierten die Estermanns ihre »Öffentlichkeitsarbeit« im Papstpalast und in den Führungskreisen der Römischen Kirche. Zu festlichen Anlässen, zu Jubiläen, Namens- und Geburtstagen verschickten sie Glückwunschkarten, die in die Chefetagen der römischen Kurie, an die Spitzenvertreter des internationalen Episkopats, des diplomatischen Korps, an Politiker und Journalisten gerichtet waren.[*] Die Karten stammten aus der vatikanischen Druckerei, und in einigen Fällen zierten sie ein Geschenk, wie es sich im internationalen Lobbyismus schickt.

Ab Weihnachten 1996 stand die Frage im Raum, wer zum Nachfolger von Kommandant Buchs ernannt werden solle, und im März 1997 nahmen Staatssekretariat, Schweizer Bischofskonferenz und die helvetische Regierung (vor allem der Generalstab) entsprechende Verhandlungen auf. Inoffiziell trat Oberst Buchs schon im Mai 1997 vom Kommando der päpstlichen Garde zurück, auch wenn er diesen Schritt formal erst am folgenden 30. November vollziehen sollte,[*] doch trotz

---

[*] Dieses Verhalten der Estermanns, das sich über die offiziellen Gepflogenheiten des Korps hinwegsetzte und der Tradition der päpstlichen Garde widersprach, erregte das Mißfallen von Oberst Buchs.

neunmonatiger intensivster Verhandlungen konnte das Staatssekretariat keinen Nachfolger ernennen. Das Opus Dei legte sich für Estermanns Karrieresprung gehörig ins Zeug, doch genauso massiv waren der Boykott von seiten der Freimaurer und die Vorbehalte der Regierungs- und Kirchenkreise in der Schweiz. Gerüchten zufolge sollen sich unter den Estermann-Gegnern auch der Staatssekretär Kardinal Sodano und ein weiterer gewichtiger (und intriganter) Purpurträger befunden haben: Kardinal Achille Silvestrini – der gleichwohl mit einer Schwester von Gladys Estermann befreundet war.** Monsignore Re, der Substitut, brachte den Ambitionen des Oberstleutnants dagegen eine gewisse Sympathie entgegen, war Estermann doch ein Schützling »Don Stanislaos« und somit des Papstes ... Eine derart hart umkämpfte Kandidatur hatte es in der Geschichte der Schweizergarde noch nicht gegeben.

Am 30. November, als Oberst Buchs seinen Abschied nahm, wurde Oberstleutnant Estermann zum »stellvertretenden« Leiter der päpstlichen Truppe ernannt, am 1. Januar 1998 dann zum Interimskommandanten. Auch dieses Provisorium war in der Tradition der Schweizergarde neu.*** Während der

* Ihm kam noch Werner Sieber (genannt »Barbetta«, dt.: Bärtchen) zuvor, ein Wachtmeister aus der Schreibstube, der die Garde im Oktober 1997 verließ, obwohl seine Beförderung in den Offiziersrang bevorstand (eine Beförderung, die durch Estermanns Interventionen im Staatssekretariat lange Zeit verhindert worden war).

** Am 29. Mai 1999 feierte Kardinal Silvestrini in der Villa Nazareth (einem römischen Institut, dessen Schirmherr er nach Kardinal Casarolis Tod wurde) sein zwanzigjähriges Bischofsjubiläum: Unter den Gästen soll auch besagte Schwester von Gladys Estermann gewesen sein.

Obgleich Silvestrini bereits das Pensionsalter von 75 Jahren erreicht hat, hält er – im Gegensatz zum Rothut Castillo Lara – weiter seine Machtpositionen im Vatikan. Dieses Privileg teilt er mit einem weiteren pensionsberechtigten Kardinal, der zur Freimaurerseilschaft gehören soll: Pio Laghi.

*** Am 4. Mai 1998 – Estermanns Ernennung war gerade mal zwei Stunden alt – gab Oswald Sigg, der Pressesprecher des Schweizer Verteidigungsministeriums, eine frostige Erklärung ab: »Der Vatikan wird seine Gründe dafür gehabt haben, daß die Wahl auf Estermann gefallen ist, ohne daß die Kandidaturen, die die Behörde des Bundesrats Adolf Ogi [des Verteidigungsministers, Anm. d. it. Red.] präsentiert hat, Berücksichtigung fanden.« Zu den von den Schweizer Behörden unterstützten Kandidaten gehörte damals schon Oberst Pius Segmüller, der am 2. Juni 1998, nach dem Blutbad und der Interimszeit von Roland Buchs, zum Kommandanten ernannt wird.

Korpsfeiertag (am 6. Mai) näherrückte, fragte sich die internationale Presse, welche mysteriösen Gründe wohl dafür verantwortlich seien, daß die päpstliche Schweizergarde seit Monaten keinen Kommandanten hatte.

Estermanns provisorischer Status dauerte noch vier Monate, dann wurde der Offizier zum Oberst befördert und offiziell mit der Funktion des Korpskommandanten betraut. Insgesamt war mehr als ein Jahr mit Verhandlungen, Taktiererein und vor allem Auseinandersetzungen ins Land gegangen, die schließlich im Blutbad des 4. Mai gipfelten.

* * *

Zwischen Ende 1996 und Anfang 1997 kam es in der Kaserne der Schweizergarde zu einem gravierenden Zwischenfall, der niemals aufgeklärt werden sollte. Die genaue Datierung ist deshalb schwer, weil die Angelegenheit unter absoluter Geheimhaltung erledigt wurde, und kaum jemand im Vatikan weiß überhaupt davon:

Die beiden Tresore in den Büros des Korpskommandos – einer befand sich im Dienstzimmer von Wachtmeister Sieber*, der andere in Estermanns Büro – wurden von unbekannter Hand geöffnet. Zu den mysteriösen Begleitumständen gehört, daß man weder an den betreffenden Bürotüren noch an den Panzerschränken Einbruchspuren entdeckte. Estermann und Buchs besaßen den Schlüssel zu je einem Tresor, doch beide Offiziere kannten jeweils auch die Zahlenkombination des anderen.

Indiskretionen und Gerüchten aus der Kaserne zufolge hätten die ominösen »Diebe« aus einem der beiden Tresore den Gardesold von rund 350 Millionen Lire [etwa 175000 Euro, Anm.d.Übers.], aus Estermanns Tresor dagegen ein Dossier mit Dokumenten entwendet.

Unmittelbar nach dem Diebstahl führte die Staatsanwaltschaft des Vatikans eine rasche Untersuchung innerhalb der Garde durch, Buchs und Estermann wurden verhört – ohne Erfolg. Der Fall wurde sofort zu den Akten gelegt. Es waren Gerüchte im Schwange, wonach der Opus-Dei-Offizier eine

* Siehe Fußnote auf Seite 185.

ambivalente Rolle bei der Geschichte gespielt haben soll: Einige meinten, er sei Opfer des Diebstahls geworden, die anderen hielten ihn gar für den Auftraggeber oder Täter.

Im Herbst 1998 – also nach dem Blutbad vom 4. Mai – nahm die Staatsanwaltschaft des Vatikans im Zusammenhang mit dem Massaker in der Estermann-Wohnung die Ermittlungen zu diesem mysteriösen »Einbruch« wieder auf.

Sicher ist, daß Oberst Buchs im Herbst 1998 mindestens zweimal vor den Untersuchungsrichter Gianluigi Marrone zitiert wurde. Der ehemalige Korpskommandant begab sich inkognito nach Rom und stieg heimlich im Domus Sanctae Martae, dem »Hotel« der Vatikanstadt, ab.

7

Der junge Cédric Tornay (geboren am 24. Juli 1974 in Monthey, Kanton Wallis) trat der Schweizergarde am 1. Dezember 1994 bei. Mit seinen zwanzig Jahren war er ein glühender Verehrer des Papstes: Schon als Kind hatte er davon geträumt, in der päpstlichen Garde zu dienen und so zum Schutz des Heiligen Vaters beizutragen. Er wollte die Pflichtzeit von zwei Jahren ableisten und danach als Zivilist in der Schweiz leben. Cédric war ein völlig normaler junger Mann: tief gläubig, lebhaft, voller Interessen und Pläne für die Zukunft. Er erfreute sich bester Gesundheit. In der Schweiz hatte er die normale Militärausbildung absolviert und zum Abschluß der Rekrutenschule den Dienstgrad eines Oberfeldwebels erworben. Er gewöhnte sich ohne große Mühe ans Militär, und auch in Rom lebte er sich sofort ein.

In der Kaserne geriet Tornay jedoch in ein schwieriges Umfeld. Das Reglement war verstaubt und in vielerlei Hinsicht überholt, das Korps in Auflösung begriffen; das Betriebsklima wurde durch Grüppchenbildung, Streitereien und Absonderlichkeiten belastet, die für Tornay unverständlich wirkten.

In das vielschichtige Bild gehörte außerdem Oberstleutnant Estermann, ein recht autoritärer Vizekommandant mit einer fixen Idee: dem Corpo di Vigilanza. Estermann ging so weit, daß er jeden Kontakt zwischen seinen Hellebardieren und den Angehörigen der Konkurrenztruppe untersagte, wer das Verbot mißachtete und auch nur ein Wort mit einem Kollegen der ehemaligen Gendarmerie wechselte, mußte mit harter Bestrafung rechnen. Estermann war innerhalb der Kaserne ebenso gefürchtet, wie er zum Gegenstand von Klatschgeschichten wurde. Einen Grund dafür lieferte seine venezolanische Ehefrau, der man großen Einfluß und beste Beziehungen zu den höchsten vatikanischen Würdenträgern nachsagte. Gegenüber den Gardisten legte sie ein arrogantes Verhalten an den Tag, den anderen Offiziersgattinnen begegnete sie mit Hochmut.

Für den 6. Mai 1995 war Tornays Vereidigungszeremonie vorgesehen. Der junge Rekrut hatte Paradeuniform, Brustpanzer und den federgeschmückten Helm angelegt, hielt die Linke an das Korpsbanner, spreizte drei Finger der rechten Hand ab[*] und sprach die Formel: »Ich schwöre, daß ich all das beachten werde, was mein ehrenvoller Status von mir verlangt ... Ich schwöre, daß ich in treuer Ergebenheit und Ehrenhaftigkeit dem Pontifex maximus dienen werde ... und daß ich ihm all meine Kraft widmen und, falls nötig, zu seiner Verteidigung auch mein Leben opfern werde ... Mögen mir Gott und unsere Schutzheiligen beistehen.«

Da in der Korpskapelle seit längerem die drei Pfeifenbläser fehlten, erlernte Hellebardier Tornay, nach Absprache mit Oberst Buchs, dieses Instrument, und gemeinsam mit zwei Kameraden (Christoph Schifferle und Roman Blöchinger) ließ er die alte Tradition wiederaufleben. So wurde Cédric Tornay schon bei der nächsten Vereidigungsfeier als Pfeifenbläser für die Korpskapelle abgestellt, eine Aufgabe, die er auch am 6. Mai 1998, bei der Vereidigungszeremonie für Estermann, hätte wahrnehmen sollen.

Zu Beginn des Jahres 1996 wurde Tornay von einem italienischen Monsignore aus der Opus-Dei-Prälatur angesprochen. Der Geistliche frequentierte die Kaserne ohne besondere Befugnisse, war aber mit den Estermanns eng befreundet.[**] Der Rekrut wurde ins Büro des Vizekommandanten bestellt, wo ihm der Monsignore im Beisein Estermanns einen Vorschlag unterbreitete, den er als »sehr, sehr vertraulich« bezeichnete. Tornay sollte einem »Gebets- und Meditationskreis« beitreten,

---

[*] Schon lange vertritt der Vatikan die abenteuerliche These, wonach diese Geste die Heilige Dreieinigkeit anrufe. In Wirklichkeit geht sie auf die Schweizer Geschichte zurück: Mit dem Rütlischwur schlossen sich die drei Schweizer Urkantone zu einer Allianz im Befreiungskampf gegen die Habsburger zusammen (dem »Ewigen Bund« von Schwyz, Uri und Unterwalden im Jahr 1291). Alle Schweizer Soldaten werden mit dieser Handhaltung vereidigt.

[**] Tatsächlich mißfiel Kommandant Buchs, daß sich dieser zwielichtige Geistliche in der Kaserne aufhielt.

den das Opus Dei innerhalb der Garde organisiert hatte. Dem Hellebardier war angesichts dieses merkwürdigen Vorschlags etwas mulmig zumute – er wußte nichts über das Opus Dei –, und er lehnte dankend ab. Dann stellte er fest, daß der Geistliche denselben »sehr, sehr vertraulichen« Vorschlag mindestens zwei weiteren Kameraden unterbreitet hatte. (Auch die Kameraden hatten abgelehnt und waren zu Stillschweigen aufgefordert worden.) Die Angelegenheit beschäftigte Tornay sehr, vor allem weil sich dieser mysteriöse »Gebetskreis« mit der Aura eines Geheimbundes umgab.

Was in den Folgemonaten tatsächlich geschah, hat die Gerichtsbarkeit des Vatikans nicht genauer untersuchen wollen. Die einzige gesicherte Tatsache ist, daß Cédric Tornay und die beiden anderen Hellebardiere, die der Opus-Dei-Geistliche in Estermanns Büro hatte anwerben wollen, ein Urlaubsgesuch einreichten und am 26. Mai Richtung Venezuela reisten.[*] Vierzehn Tage später, am 9. Juni, kehrten sie nach Rom zurück. Warum begaben sich die drei Hellebardiere ins Heimatland von Gladys Estermann und Castillo Lara? Und was unternahmen sie in den zwei Wochen? Kein Richter des Vatikans hat sich je die Mühe gemacht, dies herauszufinden.

Nach Aussage einiger Quellen in der Schweizergarde, wurde Cédric Tornay nach dieser Reise von Oberstleutnant Estermann über Monate unter Druck gesetzt. Das Bild änderte sich erst Anfang 1997. Der Hellebardier bekundete die Absicht, das Korps am 30. November zu verlassen, und Vizekommandant Estermann – der ihn halten wollte – schlug Tornay im Mai für die Beförderung zum Vizekorporal vor.

Im Herbst 1997, zeitgleich mit dem Ausscheiden des Kommandanten Buchs, traten zwischen Estermann und Tornay erneut Spannungen auf. Die Mutter des Vizekorporals wird angeben: »Mein Sohn erzählte mir, daß er gemeinsam mit zwei Freunden eine Untersuchung über das Opus Dei in der Schweizergarde durchführe.«

Es war wahrscheinlich in jener Zeit, daß Gardekaplan Jehle dem Oberstleutnant Estermann in Erinnerung rief, daß Pro-

[*] Vgl. das Schweizer Wochenmagazin *L'Illustré*, 13.5.1998.

selytenmacherei – auch für das Opus Dei – innerhalb des Korps untersagt war. Sicher ist, daß man Tornay und seine Kameraden, einen nach dem andern, aufforderte, den Dienst in der Schweizergarde zu quittieren. Die beiden Hellebardiere hängten auch tatsächlich die Uniform an den Nagel und kehrten zum Jahresende in die Schweiz zurück. Tornay weigerte sich: Er wollte die reguläre Dienstpflicht erfüllen und bis zum 30. November 1997 (bzw. 31. Juli 1998, denn am 1. August 1997 war er zum Vizekorporal befördert worden) im Korps bleiben.

Tornay wußte genausogut wie jeder andere in der Schweizergarde, daß Estermann zum neuen Kommandanten der päpstlichen Truppe ernannt werden würde, und es wunderte ihn auch nicht, daß Estermann ihm im Februar 1998 die Auszeichnung verweigerte, die ihm eigentlich zustand. Tornay war davon so wenig bekümmert, daß er sich, mit acht Toren, zum Torschützenkönig der gardeeigenen Fußballmannschaft (in der er als Stürmer spielte) küren ließ. Er zeichnete sich beim Tischtennisturnier aus und organisierte eine Billardmeisterschaft, die er ebenfalls – vor seinem Kameraden André Raemy – gewann. Und mit Begeisterung stürzte er sich ins nächste Fußballturnier.

Kaum hatte Oberst Buchs die Garde verlassen, tauchte noch ein sonderbares Subjekt, ohne jede Befugnis, in der Kaserne der Schweizergarde auf: Pater Yvan Bertorello. Dieser Geistliche heftete sich an die Fersen von Cédric Tornay und anderen französischsprachigen Gardisten.

Pater Bertorello frequentierte die Kaserne der päpstlichen Garde, um interne »Informationen« zu sammeln. Er verfügte über eine Akte, in der alle Gardemitglieder registriert waren: Diese Unterlagen konnten nur aus dem Staatssekretariat oder der Zentraldirektion der Vigilanza stammen.

Bertorello war ein ehemaliger Anhänger von Monsignore Lefèbvre (der superintegralistische französische Erzbischof wurde 1998 exkommuniziert) und hatte zu Beginn der neunziger Jahre das Seminar in Ecône (im Schweizer Kanton Wallis) besucht. Der Ort liegt in der Nähe von Saint-Maurice, wo

Tornay bis zu seiner Rekrutierung in der päpstlichen Garde lebte. Es heißt, Bertorello habe Beziehungen zu Monsignore Henri Schwery unterhalten, dem zukünftigen Schweizer Purpurträger, der 1995 aus unbekannten Gründen plötzlich von seinem Bischofsamt in Sion entfernt worden war.* Man erzählt sich außerdem, daß sich Kardinal Schwery am Nachmittag des 4. Mai 1998 im Vatikan aufgehalten habe, daß er lange mit Cédric Tornay gesprochen und sich zum Zeitpunkt des Verbrechens in der Kaserne der päpstlichen Garde befunden habe. Doch soweit bekannt, wurde er niemals von den vatikanischen Ermittlern befragt, und vielleicht hat man mit den Gerüchten auch eine falsche Fährte gelegt.

Kurz vor der Beisetzung Cédric Tornays behauptete ein tränenüberströmter Pater Bertorello – vor Muguette Baudat und etwa zehn anderen Zeugen –, daß der Vizekorporal ermordet worden sei, daß er, Bertorello, die Beweise dafür habe und daß deshalb auch sein Leben in Gefahr sei. Als er einige Tage später vom vatikanischen Staatsanwalt befragt wurde, stritt Bertorello alles ab, und kurz darauf verließ er Rom mit unbekanntem Ziel.

In den Wochen und Monaten vor dem »Amoklauf« gab es nicht einen Hinweis, nicht einen Zwischenfall, der den angeblichen »vorsätzlichen Anfall von Wahnsinn«, den der Heilige Stuhl dem jungen Tornay unterstellt, hätte vorausahnen lassen.

Unter anderem besuchte der Vizekorporal – gemeinsam mit seinen Kameraden – die Exerzitien, die vor Ostern 1998 in Ariccia, im »Haus des göttlichen Meisters«, unter der Leitung von Kardinal Henri Schwery und dem Opus-Dei-nahen Geistlichen Don Gino Valtorta abgehalten wurden. Als Oberstleutnant Estermann in der Kaserne das »Projekt Gemma« (ein Programm zur »Fernadoption« südamerikanischer Kinder) vorstellte, steuerte Tornay mit Freuden einen Obulus bei – vielleicht weil er nicht wußte, daß dieses Projekt eine Initiative aus dem Dunstkreis des Opus Dei war und von Frau Estermann organisiert wurde.

* Offiziell aus gesundheitlichen Gründen, Gerüchte sehen jedoch einen Zusammenhang mit dem »Fall Lefèbvre«.

Dem Vizekorporal wurde auf sein Ersuchen eine Woche Urlaub für Mitte Juni gewährt, damit Tornay sich in der Schweiz um eine Arbeitsstelle für die Zeit nach dem Gardedienst kümmern konnte. Außerdem hatte er für die letzte Juli- und die beiden ersten Augustwochen seinen regulären Urlaub eingereicht. Tornay war zuversichtlich, daß er schnell eine gute Arbeit finden würde, sprach sogar von Heirat und Familiengründung. Er konnte es kaum noch erwarten, den Vatikan zu verlassen, den er »ce monde de fous«, diese Welt der Verrückten, nannte.

* * *

Mitte April 1998 hatte Alois Estermann die Gewißheit, daß man ihn zum neuen Kommandanten der päpstlichen Schweizergarde ernennen würde. Er informierte seine Angehörigen und vereinbarte mit ihnen, daß sie am 3. oder 4. Mai, also unmittelbar vor der Vereidigungsfeier, nach Rom kommen sollten.

Am Samstag, den 2. Mai, suchte der Opus-Dei-Offizier zuerst den Friseur »Da Andrea« (Via Plauto, im Borgo) auf und äußerte dort seine Freude über die bevorstehende Ernennung, dann begab er sich in ein Restaurant (»Da Marcello«, Via di Borgo Pio, wo er einen Tisch bestellt hatte, um, wie gemunkelt wird, den Militärattaché der deutschen Botschaft zu treffen).

Für den Abend des 4. Mai (21 Uhr) hatten Estermanns für Freunde und Verwandte ein Abendessen im Hotel Columbus (Via della Conciliazione) bestellt. Am Morgen des nämlichen Tages begab sich der Substitut des Staatssekretariats, Monsignore Giovanni Battista Re, gegen elf Uhr persönlich in die Kaserne, um zu verkünden, daß Alois Estermann zum Oberst befördert und neuer Kommandant der Garde würde.

Am Abend des 4. Mai verließ, um zwanzig Uhr, ein Wagen den Vatikan und fuhr ins Zentrum Roms, zu dem Hotel, in dem die Verwandten Alois Estermanns (Vater und Mutter sowie der ältere Bruder) abgestiegen waren. Das Auto sollte die Familie abholen und in die Kaserne der Schweizergarde bringen. Doch auf dem Rückweg »verfuhr« sich der Chauffeur, weshalb die Angehörigen des designierten Kommandanten erst um 21 Uhr eintrafen, also kurz nach Ermordung der Estermanns. Doch kein Staatsanwalt des Vatikans hat – soweit bekannt – jemals versucht, diesen eigentümlichen Vorfall zu beleuchten. Genausowenig wurde erforscht, warum sich der Gardekaplan Monsignore Jehle an diesem Abend – unge-wöhnlicherweise – aus der Kaserne entfernt und in einem Re-staurant im Zentrum Roms gespeiste hatte (nachdem er einem Hellebardier die Telefonnummer des Lokals gegeben hatte, damit man ihn »im Notfall« erreichen könne).

Für den Morgen des Folgetags, den 5. Mai, hatte Gladys Estermann eine Verabredung mit Monsignore Gianni Danzi, Generalsekretär des Governatoratos und treuer Diener von Kardinal José Castillo Lara. Nach dem Blutbad wird man an allen Ecken und Enden über Monsignore Danzi stolpern: am 6. Mai bei der Trauerfeier für die Estermanns, am 7. Mai bei Tornays Totenmesse, bei der Bestattung von Alois Ester-mann am 16. Mai, und ebenso bei Tornays Beisetzung am 18. Mai. Doch kein Staatsanwalt des Vatikans hat es je gewagt, Monsignore Danzi zu vernehmen.

Am Nachmittag des 4. Mai wird Vizekorporal Cédric Tornay zu einer Sonderschicht eingeteilt: Er muß den Eingang des Gebäudes bewachen, in dem man ihn später tot auffinden wird. Im Innern des Gebäudes, in der Wohnung des Garde-kaplans im ersten Stock, hatte sich eine der sprachwissen-schaftlichen Arbeitsgruppen der Bischofssynode versammelt. Tornays Wachschicht sollte bis 19 Uhr dauern.

Im Foyer des Gebäudes, von dem aus Treppen und Aufzug in die oberen Stockwerke führen, befindet sich eine kleine Tür zum Keller. Der Keller nimmt die gesamte Gebäudefläche ein und hat einen zweiten Ausgang auf der gegenüberliegenden Seite des Gebäudes, in der Nähe des Sankt-Anna-Tores.

Manche im Vatikan behaupten, Vizekorporal Tornay sei gegen Ende seiner Schicht, kurz vor 19 Uhr, überwältigt und – noch in Uniform und mit der Dienstpistole bewaffnet – in den Keller geschleift worden. Die Angreifer sollen über die Tür am Sankt-Anna-Tor in den Keller gelangt sein.

Danach habe man in den Kellerräumen Tornays »Suizid« begangen, indem man ihn mit einer schallgedämpften Pistole vom Kaliber 7 mm erschoß. Mit Tornays Dienstwaffe habe man danach die Estermanns in ihrer Wohnung im zweiten Stock eliminiert. Anschließend habe man Tornays Leiche in das Apartment gebracht, um den Amoklauf zu inszenieren. Die Killer sollen das Gebäude über den Keller wieder verlassen haben.

Der staatsanwaltschaftliche Bericht führt* die anonymen Zeugenaussagen eines Wachtmeisters und eines Korporals an, wonach Cédric Tornay um 20.59 Uhr in Zivilkleidern auf das betreffende Gebäude zugegangen sein soll; diese Aussagen wären demnach falsch. Soweit bekannt, wurden im Zuge der vatikanischen Ermittlungen im Gebäudekeller keinerlei Untersuchungen angestellt.

* Siehe S. 88.

8

Was waren die Gründe für Alois Estermanns kometenhaften
Aufstieg in der Schweizergarde? Warum brauchte der Heilige
Stuhl zu seiner Ernennung zum Kommandanten fast ein Jahr,
wodurch die päpstliche Garde vom 1. Dezember 1997 bis zum
4. Mai 1998 ohne regulären Oberbefehlshaber auskommen
mußte?

Warum verließ Gladys Meza Romero Anfang der achtziger
Jahre Venezuela, um nach Rom zu ziehen? Warum firmierte
sie in den neunziger Jahren offiziell als einfache Angestellte
der venezolanischen Botschaft am Heiligen Stuhl, während sie
in Wahrheit eine diplomatische Mission erfüllte? Und warum
engagierte sie sich massiv in »vertraulichen« Finanztätigkeiten
für den Opus-Dei-Umkreis, obwohl sie offiziell kein Opus-
Mitglied war?

Warum reiste Cédric Tornay mit zwei Kameraden der
Schweizergarde nach Venezuela? Was genau entdeckte Tornay
in Bezug auf die Opus-Dei-Zelle, die Estermann innerhalb des
Korps organisiert hatte? Und wie weit gingen Estermanns
»vertrauliche« Aktivitäten für das Opus Dei, seine Proselytenmacherei und seine Geldgeschäfte?

Um die Wahrheit über das Blutbad vom 4. Mai 1998 herauszufinden, hätte eine ernsthafte staatsanwaltschaftliche Ermittlung zumindest diese grundlegenden Fragen beantworten
müssen. Doch diese Fragen hat sich die vatikanische Gerichtsbarkeit – die vom Heiligen Stuhl konditioniert und von zwei-
felhaften Ermittlungsergebnissen fehlgeleitet wurde – nicht
einmal gestellt: Sie begnügte sich damit, die vorgefertigte »offizielle Wahrheit« zu ratifizieren.

Im Vatikan erzählt man sich, daß die Estermanns und Cédric
Tornay am Abend des 4. Mai 1998 von einem Killer-Kom-

mando (einem Profi und zwei Komplizen) getötet worden seien. Es heißt, daß das Kommando auch gesehen wurde, aber daß der Augenzeuge niemals aussagen wird.

Im Vatikan wird gemunkelt, die drei Opfer seien nach einem generalstabsmäßig vorbereiteten Plan eliminiert worden, und es gebe dafür ganz klare Gründe, die manchem im Vatikan bestens bekannt seien.

Es ist höchst unwahrscheinlich, daß das ganze Kommando, von außerhalb des Vatikans kommend, bis an den offiziellen Tatort gelangte. Sehr wahrscheinlich kam nur der Killer von draußen, während seine beiden Komplizen schon im Vatikan warteten, vielleicht Mitglieder des Corpo di Vigilanza, vielleicht Angehörige der Schweizergarde.

Das Motiv für den Dreifachmord ist in einem oder mehreren konvergierenden Gründen zu suchen: Estermanns heftig umkämpfte Ernennung zum Garde-Kommandanten im Rahmen der Opus-Dei-Strategie; Alois' Stellung, seine Rolle im Vatikan, die Geldgeschäfte beider Estermanns.* Und um die Exekution zu verschleiern, stellte Cédric Tornay eine Ideallösung dar: Man konnte ihm den Zweifachmord in die Schuhe schieben, um weiterreichende Ermittlungen zu verhindern.

Aber eins wissen in den heiligen Mauern selbst die Statuen: Kein vatikanischer Richter ist so verrückt, einer solchen Wahrheit auf den Grund zu gehen.

---

* Mit diesen Fragen werden keinerlei illegale Aktivitäten der Estermanns unterstellt. Es geht nur darum, Einzelheiten und Auswirkungen dieser Aktivitäten zu beleuchten, die mit dem Blutbad vom 4. Mai – direkt oder indirekt – zu tun haben könnten.

Anhang

DIE STIMME
MUGUETTE BAUDATS

Anmerkung des italienischen Herausgebers

Frau Muguette Baudat hat unseren Vorschlag, an der vorliegenden Veröffentlichung mitzuarbeiten und die in ihrem Besitz befindlichen Dokumente bekanntzumachen, mehrfach abgelehnt. Im letzten Moment entschloß sie sich dann doch, die folgenden Seiten zu unserem Buch beizutragen.

Cédric gewidmet.

Für Mélinda, für Sarah …
für uns,
damit die zukünftigen Generationen sich erinnern.

»Niemand auf dieser Erde ist so gering, daß jemand
anderes das Recht hätte, ihn zu zerquetschen.«

Muguette Baudat

Ich bin Muguette Baudat, die Mutter des Vizekorporals Cédric Tornay. Trotz allem, was nach dem 4. Mai 1998 geschehen ist (und was *nicht* geschehen ist), habe ich einen Rest an Vertrauen in die Justiz des Vatikanstaates bewahrt. Bis zum heutigen Tag wollte ich nicht riskieren, die Wiederaufnahme des Untersuchungsverfahrens, auf die wir noch immer warten, in irgendeiner Form zu gefährden. Ebensowenig wollte ich den vatikanischen Richtern irgendwelche Schwierigkeiten machen, jenen Richtern zumindest, die noch die Absicht haben könnten, die wahren Umstände und die wirklichen Gründe aufzudecken, die zum Tod von Cédric Tornay, Alois Estermann und Gladys Meza Romero im Viertel der Schweizergarde von Vatikanstadt, am Abend des 4. Mai 1998, geführt haben.

Wenn der Vatikan seine Reputation retten will, indem er weiterhin eine schändliche Wahrheit verbirgt, dann ist es so, als würde er sich mit einem durchsichtigen Schal die Augen zubinden. An der Spitze der Kirche scheint die »Staatsräson« zu regieren, und ich denke, dies ist der Grund, weshalb die Verantwortlichen in der römischen Kurie solche Anstrengungen unternehmen, damit der Welt eine grauenhafte Wirklichkeit verborgen bleibt. Diese hohen Würdenträger haben beschlossen, Täter und Auftraggeber des Massakers vom 4. Mai zu decken: Ob sie nun die Identität der Mörder genau kennen oder nicht – sicher kennen sie das Motiv für die Exekution von Oberst Estermann, und dies könnte man als ein »Lügen durch Verschweigen« bezeichnen.

Tatsächlich hat nichts, aber auch gar nichts, beweisen können, daß die Tat sich so abgespielt hat, wie der Heilige Stuhl es mit seiner »offiziellen Wahrheit«, unter Trommelwirbeln und Fanfarenstößen, proklamierte. Am 4. Mai wurden ein frisch ernannter Kommandant der Schweizergarde, dessen Ehefrau und ein junger Unteroffizier im Vatikan tot aufgefunden, während in der Kaserne Familien spazierengingen, die nichts gemerkt hatten, und ohne daß Alarm gegeben worden wäre, als Schüsse detonierten, die niemand hörte. Das ist unfaßbar. Wie konnte man sicher sein, daß nicht gleichzeitig auch die Unversehrtheit des Heiligen Vaters auf dem Spiel stand? Genügten zwanzig Minuten, um den ganzen Vatikanstaat von oben bis unten zu durchsuchen? Hat man geklärt, warum merkwürdigerweise die Führungskräfte des Korps an jenem Abend abwesend waren?

Ich betrachte es folglich als mein gutes Recht, den Verteidigern der vatikanischen »Staatsräson« und ihren Aussagen über meinen Sohn mit Mißtrauen zu begegnen und ihrer Rekonstruktion der Ereignisse – vor allem der Todesumstände meines Sohnes Cédric – zu widersprechen. Und ich denke, daß heute, nach so vielen Monaten, eine öffentliche Bilanz von Nutzen sein könnte, denn viele Leute beobachten mit Sorge, daß seit Februar 1999, seit dem »Schlußwort« durch den Vatikan, der Mantel des Schweigens über die Affäre gebreitet wurde. Es ist an der Zeit, daß alle Menschen, die mir Mut zugesprochen und mich unterstützt haben, über die Vorkommnisse und die heutige Situation unterrichtet werden. Doch soviel sei klar: ich will niemanden bekehren.

Der Verlag Kaos edizioni hat mir die Möglichkeit geboten, mich öffentlich zu Wort zu melden, und ich habe schließlich eingewilligt, denn mir wurde bewußt, daß nicht ich allein *lautstarke* Zweifel an jener »Wahrheit« anmeldete, die der Heilige Stuhl mit vorschneller Anmaßung sanktioniert hatte. Ich habe zwar darauf verzichtet, auf den Inhalt dieses Buches Einfluß zu nehmen – kenne auch weder die Autoren noch ihre Quellen –, doch wurde mir klar, daß man hier nichts anderes als die Wahrheit fordert, und zwar mit Vehemenz. Nach einigem Nachdenken entschied ich daher, mich im Anhang des Buches einzuschalten.

Um so mehr, als in Rom ein geschmackloses Büchlein veröffentlicht wurde, gegen dessen Form wie Inhalt ich vorgehen könnte und in dem die Opfer des 4. Mai 1998 für einen Kampf mißbraucht werden, der nicht der meinige ist. Ich möchte mich von diesem erbärmlichen Machwerk ausdrücklich distanzieren, auch wenn das Bändchen auf eine Hypothese hinausläuft, die von meiner Überzeugung nicht allzuweit entfernt ist: Daß nämlich die Estermanns einem geplanten Mord zum Opfer fielen und daß man die Tötung Cédric Tornays *mit einkalkuliert* hatte, um diese politische Tat zu »verdecken«. Dies ist das einzige Verdienst, das man dieser vorgeblichen Enthüllung zusprechen kann. Wenn der Autor auch erkannte, daß hinter der Tragödie des 4. Mai ein Dreifachmord steckt, so hat er dies benutzt, um mit der katholischen Kirche und den Hierarchien des Vatikans persönliche Rechnungen zu begleichen. Damit dies ein für allemal geklärt ist: Cédric Tornay wird niemals als Symbol für irgend etwas stehen, weder innerhalb noch außerhalb der heiligen Mauern, und schon gar nicht als Märtyrer der Schwulenbewegung.

Die Herren Croce und Lacchei sahen im Blutbad des 4. Mai – über das sie in Wirklichkeit nichts wissen, außer den wenigen Einzelheiten, die sie (häufig fehlerhaft) aus den italienischen Zeitungen abkupferten – eine unverhoffte Gelegenheit, ihren »Verfolgern« eine Abreibung zu verpassen. Mein Kampf für die Wahrheit darf mit ihrem Kampf weder verwechselt noch vermischt werden. Trotz seiner schmeichlerischen Widmung und den guten Ratschlägen, die er mir erteilte, soll Herr Croce wissen, daß über Lügen und Manipulationen kein Mensch zur Wahrheit gelangt, und sein Buch – das trotz seines propagandistischen, marktschreierischen Titels ohne jedes Interesse ist – ist ebenso inhaltsarm wie stilistisch verpfuscht. Warum sollte ich meine Dokumente an die italienische Gerichtsbarkeit übergeben, wie mir vorgeschlagen wird? Ich habe schon genug mit den Absonderlichkeiten ihres vatikanischen Pendants zu tun!

Herr Croce hat die Opfer einer echten Tragödie in parteiischer Weise benutzt, ohne über irgendwelche Informationen (weder vom Vatikan noch von Vatikankundigen) zu verfügen, die dieser Bezeichung würdig wären, oder irgend etwas Eigenes, Neues beizusteuern, von den Hirngespinsten seines Anhangs einmal abgesehen. Herr Croce und die Gruppe, zu deren Wortführer er sich aufgeschwungen hat, mögen gute Gründe haben, sich an den Kirchenleuten zu rächen, doch ich fordere sie auf, meinen Sohn nicht in ihre Auseinandersetzungen hineinzuziehen: Sie fügen nicht nur Cédric Tornay, Alois Estermann und der päpstlichen Schweizergarde Unrecht zu, sondern geben sich selbst der Lächerlichkeit preis.

Die Behauptung, mein Sohn sei homosexuell gewesen und habe sich prostituiert oder, wie kürzlich wiederholt (*bis repetita placent*), er sei »ganz einfach« bisexuell gewesen, ist ebenso grotesk und lächerlich wie die Meinung des Vatikans, Cédric habe an einer pathologischen Bewußtseinsstörung, an akuter Lungenentzündung, an schweren Depressionen und chronischem Drogenmißbrauch gelitten. Und die letzte Behauptung ist sicher nicht weniger schlimm als die erste! Die Verfechter der »Schwulentheorie« (die schon am 5. Mai 1998 lanciert wurde) haben sich gewiß im Gardisten geirrt: Sie meinen einen, der nur in ihren geheimsten Phantasien oder in ihrer literarischen Vorstellungswelt existiert.

Im Gegensatz zu diesen »*messieurs-dames*« habe ich keine Rechnungen zu begleichen, weder mit der Macht des Klerus noch mit einer Kirche, die sich nach außen schwulenfeindlich gibt, im Innern aber weitaus »verständnisvoller« ist. Wenn es in der Schweizergarde jemals eine ähnliche Beziehung zwischen einem Offizier und einem Unteroffizier gegeben hätte, dann wären die beiden längst mit einem herzlichen Dankeschön und der gebotenen Diskretion verabschiedet worden. Aber ich glaube Identität und Beweggründe desjenigen zu kennen, der Cédric Tornay in der Schweizergarde der Homosexualität geziehen hat.

Die päpstliche Garde als »Harem des Vatikans« zu bezeichnen ist ebenso billig wie beleidigend für diese angesehene Truppe und alle ihre Angehörigen. Vizekorporal Cédric lebte nicht »im Luxus und in der Wollust, in der zügellosen Sinnenfreude der Kardinalsgemächer«, wie Herr Croce schreibt. Cédric hatte gar nicht die Zeit, um die »besonderen« Empfänge zu besuchen oder Umgang mit weibischen Würdenträgern des Vatikans, mit der dekadenten römischen Aristokratie oder betagten italienischen Regierungschefs, denen es an Gespielen mangelt, zu pflegen. Der Alltag der Gardisten besteht fast auschließlich aus langen Diensten, Nachtschichten und Überstunden; ihnen als ausgewählten Soldaten obliegt die schwierige Aufgabe, einen bedeutenden und erhabenen Palast zu bewachen.

Die Ausgangszeiten widmete Cédric seiner Freundin und dem gemeinsamen Bekanntenkreis, die restliche Freizeit verbrachte er mit Sport und anderen Gemeinschaftsaktivitäten des Korps, sicher verlustierte er sich nicht in Saunen und unter anderen »Fachadressen« Roms. Cédric war sehr sportlich und trieb tatsächlich viel Sport, aber nicht die Disziplin, die man ihm jetzt unterstellen möchte. Im übrigen haben die zahlreichen Freunde und Bekannten aus Rom und der Schweiz, und überhaupt alle, die Cédric kannten und frequentierten, auf diese Art von Schwachsinn schon die richtige Antwort gegeben. Und in diesem Zusammenhang möchte ich den Verwandten der Estermanns sagen, daß ich ihren Ekel teile angesichts der Verleumdungen, die auch gegen ihr Familienmitglied gerichtet wurden. Ich fühle mich ihnen verbunden.

Ich breche heute mit Hilfe eines kleinen, als »antiklerikal« bezeichneten Verlags mein Schweigen, weil ich eine konkrete Gelegenheit nutzen wollte: eine unabhängige Plattform, die keine Bedingungen stellte und mich nicht beeinflussen wollte.

Ich möchte kein Urteil über den Inhalt dieses Buches abgeben. Jedoch stelle ich fest, daß sich viele der hier aufgezeigten Fakten mit meinen Unterlagen decken oder diese komplettieren. Und übereinstimmend belegen sie, wie unwahrscheinlich die »offizielle Version« des Heiligen Stuhls ist, wie viele Ermittlungslücken die Untersuchung durch den Vatikan aufweist (Fakten, Personen, Verantwortlichkeiten, Hintergründe). Ich hoffe daher, daß auch dieser Ansatz dazu beiträgt, die zuständigen Behörden in die Pflicht zu nehmen, damit sie ihre Arbeit, auf neuer Grundlage, von vorn beginnen: unter neuen Gesichtspunkten, mit anderen Hilfsmitteln und unter Gewährleistung von absoluter Transparenz und Unabhängigkeit.

So habe ich denn beschlossen, der Öffentlichkeit verschiedene Dokumente zugänglich zu machen. Und zwar beginne ich mit einem *Bittgesuch* und einem *persönlichen Brief*, die ich in den letzten Monaten an den Heiligen Vater gerichtet habe. Da mein persönlicher Brief an den Papst vom 8. Juli 1999 ohne jede Erwiderung geblieben ist (ebenso wie das offizielle Bittgesuch vom 18. September 1998), denke ich, steht es mir nun frei, den Inhalt publik zu machen. In beiden Fällen ist ein beträchtlicher Zeitraum verstrichen, und so fühle ich mich nicht mehr an die Diskretion und Zurückhaltung gebunden, die ich bis heute (allein aus Hochachtung vor der Person des Heiligen Vaters) bewiesen habe.

Des weiteren veröffentliche ich drei *Beschlüsse* der Justizbehörden des Vatikanstaates und ein *Attest* der Direktion des vatikanischen Sanitätsdienstes. Diese Papiere gehören *nicht* zu den Dokumenten, die ich über das Verbrechen und dessen Zusammenhänge gesammelt habe. Sie gehören *nicht* einmal zu den damit verbundenen Unterlagen und wissenschaftlichen Gutachten. Sie sind Teil einer Unmenge von Zeugnissen und unveröffentlichten Informationen, die ich bis heute sammeln konnte. Ich verfüge über eine Masse an Dokumenten, die ich für die gerichtlichen Auseinandersetzungen aufsparen möchte, auf die ich noch immer geduldig warte.

Die zwei Schreiben, die ich an den Papst gerichtet habe, und diese vier offiziellen Dokumente des Vatikans werden jedem vor Augen führen, in welcher juristischen Sackgasse das Blutbad vom 4. Mai 1998 heute steckt. Ich für meinen Teil richte damit eine dreifache Botschaft an die öffentliche Meinung: eine Geste der Dankbarkeit, einen Appell an Zivilcourage und Verantwortungsbewußtsein und schließlich ein Zeichen der Hoffnung und Erwartung.

Jeder anständige Mensch soll wissen, daß man sich, wenn denn der gute Wille vorhanden ist, auf die »wirkliche Wahrheit« anstelle der »offiziellen Wahrheit« berufen kann, woher auch immer diese rühren mag. Auch wenn der Heilige Stuhl etwas anderes glauben machen will: Die Affäre vom 4. Mai 1998 ist nicht zu den Akten gelegt, ist nicht abgeschlossen und vor allem nicht offiziell geklärt. Für die irdische Gerechtigkeit ist noch längst nicht gesorgt.

Ich danke von ganzem Herzen den vielen Menschen, die

mir in all den Monaten moralische und praktische Unterstützung haben zuteil werden lassen, vor allem jenen, die meinem Appell vom Januar 1999 nachgekommen sind; ihnen bin ich besonders verpflichtet. Mit diesen Zeilen begleiche ich vor allem eine Schuld ihnen gegenüber, und ihnen spreche ich noch einmal meinen tiefen Dank aus. Alle diese Freunde, bekannte und unbekannte, haben einen zusätzlichen Beweis von Zivilcourage verdient. Mein Kampf ist auch ihr Kampf.

All denjenigen, die Cédric kannten, vor allem seinen Freunden beziehungsweise Kollegen der Schweizergarde, möchte ich folgendes sagen: Ich weiß, daß Ihr aus Furcht schweigt. Und wenn Euer Schweigen nicht von diesem Gefühl diktiert wäre, hätte man im übrigen das Recht, noch Schlimmeres zu vermuten. Ich möchte Euch ein weiteres Mal zurufen: Sprecht! Erleichtert Euer Gewissen! Gehorcht Eurer Pflicht als aufrechte Männer, die dieser Bezeichung würdig sind! Wie lange werdet Ihr mit diesem Stachel in der Brust leben können, Ihr, die Ihr in der Schweizergarde zu falscher Aussage gezwungen wurdet und die Ihr verschwiegen habt, was Ihr doch wißt? Noch immer warte ich darauf, daß die Personen, die mir kurz nach dem Massaker bestimmte Fakten offenbaren, sich dazu durchringen, dasselbe an geeigneter Stelle zu wiederholen. Dieser Appell richtet sich an Offiziere und Unteroffiziere der Schweizergarde, und weniger an die aktuell verpflichteten als vielmehr an diejenigen, die in letzter Zeit das Korps verlassen haben. Herr Roland Buchs hat wiederholt erklärt, daß über das Verbrechen vom 4. Mai »nur Gott die Wahrheit kennt«. Doch welchen Gott meinte er? Der Gott, den ich kenne, hat mit dieser Geschichte, die einfach nur unmenschlich ist, nichts zu schaffen.

Was den einnehmenden »Beichtvater« und vorgeblichen »geistlichen Beistand« Cédrics betrifft – ein Konzentrat aus Heuchelei, Lügen und Widersprüchlichkeiten, gewiß ein Priester, aber sicher keine autonom agierende Hauptfigur –, ich weiß, was er vor dem Untersuchungsrichter zusammengestammelt hat: »Aus Liebe und zum Schutz der Kirche« hat er seine ursprünglichen Bekenntnisse »vergessen«. Ist er davon überzeugt, oder hat man ihn überzeugt? Sei's drum. Aber er sollte sich keine Illusionen machen: Früher oder später wird der Tag kommen, an dem auch er sich erklären muß, und zwar ausführlich.

Ebensowenig werde ich die asiatischen Bischöfe vergessen, die in jenen Tagen bei Estermanns zu Gast waren, und auch bestimmte Bischöfe meines Heimatlandes nicht. Doch da sind auch Pater Roland Trauffer und vor allem Monsignore Alois Jehle, die wohl viel zu erzählen hätten: Ich wünsche mir nur, daß sie lang genug leben, um das zu sagen, was das Ansehen ihrer Kutte verlangt.

Ich hoffe, daß alle Menschen, die guten Willens sind, die »Wahrheit aus Staatsräson« abzulehnen wissen und ebenfalls die »wirkliche Wahrheit« einfordern, wie auch immer sie aussehen mag. Im Gegensatz zu dem, was der Heilige Stuhl glauben machen wollte und will, ist die Tragödie des 4. Mai 1998 nämlich weder zu den Akten gelegt noch abgeschlossen und vor allem nicht offiziell geklärt.

Ich möchte, daß alle Mütter, alle Eltern und Freunde von offiziellen »Suizidopfern« – besonders von Polizisten und Soldaten – wissen, daß sie vor den großen und kleinen Gründen der »Staatsräson« nicht mehr allein dastehen. Vielleicht ist die Zeit gekommen, eine gemeinsame Phalanx gegen diese schändliche Praxis zu organisieren, die in den sogenannten zivilisierten Ländern weitaus verbreiteter ist, als man meint. Und ich denke zuallererst an die Angehörigen der beiden anderen Opfer des 4. Mai, die sich, wie es scheint, bisher an die »offizielle Version« gehalten haben. Ob sie davon alle wirklich überzeugt sind, entzieht sich meiner Kenntnis, doch sie sollen wissen, daß ich mich ihnen nahe fühle, jenseits jeglicher Zwietracht, die manch einer zwischen uns säen möchte.

Das Bittgesuch an den Papst

Am 4. September 1998 traf ich – nachdem ein Hauptmann der Schweizer Armee mir seinen ausdrücklichen Wunsch, mich zu sehen, übermittelt hatte – den Sekretär der Nuntiatur in Bern. Am 13. September suchte mich dann der Offizier gemeinsam

212

mit dem Sekretär der Nuntiatur zu Hause auf, in einer vertraulichen Spähmission. Durch die beiden Treffen wollte man herausfinden, wieviel ich wußte und was ich zu tun beabsichtigte. Nachdem die beiden Abgesandten dem Nuntius, und dieser widerum dem Staatssekretär, Bericht erstattet hatten, schlug die Mission in Einschüchterungsversuche um. Die Botschaft war klar.

Infolge dieser beiden Treffen beschloß ich, mich direkt an den Heiligen Vater zu wenden, und zwar mit einem *Bittgesuch.*

Heiligster Vater,

ich bin die Mutter des Vizekorporals Cédric Tornay. Eine Mutter, der das Schicksal den Sohn entrissen hat, wendet sich wie eine Tochter an Euch.

Ich war bereit, die dreifache Schuld Cédrics einzugestehen, doch ich wurde sofort unter Druck gesetzt und mit Manipulationen, Verheimlichungen und Lügen umgeben. Außerdem sind die Erklärungen von seiten der Kurienvertreter wie auch die Einzelheiten der Untersuchungen, in die mir Einsicht gewährt wurde, alles andere als beweiskräftig. Ich kenne die Akten der vatikanischen Ermittlungsbehörden nicht, doch das Konstrukt der offiziellen Version hält einer Tatsachenanalyse nicht stand.

Ich weiß nun, daß sich das Verbrechen vom 4. Mai nicht so abgespielt hat, wie es die offizielle Version will, eine Version, die am selben Abend, zeitgleich mit der Eröffnung des Ermittlungsverfahrens, ausgearbeitet wurde. Und abgesehen von allen Vernunftgründen: Unablässig rührt die Stimme meines Sohnes mir an Herz und Ohr: »Mama, ich war es nicht.«

Wie andere Leute auch möchte ich einfach die Wahrheit erfahren, wie auch immer sie aussehen mag. Ich habe mich entschlossen, einer vatikanischen Rechtsprechung zu vertrauen, die in Eurem Namen und an Eurer Stelle handelt. Doch als die Ermittlung an den Staatsanwalt weitergeleitet wurde, der, wie man sagt, den Fall möglichst schnell zu den Akten legen sollte, hatte man mich noch kein einziges Mal als Zeugin vor den zum Untersuchungsrichter gewordenen Staatsanwalt Nicola Picardi geladen. Und im übrigen werde ich seit dem 7. Mai 1998 von allen Vorgängen abgeschirmt.

Doch nun, Heiligster Vater, komme ich zu den eigentlichen Gründen, die mich heute dazu treiben, mich vor Euch zu öffnen. Anfang des Monats kam ein Mittelsmann zu mir und sagte, der Sekretär der Berner Nuntiatur wolle mich treffen. Wir verabredeten uns an einem neutralen Ort in der Schweiz, in Sankt Gingolph am Genfer See, in der Nähe der französischen Grenze. Wir trafen uns Freitag, den 4. September 1998, um 16 Uhr. Trotz des liebenswürdigen Auftretens meiner Gesprächspartner wurde klar, daß sie nur herausfinden wollten, wieviel ich wußte, in welcher psychischen Verfassung ich mich befand und was ich vorhatte. Es ist übrigens kurios, daß offensichtlich die meisten Geistlichen der Meinung sind, Frauen seien geistig beschränkt. Am Ende der Unterredung gab mir Monsignore B. M. R. ein weißes Etui, in dem sich ein hübscher Rosenkranz befand. Doch er sagte mir nicht, ob dieses Geschenk von Eurer Heiligkeit stammte; er blieb vage in diesem Punkt.

Neun Tage später, am Sonntag, dem 13. September, gegen Abend, kamen dieselben Personen (ohne Vorankündigung und ohne daß ich sie eingeladen hätte) zu mir nach Hause. Da sie eine weite Strecke gefahren waren, um mich zu sehen, gebot mir der Anstand, sie zu empfangen. Hinter Phrasen, Andeutungen und weitschweifigen Ausführungen steckte eine klare Botschaft: Man legte mir mit Nachdruck nahe zu schweigen. Man sagte mir, dieser Ratschlag (um nicht zu sagen: diese fast unverhohlene Drohung) käme von einer Stelle »über« Eurem Staatssekretär. Ich kann nicht glauben, daß diese Aktion von Euch ausging, und auch nicht, daß sie von Eurer Autorität gedeckt wird.

Nun, Heiligster Vater, begreift Ihr die Lage, in der ich mich befinde. Ich war es mir schuldig, Euch dies anzuvertrauen. Ich fürchte nicht so sehr für mich selbst wie für meine Familie. Aber ich kann mich einfach nicht geschlagen geben. Wir alle, auch die Kirche, haben das Recht auf Wahrheit, und außerdem habe ich die Pflicht, das Andenken meines Sohnes zu schützen.

Ich bin sicher, daß Ihr meinen Gemütszustand begreifen und das Richtige unternehmen werdet, um zu verhindern, daß die Kirche ihr Gesicht verliert.

Was auch immer geschehen mag, ich werde, obwohl ich Protestantin bin, nicht aufhören, für Euch und Eure Schweizergarde zu beten. Allein das Korps kann nämlich für Eure leibliche Unversehrtheit und Eure Unabhängigkeit als Oberhaupt der Kirche garantieren. Und nun soll die Funktion der Schweizergarde auf harmlose Folklore beschränkt werden. Das grausame Schauspiel vom 4. Mai scheint mit dem internen Konflikt zusammenzuhängen, in dem sich das Korps seit einigen Jahren zerreibt. Ich bitte Euch, laßt dem neuen Kommandanten Eure persönliche Unterstützung zukommen! Unterstützt die Schweizergarde, für die Zukunft!

Ich bitte Eure Heiligkeit: Betet, daß die drei Toten vom 4. Mai in ewigem Frieden ruhen, die drei, die geopfert wurden, auf daß die päpstliche Schweizergarde leben möge, wie auch immer sich die Tat abgespielt hat. Sie verloren oder gaben ihr Leben für Euch, auf mysteriöse Weise, in Erfüllung ihres Eides, den sie an einem 6. Mai für Euch abgelegt hatten. Ich bitte Euch außerdem: Betet für mich und meine Töchter, wie ein Vater für seine Familie.

In der Hoffnung auf Euer Verständnis und Euren Schutz versichere ich Euch, Heiligster Vater, meiner Zuneigung und Ergebenheit.

Vollèges, den 18. September 1998
Muguette Baudat

»Man sieht nur mit dem Herzen gut.« *

Dieses Bittgesuch, das vom 18. September 1998 datiert, erreichte seine Destination am 26. September; es wurde in den Privatgemächern des Palastes von Castel Gandolfo zugestellt, wo der Heilige Vater gerade weilte. Das Bittgesuch wurde einem an Monsignore Mieczyslaw Mokszycki (den Sondersekretär des Heiligen Vaters) adressierten Schreiben beigelegt. Hat Monsignore Mokszycki den Text des Gesuches, der ihm in fotokopierter Form vorlag, gelesen? Und hat er ihn dem Papst unterbreitet? Oder hat er ihn statt dessen – was wahrscheinlicher ist – an Monsignore Stanislaw Dziwisz weitergeleitet, der – auch wenn er inzwischen Bischof und beigeordneter Präfekt des Päpstlichen Hauses ist – weiterhin den

* Am Ende des Bittgesuchs handschriftlich von Frau Baudat angefügt; Anm. d. it. Red.

»Kabinettschef« des Heiligen Vaters abgibt? Mein Bittgesuch ist jedenfalls ins Staatssekretariat gelangt. Und eines ist sicher: Der Heilige Vater hat mir nicht geantwortet, hat mir auch nicht antworten lassen, und es hat auch niemand sonst an seiner Stelle geantwortet.

Ich nehme an, daß der Heilige Vater mein Bittgesuch niemals erhalten hat und daß Kardinal Sodano und Monsignore Giovanni Battista Re – mit oder ohne das Einverständnis von Monsignore Dziwisz – beschlossen haben, es stillschweigend zu den Akten zu legen. In diesem Fall wurde die kirchliche Tradition verletzt: Es ist nicht bekannt, daß ein Bittgesuch an den Heiligen Vater jemals ohne Erwiderung blieb, und sei es nur ein banaler Formbrief, in dem – wohlgemerkt – Verständnis und der päpstliche Segen erteilt werden. Dieses Schweigen ist meiner Meinung nach ein Beweis dafür, in welche Verlegenheit ich die engsten Mitarbeiter des Papstes mit meinem Vorstoß gebracht habe.

Das Anschreiben per Fax

Neun Monate nachdem ich vergeblich versucht hatte, mein Bittgesuch an das Sondersekretariat des Heiligen Vaters zu richten, erfuhr ich, daß der Bischof von Aosta einen speziellen Zustelldienst eingerichtet hatte, um dem Papst auch während seines Urlaubs (im Gebirgsdorf Introd, in der autonomen Region Aostatal, Italien) alle Nachrichten zukommen zu lassen. Am 8. Juli 1999 entschloß ich mich, dem Heiligen Vater einen privaten Brief per Fax zu schicken.

Monsignore Giuseppe Anfossi hatte verkündet, daß ein »spezieller Postdienst« seiner Bischofskurie alle Schreiben und Geschenke für den Papst direkt bei dessen Chalet in Les Combes abliefern würde. Mein Fax wurde an die Kurie des Aostatals, zu Händen des Amtsschreibers, geschickt und war mit der Bitte versehen, es dem Heiligen Vater auszuhändigen.

Heiligster Vater,
Euch sei nun endlich eine Zeit der Entspannung und Meditation gegönnt, inmitten dieses unermeßlichen Paradieses, das

216

sich übergangslos in das Tal erstreckt, in dem ich lebe, nur zwanzig Kilometer von Euch entfernt.

Wenn der Abend sich neigt, Heiligster Vater, dann wendet Euch bitte Richtung Norden. Ich blicke Richtung Süden. Verschwendet einen warmherzigen Gedanken an meinen Sohn Cédric, dessen Leiche zu Füßen des Mont Chemin ruht. Was auch immer Ihr denken mögt und was auch immer behauptet oder Euch gesagt worden ist – er hat sein junges Leben für Euch gelassen. Er hatte geschworen, daß er sein Leben für Euch hingeben würde. Und in Eurem Zuhause ist es ihm genommen worden.

Ich bitte Euch nicht, ihm zu verzeihen, denn er hat nichts von dem begangen, dessen man ihn beschuldigt. Ich bitte Euch schlichtweg darum, mit ihm zu kommunizieren, denn jenseits der körperlichen Sprache existiert, wie Ihr wißt, ein Raum, in dem Ihr ihm all Eure Liebe und Euer Vertrauen mitteilen könnt. Ihr hättet hören sollen, was Ihr für ihn bedeutet habt, und genau darum geht es.

Man wird Euch eingeflüstert haben: Sie ist nur eine arme verzweifelte Mutter mit Wahnvorstellungen, die ihren Sohn gegen jeden Widerstand, gegen alle Vernunft und Evidenz verteidigt! Ist das Offenkundige der Menschen nicht nur eine Facette ihrer Unwissenheit?

Könnt Ihr vernünftigerweise annehmen, daß eine Mutter auf die Nähe ihres Sohnes verzichtet, damit dieser in seinem unendlichen Vertrauen in Euch seinen Dienst für Euch antritt, und daß diese Mutter dann aus dem Tod ihres Sohnes einen persönlichen Vorteil ziehen will? Dies ist absolut nicht der Fall, und wenn Cédric diesen Dreifachmord wirklich begangen hätte, so hätte ich mich dieser Wirklichkeit gebeugt. Schmerz ist Schmerz, ein Gefühl, doch er, Cédric, ist viel mehr als das.

Ich führe meinen Kampf auch für die zukünftigen Pontifikate. Nach meinem Bittgesuch vom 18. September 1998 drücke ich in diesen Zeilen noch einmal dasselbe Vertrauen, dieselbe unverbitterte Geduld aus, die mir erhalten bleibt, solange Unser Vater mich am Leben läßt. Meine Duldsamkeit läßt mich auch die Schlammlawine ertragen, unter der man Cédric begraben hat und zu der auch und vor allem das Kommuniqué gehört, das der

Heilige Stuhl im Februar 1999 veröffentlichte. Zahlreich sind die, die auf die Zeit warten, da die Schlüssel des heiligen Petrus die Tore von Vatikanstadt wieder für Christus öffnen werden.

Und dann bitte ich Euch: Glaubt nicht den Leuten, Heiligster Vater, die Euch erklären, ich wolle Euch beleidigen oder provozieren. Jawohl, ich bin eine Frau, ja, ich bin eine Mutter, ich bin Protestantin, ja, ich bin geschieden: Steht das einem Verständnis des Herzens etwa im Wege?

Heiligster Vater, ich beschwöre Euch, vergeßt nicht die drei Leben, die vor vierzehn Monaten in Eurem Zuhause ausgelöscht wurden. Sie liebten Euch, und ihr Leben wurde für Euch hingegeben und für die geheimnisvolle geistliche Mission, die Euch übertragen wurde. Laßt nicht zu, daß Ihr Alois und Gladys Estermann aus dem Gedächtnis verliert, vergeßt nicht Cédric Tornay! Erlaubt nicht, daß man sie trennt, daß sie gegeneinander ausgespielt werden, das wäre unter ihrer Würde.

In aller Bescheidenheit, Heiligster Vater, bitte ich Euch, nehmt meine aufrichtigen Gefühle der Hochachtung und der Liebe an ebenso wie meine täglichen Gebete für Eure Person.

Vollèges, den 8. Juli 1999

Muguette Baudat

Hat der Papst diesen meinen persönlichen Brief nun erhalten? Wer weiß?! Ich kann es nicht wissen, und ich werde es auch nie erfahren.

Entweder weiß der Heilige Vater nichts von mir, und er hat meine Briefe nicht gelesen; oder er hat sie erhalten und gelesen, unterstützt und »deckt« jedoch ein Staatssekretariat, das sich immer weiter, um jeden Preis, auch den der Lüge, in seine »offizielle Version« verstrickt. Es ist nur legitim zu fragen, ob ein Pius XI. sich in einem ähnlichen Fall genauso verhalten hätte. Und die Kenner der Materie sind sich da einig: sicher nicht. Es gibt also zwei Möglichkeiten: Entweder steht Papst Johannes Paul II. bei der Verteidigung der »offiziellen Version« mit an vorderster Front, oder er ist – was noch schlimmer wäre – das Opfer der Leute, die ihm eigentlich dienen müßten und die statt dessen seinen Platz einnehmen, die an seiner Stelle und in seinem Namen handeln; beide Vorstellungen sind gleichermaßen beängstigend. Im übrigen zeigt der »Fall Gagnon« *, daß den Leitern des Staatssekretariats der Sinn für Transparenz ebenso abgeht wie die Bereitschaft, Systemfehler offenzulegen.

Auf der anderen Seite steckt der Kern des Problems offensichtlich schon in der Tatsache, daß die vatikanischen Justizbehörden auf ein Blutbad wie das vom 4. Mai 1998 überhaupt nicht vorbereitet waren und daß ihnen zur Untersuchung jegliches moderne kriminalistische Handwerkszeug fehlt. Ihre Arbeit wurde außerdem durch Manipulationen, Verschleierungen und unterschwelligen Druck beeinflußt. Was die Leistung der vatikanischen Gerichtsmediziner betrifft, davon möchte ich an dieser Stelle gar nicht sprechen. Früher oder später wird in der Öffentlichkeit zwangsläufig eine Diskussion über die »Dreifachrolle« geführt werden, die den Wissenschaftlern am Morgen des 5. Mai übertragen wurde.

Die drei *Beschlüsse* der vatikanischen Gerichtsbarkeit

Diese Dokumente beweisen – falls noch Bedarf bestünde –, welchen Macht- und Vertrauensmißbrauch das Presseamt des Heiligen Stuhls mit seinem (offiziellen) Bulletin vom 8. Februar 1999 begangen hat.

Am 10. Dezember 1998 weist das Berufungsgericht des Vatikanstaates den von meinen Anwälten am 6. Oktober 1998 eingereichten Antrag zurück, wonach sie als Partei in dem laufenden Verfahren zugelassen werden wollen. Als Grund für die Ablehnung wird angeführt, daß »dem Staat von einem [gegen Cédric Tornay] anhängigen Verfahren nichts bekannt ist«, weiter heißt es, daß mein Antrag erst dann eventuell »in Betracht gezogen werden kann«, wenn »die Voruntersuchung abgeschlossen« sei (siehe Dokument 1, S. 227 ff.).

Am 1. Februar 1999 erklärt der Staatsanwalt die Untersuchung für abgeschlossen und beantragt die Archivierung. Am

* Vgl. I Millenari: *Wir klagen an.* Zwanzig römische Prälaten über die dunklen Seiten des Vatikans. Aufbau Taschenbuch Verlag. Berlin 2000, S. 67 ff.; Anm. d. it. Red.

5. Februar entscheidet der Untersuchungsrichter, daß »im Fall des Ablebens [des Ehepaars Estermann und Cédric Tornays] keinerlei strafrechtliches Verfahren einzuleiten ist«, ordnet gleichzeitig aber die Fortführung der Untersuchung an, da es sich »andererseits als notwendig erwiesen hat, weitere im Zuge der Ermittlungen festgestellte Fakten zu vertiefen« (siehe Dokument 2, S. 231 ff.). Am darauffolgenden 22. Februar weist das Berufungsgericht des Vatikanstaates erneut den Antrag meiner Anwälte zurück, und zwar mit dem Vorwand, die Voruntersuchung sei noch nicht abgeschlossen, und »von einem Gerichtsverfahren« gegen »wen auch immer ist beim augenblicklichen Stand der Dinge nichts bekannt« (in diesem Fall: gegen Cédric Tornay; siehe Dokument 3, S. 234 f.).

Wirft man einen Blick auf die Unterlagen, so wird folgendes deutlich: Die Voruntersuchung zum Verbrechen des 4. Mai 1998 wurde vom Untersuchungsrichter am Gerichtshof des Vatikanstaates geleitet. Die Untersuchung wurde noch am Abend des 4. Mai eröffnet und von demselben Richter am 9. Mai abgeschlossen, also nach nur fünf Tagen. Die Akte wurde dann an den »Promotore di Giustizia« weitergeleitet, also an den Staatsanwalt des Vatikanstaates, der die Ermittlungen allein weiterführte. Diese zweite Phase der Untersuchung endete am 1. Februar 1999 damit, daß der zum Untersuchungsrichter gewordene Staatsanwalt seinen Abschlußbericht dem Einzelrichter aushändigte, der Person also, die zu Beginn die Rolle des Untersuchungsrichters gespielt hatte! Mit anderen Worten: Herr X eröffnet und leitet die Untersuchung, um sie dann an Herrn Y weiterzuleiten. Herr Y führt die Ermittlungen und legt seine Schlußfolgerungen in die Hände von Herrn X. Herr X beschließt, die Untersuchungen einzustellen und den Fall zu den Akten zu legen, überträgt Herrn Y aber gleichzeitig einen neuen Ermittlungsauftrag.

Man kann nur den Kopf schütteln, wenn man sieht, daß der Untersuchungsrichter und der rechtsprechende Richter in der Rechtsordnung des Vatikanstaates ein und dieselbe Person sind; und daß außerdem eine kriminalpolizeiliche Ermittlung sofort einem Staatsanwalt anvertraut wird, der – auf sich allein gestellt – anhand einer »offiziellen Version« der Fakten agiert.

220

Diese »offizielle Version« wiederum wird von einer politischen Instanz (dem Staatssekretariat), dem höchsten Organ des Heiligen Stuhls, proklamiert, das theoretisch mit der Gerichtsbarkeit des Vatikanstaates überhaupt nichts zu schaffen hat. Und der Staatsanwalt führt die Untersuchung über 267 Tage und duldet, trotz seiner Zweifel, die er am 17. Juli 1998 selbst äußert, nicht, daß die Verteidiger des schon im Vorfeld Schuldiggesprochenen an der Ermittlung beteiligt werden.

Am 1. Februar 1999, also neun Monate nach Einleitung des Untersuchungsverfahrens, beantragt der vatikanische Staatsanwalt beim Einzel- und Untersuchungsrichter die Archivierung der Voruntersuchung; diesem Antrag wird sofort stattgegeben, ebenso dem Antrag, daß kein Strafverfahren (gemeint ist: gegen Cédric Tornay) eröffnet werden soll.

Der Beschluß vom 5. Februar 1999 scheint somit auch zu begründen, warum eine »Fortführung unangebracht« sei. Doch die Entscheidung des Untersuchungsgerichts, den Fall zu archivieren, wird ohne genaue und beweiskräftige Begründung gefällt. Und noch dazu ordnet derselbe Richter – diesmal in seiner Funktion als Einzelrichter – die Weiterführung der Untersuchungen zum Delikt des 4. Mai 1998 an, da sich »als notwendig erwiesen hat, daß weitere Fakten vertieft werden«. Hier drängt sich die Frage auf, ob die ganze Angelegenheit im Sand verlaufen soll oder ob man das Ermittlungsverfahren tatsächlich weiterführen will.

Der ambivalente Beschluß vom 5. Februar stellt bis heute die einzige offizielle Entscheidung dar, die die vatikanische Gerichtsbarkeit im Zusammenhang mit dem Verbrechen vom 4. Mai gefällt hat. Und Cédric Tornay wird darin weder als »der« überführte Täter definiert, noch verdächtigt man ihn, einen Zweifachmord und Suizid begangen zu haben. Doch die Version, die das Staatssekretariat drei Tage später verbreiten ließ, verwandelte ihn in die vollkommene Bestätigung der eigenen »offiziellen Version«, wobei suggeriert wird, *auch* der Gerichtshof des Vatikanstaates hätte die Schuld des Mörders und Selbstmörders in aller Form anerkannt. Eine skandalöse Fehlinterpretation, eine perfide Irreführung der öffentlichen Meinung.

Jedermann wird feststellen, daß in der Rechtsordnung des Vatikanstaates eine extreme Verwirrung und Überschneidung der Kompetenzen herrscht, wobei die Richter und Staatsanwälte einander auf groteske Weise die Bälle zuspielen. In unserem Fall sticht zudem die Einseitigkeit des Verfahrens ins Auge: eine parteiische Prägung und die Mißachtung grundlegender Rechtsnormen – wie die Unschuldsannahme und das Recht auf Verteidigung –, die im Strafrecht aller freien und demokratischen Staaten festgeschrieben sind. Ganz zu schweigen von der eisernen Kontrolle, die die politische Macht des Vatikans – theoretisch vom Staat Vatikanstadt getrennt – auf die zivil- oder strafrechtlichen Verfahren des Vatikans ausübt.

Das Attest des Sanitätsdienstes

Dieses offizielle *Attest* (siehe Dokument 4, S. 236 f.) wurde vom Leiter des Sanitätsdienstes des Vatikanstaates ausgestellt und unterzeichnet, und zwar am späten Nachmittag des 5. Mai 1998, nach Beendigung der drei Obduktionen. Der Todeszeitpunkt wurde im Fall meines Sohnes auf 20.30 bis 21 Uhr festgelegt. Und Cédric habe unter keiner ansteckenden Krankheit gelitten.

Mein Standpunkt und unsere Forderungen

Das Komuniqué, das das Presseamt des Heiligen Stuhls am 8. Februar 1999 verbreiten ließ, HAT KEINEN JURISTISCHEN WERT. Nicht nur, weil die Unterschrift fehlt, sondern weil es nicht vom Gerichtshof des Vatikans stammt, der einen souveränen, vom Heiligen Stuhl juristisch geschiedenen Staat darstellt. Das Bulletin des 8. Februar wurde, unter Auslassungen und Collagierungen, vom Staatssekretariat (von der Regierung des Heiligen Stuhls also) auf der Grundlage staatsanwaltschaftlicher Schlußfolgerungen (des Vatikanstaats) und aus Bruchstücken der Voruntersuchung zusammengekleistert. All diese Unterlagen stehen in ihrem vollständigen Wortlaut unter Geheimhaltung.

Dieses offizielle (juristisch aber bedeutungslose) Kommuniqué des Heiligen Stuhls verkündete die Archivierung des Falles, während die vatikanische Gerichtsbarkeit in Wahrheit nur die Archivierung der Voruntersuchung angeordnet hatte. Allein schon mit dem Beschluß vom 5. Februar läßt sich zeigen, wie die öffentliche Meinung manipuliert wurde. Das Kommuniqué des Heiligen Stuhls ist ein verblasener Text, der formal nicht einmal die Schuld Cédric Tornays formuliert. Letzten Endes handelt es sich hier nur um eine klassische Desinformation, die noch nicht einmal die »offizielle Version« des Vatikans genau bestätigen kann. Dieses Schriftstück beweist rein gar nichts. Schlimmer noch: Kein Mensch könnte sich mit einem derart unlogischen und wissenschaftlich unhaltbaren Dokument zufriedengeben. Es dient allein dem Zweck, meinen Sohn als *schwerkrank* und *vollkommen durchgedreht darzustellen*, um so die Öffentlichkeit zu blenden und den Heiligen Stuhl aus einer heiklen Situation zu befreien. Durch die Lektüre wird eindeutig klar, daß der Vatikan *nicht in der Lage* ist, Cédric Tornays *Schuld zu beweisen*. Es ist nur ein jämmerlicher Flickenteppich, in dem mit Bedacht ausgewählte Passagen schlecht zusammengefügt sind, eine Abfolge von bruchstückhaften Fakten, Vermutungen, Hypothesen über einen möglichen Tathergang und vor allem über den physischen und psychischen Zustand meines Sohnes, über gesundheitliche Verfassung, Persönlichkeit und Charakter.

Ob er nun tot oder lebendig ist – auf der Grundlage von Vermutungen und Unterstellungen darf man niemanden verurteilen. Wo sind die Beweise? Man beachte, daß das Kommuniqué des Heiligen Stuhls vom 8. Februar die Verdienstmedaille unter den Tisch fallen läßt, das Motiv also, das direkt nach dem Blutbad angeführt wurde. Außerdem rückt der anfänglich vorgetragene »Beweis des Verbrechens«, »Cédrics Abschiedsbrief«, in den Hintergrund. Sicher, Cédrics angeblicher Wahnsinn vereinfacht das Problem, und mein Sohn steht keinem mehr im Weg. Neun Monate nach der Tat wäre das Ergebnis also – wenn es nach den Vatikanoberen geht –, daß mein Sohn ohne wirkliches Motiv, sondern infolge einer vermeintlichen, durch schwere Krankheit und Drogenabhängigkeit (die ebenfalls nur vermutet werden) ausgelösten Identitätskrise gehandelt hat. Für den Vatikan war Cédric in moralischem und strafrechtlichem Sinne schlichtweg unzurechnungsfähig, ein armer Irrer.

Und was soll man von der berühmten »Zyste« halten? Warum wurde ich, wenn die Gerichtsmediziner des Vatikans am 5. Mai 1998 eine so schwerwiegende Hirnschädigung feststellten, nicht umgehend informiert? Und vor allem: Warum wurde die Öffentlichkeit nicht unverzüglich informiert? Man hätte so doch schon im Vorfeld allen Zweifeln und dem Protestgeschrei ein Ende machen können? Am 6. Mai lag Herrn Joaquín Navarro-Valls und seinen Chefs der Obduktionsbericht der drei Leichen vor. Mit welcher Erleichterung hätten sie der Welt mitteilen können, daß Cédric Tornay Opfer einer schweren Geisteskrankheit war, die durch eine eigroße »Zyste« verursacht wurde … Doch sie warteten neun Monate damit! Wie man an dem Attest sieht, das ich hier abdrucke (siehe Dokument 4, S. 236 f.), bestätigte der Leiter des Sanitätsdienstes von Vatikanstadt am späten Nachmittag des 5. Mai, also nach Abschluß der Autopsie, daß Cedric völlig gesund war. Er schreibt: »Es konnten im derzeitigen Zustand keine akuten Infektions- oder sonstige ansteckende Krankheiten festgestellt werden.« Gestorben sei er »zwischen 20.30 Uhr und 21.00 Uhr infolge einer Schußverletzung«.

Aus dem offiziellen Kommuniqué, das der Heilige Stuhl am 8. Februar 1999 herausgab, gewinnt man nur drei Gewißheiten:

1. Daß der zukünftige Kommandant der päpstlichen Schweizergarde, Alois Estermann, und seine Frau Gladys Meza Romero *nach* 21 Uhr in ihrer Wohnung getötet wurden; der Zeitpunkt stimmt also nicht mit dem Todeszeitpunkt des dritten Opfers überein. Außerdem sei Herr Estermann auf eine Weise eliminiert worden, die man im Fachjargon als »Exekution« bezeichnet.

2. Daß der Vizekorporal der Schweizergarde, Cedric Tornay, gleichfalls auf gewaltsame Weise ums Leben kam und daß seine Leiche in der Wohnung der Estermanns gefunden wurde. Nichts erlaubt den Schluß, daß er Opfer einer Selbsttötung wurde, daß er an dem Ort starb, an dem seine Leiche aufge-

funden wurde, oder daß er *nach* den Estermanns gestorben sei, wie die »offizielle Version« besagt.

3. Daß es für das Delikt keinen Zeugen gibt, auch wenn der Heilige Stuhl das Gegenteil suggerieren will (der »Ohrenzeuge« am Telefon hat vor Gericht keine Beweiskraft).

Diese drei Gewißheiten reichen nicht hin, um den Fall abzuschließen und Cédric Tornay ohne Verhandlung oder Chance auf Berufung zu verurteilen. Und im übrigen stellt das Kommuniqué des Heiligen Stuhls einen klassischen Fall von Kompetenzüberschreitung dar, und dieser Mißbrauch wird, das macht die Sache noch schlimmer, mit der Autorität des Heiligen Vaters gedeckt. Und auf keinen Fall kann es von Rechts wegen ein fehlendes *Gerichtsurteil* ersetzen.

Aus all diesen Gründen fordere ich einen regulären Urteilsspruch, der die Schuld meines Sohnes sanktioniert, oder eben einen rechtsgültigen Freispruch. Und im ersten Fall wäre ich legitimiert, für seine Verteidigung zu sorgen. Wenn rechtsgültig erklärt werden soll, daß Cédric (in erster Instanz) schuldig ist, dann bedarf es nicht nur eindeutiger Beweise, sondern mir muß auch ein regulärer öffentlicher Prozeß zugestanden werden. Unterdessen warte ich noch immer darauf, daß mir die Kleidungsstücke zurückerstattet werden, die Cédric am Tatort trug.

Ich verlange – weil es mir zusteht – über meine Rechtsanwälte (wer auch immer sie sind) freien Zugang zum vollständigen Untersuchungsbericht, ohne jede Einschränkung. Wir warten noch immer auf eine vollständige – d.h. unzensierte – Kopie dieses vorläufigen Dokuments.

Der »Zahn der Zeit« wird daran nichts ändern. Wie viele »Große« dieser Welt müssen dies eingestehen ... nachdem sie von ihrer Vergangenheit eingeholt worden sind! Die »Zeit« ist für niemanden käuflich.

Ich warte weiter geduldig, aber mit ungebrochener Zuversicht darauf, daß die Gerichtsbarkeit des Vatikanstaates mir ein Zeichen von Entgegenkommen und Transparenz gibt. Das heißt, daß man sich entschließt, mir die *vollständigen* Untersuchungsakten zum Tod meines Sohnes auszuhändigen. Mögen sie offiziell Cédric Tornays Schuld oder Unschuld belegen. Doch in beiden Fällen müssen stichhaltige Beweise vorliegen und nicht nur Vermutungen und Unterstellungen, wie sie die Propaganda des Heiligen Stuhls monatelang verbreitet hat.

BLIEBE ES BEIM JETZIGEN STAND DER DINGE, SO WÄRE DIES EINE OFFENKUNDIGE VERWEIGERUNG VON GERECHTIGKEIT.

Ich bin eine Mutter, die nur Gerechtigkeit will, wie auch immer sie aussehen mag. Dies ist ein Bürgerrecht und eine christliche Pflicht, welche der Vatikan mir verwehrt. Und Herr Joaquín Navarro-Valls soll aufhören, mich wie eine bedauernswert-verzweifelte Mutter zu betrachten, die sich weigert, eine »Wahrheit« anzuerkennen (womöglich aus Gewinnsucht, wie ebenfalls unterstellt wurde), zu deren »Verkünder« er sich aufgeschwungen hat. Wie von vielen Kommentatoren betont wurde, ist die Erklärung, die der Vatikan noch in der Nacht des Blutbades lieferte, »zu einfach, oder besser, zu vereinfachend, ein Szenario, das so wirkt, als wäre es am grünen Tisch entworfen worden, um irgendeine Wahrheit zu verstecken« (Vittorio Feltri, *Panorama*, 21.5.1998). Wir haben das Recht zu erfahren, *wie* und *warum* mein Sohn gestorben ist, und die Gerichtsbarkeit des Vatikans hat die Pflicht festzustellen, *wie* und *warum* drei Menschen in der Vatikanstadt ihr Leben ließen. Der Heilige Stuhl hätte sich in die ganze Angelegenheit gar nicht einmischen dürfen.

Zum Ende dieses Jahres, das gleichzeitig das Ende eines Jahrhunderts und eines Jahrtausends markiert, wird sich die Heilige Pforte des Jubiläumsjahres 2000, jenseits aller Rituale, vielleicht auch für die Achtung und Liebe gegenüber den Gotteskindern öffnen. Nur so können Macht und Geld am Ende eine wohltätige Energie entwickeln und nicht nur eine zerstörerische Gewalt.

Dokument 1
(Kopie)

CORTE D'APPELLO

Cfr. 69/98 R.G.P.

COPIA

DECRETO

Il Presidente

Vista l'istanza depositata presso la Cancelleria il giorno 6 ottobre 1998 dall'Avv.████████████, unitamente all'Avv.████████████, nella qualità di difensori di fiducia della Sig.ra Muguette Aline Baudat, madre del defunto Cedric Tornay, diretta ad ottenere l'autorizzazione dei medesimi a svolgere attività di Avvocato nel corso delle indagini preliminari condotte dall'ufficio del Promotore di Giustizia del Tribunale:

Atteso che la norma contenuta nell'art. 24, comma secondo, periodo secondo, della Legge CXIX (AAS 58, [1987], Suppl., 49 s.) fa unicamente riferimento a cause pendenti dinanzi all'autorità giudiziaria, e quindi consente l'autorizzazione a prestare opera di avvocato e procuratore nelle medesime:

Atteso che, allo stato, non risulta essere pendente dinanzi al Tribunale medesimo alcun procedimento in confronto o a carico di chicchessia, nel quale, a qualsiasi titolo, possa o debba intervenire la suddetta Signora Muguette Aline Baudat:

Atteso che, eventualmente ed in ogni caso, nel rispetto del segreto istruttorio e fatti salvi i diritti di chicchessia, sia persona privata sia persona pubblica, la richiesta della anzidetta Signora Baudat, da comprovare con accertati e legittimi motivi, potrà e dovrà essere presa in considerazione soltanto

227

- 2 -

STATO DELLA CITTÀ DEL VATICANO

CORTE D'APPELLO

quando ed entro i termini nei quali sarà conclusa l'indagine preliminare, circa i fatti che hanno visto il coinvolgimento di presenza del Signor Cedric Tornay:

Escluso ogni pregiudizio sulle decisioni che, in merito all'istanza in parola, potranno essere adottate in tempo successivo,

d e c r e t a

doversi disattendere, allo stato, la più volte citata istanza degli Avvocati ▬▬▬▬▬▬▬▬▬▬▬▬▬▬▬▬, e quindi non potersi autorizzare i predetti Avvocati a svolgere l'attività indicata: con riserva di provvedere definitivamente, su ulteriore richiesta eventuale dei medesimi, una volta conclusa l'inchiesta in corso e subordinatamente alle conclusioni cui, sulla vicenda, sarà giunto l'ufficio del Promotore di Giustizia del Tribunale;

o r d i n a

che sia data notifica del presente decreto agli interessati.

Dallo Stato della Città del Vaticano, 10 dicembre 1998

+ ▬▬▬ F. ▬▬▬▬▬▬

▬▬▬▬▬▬▬▬▬, Pres.

228

Beschluß

Der Präsident:

Betreffs des am 6. Oktober 1998 von Rechtsanwalt ... gemeinsam mit Rechtsanwalt ... als Verteidiger von Frau Muguette Aline Baudat, der Mutter des verstorbenen Cédric Tornay, gestellten Antrags auf Zulassung der genannten Anwälte als Rechtsbeistände im Zuge der Voruntersuchung, die durch die Staatsanwaltschaft dieses Gerichtshofs geführt wird;

in Anbetracht der in Artikel 24, Absatz 2, Satz 2, des Gesetzes CXIX (AAS 58, [1987], Beiblatt, 49 s.) aufgeführten Rechtsvorschriften, die allein bei den Rechtsbehörden anhängige Verfahren betreffen und folglich die Zulassung von Verteidigern und Klägern nur in solchen Verfahren gestatten;

in Anbetracht der Tatsache, daß dem Staat von einem bei Gericht anhängigen Verfahren, gegen wen auch immer, bei dem genannte Frau Muguette Baudat, in welcher Funktion auch immer, eingreifen dürfte oder sollte, nichts bekannt ist;

in Anbetracht der Tatsache, daß der Antrag der oben genannten Frau Baudat – eventuell und in jedem Fall im Rahmen des Dienstgeheimnisses und unter Gewährleistung der Rechte anderer privater oder öffentlicher Personen – erst dann in Betracht gezogen werden kann und muß, wenn die Voruntersuchung über die Fakten, in die Herr Cédric Tornay verwickelt ist, abgeschlossen sein wird;

vorbehaltlich anderslautender späterer Entscheidungen betreffs vorliegenden Antrags,

wird beschlossen,

daß der genannte Antrag der Anwälte ... abgelehnt werden muß und die oben genannten Anwälte zur beantragten Tätigkeit nicht zugelassen werden können; eine endgültige Entscheidung bleibt, bei etwaigem erneutem Antrag der Anwälte, bei Abschluß der laufenden Untersuchung sowie in Abhängigkeit von der im betreffenden Fall durch die Staatsanwaltschaft des Gerichtshofes erlangten Konklusionen, vorbehalten;

es wird ferner angeordnet,

daß die Betroffenen über den Inhalt des vorliegenden Beschlusses in Kenntnis zu setzen sind.

Staat Vatikanstadt, 10. Dezember 1998

Dokument 2
(Kopie)

COPIA

STATO DELLA CITTÀ DEL VATICANO

TRIBUNALE
UFFICIO DEL GIUDICE ISTRUTTORE

Prot. N. 69/98 Reg. Gen. Pen.

DECRETO

IL GIUDICE ISTRUTTORE

Esaminati gli atti del procedimento n. 69/98 Reg. Gen. Pen. relativo alle indagini preliminari condotte dal Promotore di Giustizia presso il Tribunale in ordine al decesso del Col. Alois Estermann, nato a Gunzwil (Lucerna-Svizzera) il 29 ottobre 1954, Comandante della Guardia Svizzera Pontificia; della Signora Gladys Meza Romero coniugata Estermann, nata a Urica (Venezuela) il 24 gennaio 1949, del Sig. Cédric Tornay, nato a Monthey (Svizzera) il 24 luglio 1974, Vice Caporale della Guardia Svizzera Pontificia; decesso avvenuto nella Città del Vaticano, il 4 maggio 1998;

Considerata la richiesta avanzata dallo stesso Promotore di Giustizia in data 1 febbraio 1999;

Ritenuto che, sulla base degli elementi di indagine raccolti, appaiono condivisibili le conclusioni cui il Promotore di Giustizia è pervenuto e non risulta, pertanto, esercitabile l'azione penale, in conformità al disposto dell'art. 85, primo comma, c.p.p., per i fatti sopra indicati;

Visto l'art. 179, secondo comma, c.p.p.

dichiara

non doversi promuovere l'azione penale relativamente alla morte del Col. Alois Estermann, della sig.ra Gladys Meza Romero cgt. Estermann e del Vice caporale Cédric Tornay, ordinando la trasmissione degli atti all'archivio

231

Valutata, tuttavia, la necessità di approfondire altri fatti, emersi nel corso delle indagini, concernenti il Sig. ███████████, ascoltato nel procedimento in esame, che possono configurare ipotesi di reato,

Visto l'art 179, primo comma, c p.p

d i s p o n e

lo stralcio degli atti riguardanti il predetto ed il loro invio al Promotore di Giustizia, per quanto di competenza

Città del Vaticano, 5 febbraio 1999

(Avv ███████)

Beschluß

Der Untersuchungsrichter:

Nach Prüfung der Akten des Verfahrens Nr. 69/98 (Allgemeines Strafrecht) betreffs der vom Staatsanwalt geführten Voruntersuchungen zum Ableben von Oberst Alois Estermann, geboren in Gunzwil (Luzern, Schweiz) am 29. Oktober 1954, Kommandant der päpstlichen Schweizergarde; von Frau Gladys Meza Romero, verheiratete Estermann, geboren in Urica (Venezuela) am 24. Januar 1949; von Herrn Cédric Tornay, geboren in Monthey (Schweiz) am 24. Juli 1974, Vizekorporal der päpstlichen Schweizergarde; geschehen in Vatikanstadt am 4. Mai 1998;

in Anbetracht des vom Untersuchungsrichter am 1. Februar 1999 gestellten Antrags;

in der Überzeugung, daß auf Grundlage der in der Untersuchung gesammelten Fakten die Schlußfolgerungen des Staatsanwalts zu teilen sind, und daß daher in Konformität mit Artikel 85, Absatz 1, Strafprozeßordnung, wegen der oben genannten Tat keinerlei Strafverfahren zu eröffnen ist;

nach Artikel 179, Absatz 2, Strafprozeßordnung,

wird erklärt,

daß in Folge des Ablebens von Oberst Alois Estermann, Frau Gladys Meza Romero (verh. Estermann) und Vizekorporal Cédric Tornay kein Strafverfahren eröffnet wird und die Akten zu archivieren sind.

Da sich andererseits als notwendig erwiesen hat, daß weitere im Zuge der Ermittlungen festgestellte Fakten, betreffend Herrn ..., der während der Untersuchungen befragt wurde, die als Hinweis auf ein Delikt gelten können, vertieft werden,

wird angeordnet,

daß nach Artikel 179, Absatz 1, Strafprozeßordnung, die diesbezüglichen Akten an den zuständigen Staatsanwalt weitergeleitet werden.

Vatikanstadt, 5. Februar 1999

Dokument 3
(Kopie)

COPIA   STATO DELLA CITTÀ DEL VATICANO

DEPOSITATO IN CANCELLERIA
IL 22. FEB 1999

CORTE DI APPELLO

Cfr 69/98 Reg Gen Pen

IL PRESIDENTE

Vista l'istanza presentata alla Cancelleria in data 18 Febbraio 1999 dai Signori Avv ▓▓▓▓▓▓▓▓▓▓▓▓▓▓▓▓▓▓▓▓ quali difensori della Sig ra Muguette Aline Baudat, madre del defunto Cedric Tornay

Visto il precedente decreto presidenziale del 10 Dicembre 1998, in merito ad analoga richiesta ora rinnovata con detta istanza

Vista la norma contenuta nell'art 24, comma secondo, periodo secondo, della Legge CXIX (AAS 58, (1987) Suppl, 49 s.)

Atteso che non risulta essere stato Iniziato procedimento giudiziario alcuno, dinanzi ai Tribunali delo Stato, nel quale potrebbe ravvisarsi un diritto a parteciparvi da parte dei suddetti Avvocati e loro rappresentata

Atteso che nessuna ragione, in diritto e in fatto, viene addotta, con la quale possa fondarsi la richiesta contenuta nella istanza in oggetto

d e c r e t a

doversi confermare, e di fatto conferma il ▓▓ e del ▓▓ ▓▓ ▓ ▓▓ titato del 10 Dicembre 1998 e

o r d i n a

che sia data notifica del presente decreto agli interessati

Dallo Stato della Città del Vaticano 22 febbra 1999

+ Luis F. Sampedda

▓▓▓▓▓▓▓ Presidente

IL CANCELLIERI

234

Der Präsident:

Bezüglich des Antrags, der am 18. Februar 1999 von den Rechtsanwälten ... als Verteidiger von Frau Muguette Aline Baudat, Mutter des verstorbenen Cédric Tornay, eingereicht wurde;

in Anbetracht des vorangegangenen Gerichtsbeschlusses vom 10. Dezember 1998, der nämliches Gesuch, welches nun erneuert wurde, behandelte;

in Übereinstimmung mit der Rechtsvorschrift, die durch Artikel 24, Absatz 2, Satz 2 des Gesetzes CXIX (AAS 58, [1987], Beiblatt, 49 s.) formuliert ist;

in Anbetracht der Tatsache, daß von einem Gerichtsverfahren, bei dem das Recht auf Beteiligung der oben genannten Rechtsanwälte und ihrer Mandantin greifen könnte, nichts bekannt ist;

in Anbetracht der Tatsache, daß weder rechtlich noch faktisch ein Grund angeführt wird, der den betreffenden Antrag rechtfertigen könnte;

wird beschlossen,

daß der vorangegangene Beschluß vom 10. Dezember 1998 zu bestätigen ist und hiermit bestätigt wird;

ferner wird angeordnet,

daß die Betroffenen über den Inhalt dieses Beschlusses zu informieren sind.

Staat Vatikanstadt, 22. Februar 1999

Dokument 4

STATO DELLA CITTÀ DEL VATICANO

GOVERNATORATO

DIREZIONE DEI SERVIZI SANITARI

Città del Vaticano, 05/05/1998

Nulla osta da parte di questa Direzione al trasporto della salma dell'Alabardiere **TORNAY Cédric**, di anni 24, nato a Monthey (Suisse) il 24 luglio 1974, cittadino vaticano, deceduto nella Città del Vaticano (Caserma della Guardia Svizzera), in data 4 maggio 1998 tra le ore 20,30-21,00, per "ferita d'arma da fuoco".

Si attesta che, allo stato attuale, non risultano casi di malattie infettive o contagiose clinicamente in atto

l' Direttore

Si legalizza la firma apposta nella presente facciata dal Dott. Cav. Dr. Dr. ██████████, Direttore dei Servizi Sanitari dello Stato della Città del Vaticano.

Città del Vaticano, 5 maggio 1998

Il Notaro Attuario

Dott. ██████████

Mod 24 2 1987 (10.000)

236

Nichts widerspricht von seiten unserer Behörde der Überführung der Leiche des Hellebardiers TORNAY Cédric, 24 Jahre alt, geboren in Monthey (Schweiz) am 24. Juli 1974, Bürger des Vatikanstaates, verstorben in Vatikanstadt (Kaserne der Schweizergarde) am 4. Mai 1998 zwischen 20.30 Uhr und 21 Uhr infolge einer Schußverletzung.

Es wird bescheinigt, daß im derzeitigen Zustand keine akuten Infektions- oder sonstige ansteckenden Krankheiten festgestellt werden konnten.

Der Direktor

Hiermit wird die obige Unterschrift von Großkreuzritter Dr. ..., Direktor des Sanitätsdienstes des Staates Vatikanstadt, beglaubigt.

Vatikanstadt, 5. Mai 1998

Der Notar
Dr. ...

Nachwort zur deutschen Ausgabe

Seitdem »Ihr habt getötet« (*Bugie di sangue in Vaticano*) erstmals auf italienisch erschien, also seit November 1999, hat es in der Affäre um den Dreifachmord vom 4. Mai 1998 weitere Entwicklungen gegeben, deren knappe Zusammenfassung an dieser Stelle lohnt.

Ende Januar 2000 wandte sich Frau Muguette Baudat, die Mutter des Vizekorporals der päpstlichen Schweizergarde Cédric Tornay, erneut an die Gerichtsbarkeit des Vatikans, um eine Wiederaufnahme der Untersuchungen zu bewirken. Sie führte neue, in ihrem Besitz befindliche Beweismittel an, die bis dahin nicht geprüft worden waren; außerdem machte sie auf die offenkundigen Unstimmigkeiten in der offiziellen Version des Tathergangs aufmerksam. Am darauffolgenden 1. März antwortete Gianluigi Marrone, der Einzelrichter des Vatikanstaates, mit einem Brief, in dem er erklärte, die vatikanische Gerichtsbarkeit »sei absolut offen für die Prüfung etwaiger neuer Beweismittel« und zudem »bereit, jede Initiative von Ihrer Seite oder von seiten sonstwie Befugter aufzugreifen und zu verfolgen«.

Da Frau Baudat aus diesem Schreiben des Vatikanrichters schließen mußte, daß man neue Elemente einer ernsthaften Prüfung unterziehen wollte, beauftragte sie ihre französischen Anwälte Jacques Vergès und Luc Brossollet, bei den vatikanischen Behörden offiziell um die Wiederaufnahme der Untersuchungen nachzusuchen. Am 25. Juli 2000 bemühten sich die beiden Rechtsanwälte bei Einzelrichter Gianluigi Marrone um eine Akkreditierung am vatikanischen Gericht, was für eine offizielle Antragstellung unerläßlich ist. Die Antwort des Richters, mit Datum vom 7. August, ging nicht auf den Inhalt des Antrags ein, sondern verwies die Anwälte an eine andere Stelle: an das vatikanische Berufungsgericht, dem Monsignore

Francesco Bruno vorsitzt, die einzige Instanz, die eine Akkreditierung der Anwälte genehmigen konnte. Am 6. Februar und am 30. August 2001 wandten sich die Anwälte Vergès und Brossollet mit zwei förmlichen Anschreiben an Monsignore Bruno; doch auch in diesem Fall blieben die Briefe unbeantwortet.

Angesichts dieses Schweigens von seiten des Vatikans, für das es weder einen Grund noch eine Erklärung zu geben schien, blieb Frau Baudat und ihren Anwälten nur noch die Instanz über dem vatikanischen Berufungsgericht: Pontifex maximus Johannes Paul II., der höchste Richter des Vatikanstaates, der die Macht hat, »Untersuchung und Beurteilung jedweden Strafverfahrens, in welcher Phase auch immer, an eine Sonderinstanz zu überweisen, der gleichermaßen ein Urteilsspruch nach den Rechtsnormen zusteht, wonach jedes weitere Berufungsverfahren ausgeschlossen ist«.

Am 11. April 2002 wurde dem Papst die detaillierte Antragsschrift, die Wiederaufnahme der Untersuchung betreffend, die ursprünglich für Monsignore Francesco Bruno bestimmt war. Das Schriftstück enthielt eine Fülle neuer gerichtsmedizinischer, ballistischer und kriminalistischer Elemente, die aus spezifischen Autopsieberichten hervorgingen. Frau Baudat hatte nämlich die Leiche ihres Sohnes von einer unabhängigen gerichtsmedizinischen Kommission aus Lausanne erneut obduzieren lassen.

Das ausführliche Dokument gründet auf der Untersuchung des Einschußloches in Cédric Tornays Schädel, auf Eigenschaften des Projektils, auf der Fundstelle der Tatwaffe unter Tornays Leiche, auf der Flugbahn des Projektils im Verhältnis zur Position von Tornays Kopf, auf weiteren Eigenschaften, die die Verletzungen an Cédric Tornays Leiche aufweisen, usw. und kommt zu dem Schluß, daß »es in der These des Vatikans nicht ein Element gibt, das nicht anfechtbar wäre«. Auf eine ganze Reihe von Fragen gäben die Untersuchungen der vatikanischen Staatsanwaltschaft »keine Antwort«.

Weitere neue Erkenntnisse wurden aus der graphologischen Untersuchung des ominösen Briefes gewonnen, mit dem der Vizekorporal angeblich seine furchtbare Tat »angekündigt«

und »begründet« hätte. Ein vatikanischer Richter hatte Frau Baudat am 7. Mai 1998 das Original des Schreibens und den dazugehörigen Briefumschlag ausgehändigt. Tornays Mutter ließ ein graphologisches Gutachten erstellten, demzufolge das angebliche »Bekennerschreiben« als absolut unglaubwürdig anzusehen ist. Der Brief weist etliche formale Irrtümer (z. B. fehlerhafte Eigennamen von Tornays Angehörigen) und Unstimmigkeiten (die auch das Privat- und Intimleben des Vizekorporals betreffen) auf, ist in einer Handschrift verfaßt, die an Tornays Handschrift nur entfernt erinnert, und wimmelt von Details, die das Dokument als Fälschung entlarven. Mit großer Wahrscheinlichkeit ist der Fälscher italienischer Muttersprachler und stammt aus dem Umkreis des Vatikans. In diesem Zusammenhang schreiben Frau Baudats Anwälte: »Hätte dieser ›Abschiedsbrief Cédrics‹ nicht vorgelegen, hätten sich Begleitumstände und Verbindungen der Tragödie nur schwer erschlossen ... Als Beweis für eine Straftat ist dieser Brief ein Beispiel wie aus dem Lehrbuch. Er weist so viele Defizite auf, daß ein Kriminalistik-Professor es nicht wagen würde, sie in einem der ›Fälle aus der Praxis‹ seinen Schülern zu unterbreiten ... Diese Fälschung wurde in großer Eile erstellt, was schon bei den unzureichenden Realitätsbezügen beginnt. Der Autor muß zumindest aus dem Umfeld des Vatikans kommen, dürfte italienischer Muttersprache sein und ist weder über Cédric Tornays Laufbahn in der Schweizergarde noch über dessen Familie und seine Zukunftspläne gut unterrichtet gewesen.«

In dem Abschnitt der Antragsschrift, die sich mit Cédric Tornays Persönlichkeit befaßt, legen die Anwälte Vergès und Brossollet neue aufschlußreiche Aussagen von Zeugen vor, die mit dem Vizekorporal der Schweizergarde Bekanntschaft und Umgang pflegten. Aus diesen Berichten ergibt sich ein Bild, das sich kaum mit dem eines Menschen vereinbaren läßt, der kurz vor einem Zweifachmord mit anschließendem Suizid steht.

Im Schlußteil der Schrift gehen die Anwälte von Frau Baudat auch auf die Rahmenbedingungen des gesamten Verfahrens ein, sie zeichnen die Arbeitsweise der vatikanischen

»Rechtssprechung« während der Untersuchungen nach und nennen die Initiativen des Vatikans, mit denen Journalisten abgeschreckt wurden, die über den Dreifachmord vom 4. Mai 1998 recherchieren wollten. Außerdem wird das unerklärliche eiserne Schweigen von Tornays ehemaligen Kameraden in der päpstlichen Schweizergarde beleuchtet, und schließlich zeigen die Anwälte auch die expliziten Einschüchterungsversuche an, mit denen Abgesandte des Heiligen Stuhles Frau Baudat von ihrer Absicht abbringen wollten, eine Wiederaufnahme der Untersuchungen zu beantragen.

* * *

Der Antrag auf die Wiederaufnahme der vatikanischen Untersuchungen wurde am 11. April 2002 an den Heiligen Vater geschickt und traf erwiesenermaßen am 21. April im Vatikan ein. Vom Oberhaupt der katholischen Kirche und höchsten Richter des Vatikans kam keinerlei Reaktion, wozu Jacques Vergès und Luc Brossollet anmerkten: »Es ist üblich, daß jede an den Papst gerichtete Anfrage beantwortet wird, und sei es nur durch einen vorläufigen Bescheid oder einen Formbrief. In unserem Fall: nichts als Schweigen, das leider an Verachtung grenzt.«

Angesichts des Schweigens von Papst Johannes Paul II. blieb Frau Baudat und ihren Anwälten nur noch eine einzige Möglichkeit: Sie machten den Inhalt der Antragsschrift über eigens anberaumte Pressekonferenzen publik, woraufhin in den heiligen Mauern ein ungewöhnlicher Aktivismus einsetzte. Monsignore Francesco Bruno beeilte sich, den französischen Anwälten mitzuteilen, daß ihnen eine Akkreditierung am vatikanischen Gerichtshof nicht erteilt werden könne. Die Begründung trägt den Stempel einer kafkaesken Bürokratie: Jacques Vergès und Luc Bossollet können als Rechtsbeistände Frau Baudats nicht akkreditiert werden, da im Zusammenhang mit dem Blutbad vom 4. Mai 1998 keinerlei Verfahren anhängig ist, und sie können keinen Antrag auf Wiederaufnahme der Ermittlungen stellen, da sie am vatikanischen Gerichtshof nicht akkreditiert sind. Der vatikanische Richter verfügt am Ende, daß »nichts Frau Baudat verbietet, neue Elemente vorzulegen, um die etwaige Aufnahme eines juristischen Verfahrens anzuregen, solange sie vom Rechtsbeistand und der Verteidigung durch Anwälte unabhängig bleibt …« Aus dem »Vatikanesischen« übersetzt: Die Dame darf die Beweismittel, über die sie verfügt, direkt bei den vatikanischen Gerichtsbehörden abliefern, ohne sich allerdings auf Anwälte ihres Vertrauens zu stützen. Nachdem sie ihr Material abgegeben hat – und nur danach –, wird geprüft werden, ob eine neue Untersuchung einzuleiten ist.

Direkt im Anschluß bricht Monsignore Bruno sein Schweigen auch gegenüber der Öffentlichkeit und gibt in der italienischen Presse verschiedene Erklärungen ab, wonach bei den vatikanischen Gerichtsbehörden keine neuen sachdienlichen Hinweise eingegangen seien. Auch Frau Baudats Anwälte antworten über die Presse: Sie weisen darauf hin, daß der Antrag auf Wiederaufnahme der Untersuchung an den Heiligen Vater gerichtet war und daß Monsignore Bruno der Inhalt des Schreibens daher nicht bekannt sein sollte, auch nicht die darin enthaltenen Hinweise zum Blutbad vom 4. Mai. Die Äußerungen des vatikanischen Richters seien daher »ebenso entbehrlich wie unbegründet«. Der Vatikan scheint daraufhin seinen Kurs zu ändern, und zwischen Mai und Juni gibt der vatikanische Einzelrichter Gianluigi Marrone gegenüber der Presse Erklärungen ab, die den Anschein einer größeren »Offenheit« erwecken. »Wenn hier ein Mörder frei herumläuft, liegt es in unserem Interesse, der Sache auf den Grund zu gehen. Und selbst wenn das alles haltlos sein sollte, so liegt es gleichermaßen im Interesse der Justiz, für Klarheit zu sorgen … Wenn schlimme Dinge geschehen und diesbezüglich nicht alle Zweifel ausgeräumt werden können, so muß versucht werden, die größtmögliche Nähe zur Wahrheit zu erreichen. Von daher begrüße ich alles, was diesem Zweck dient. Es stimmt nicht, daß der Vatikan sich verschließt und der Wahrheit nicht auf den Grund gehen will.« Die Tagespresse faßt diese Erklärungen unter der Schlagzeile zusammen: »Der Vatikan ist bereit, den Fall Tornay wieder aufzurollen.«

Jacques Vergès und Luc Brossollet nehmen dies zur Kenntnis und schreiben noch einmal an Richter Marrone, er möge der Erklärung seiner Hilfsbereitschaft Taten folgen lassen: Zuallererst solle er Frau Baudat und ihren Anwälten einen uneingeschränkten Zugang zu den vatikanischen Ermittlungsakten garantieren. Doch auch auf diesen neuen Antrag erfolgt keinerlei Reaktion.

Zum soundsovielten Mal herrscht ein inakzeptables Schweigen in einer Affäre, der die vatikanische Gerichtsbarkeit im Gegenteil größte Aufmerksamkeit widmen sollte. Dies verlangt schon die einfache Dienstpflicht, ebenso wie ein moralischer Auftrag, der dem Lukasevangelium gerecht wird: »Nichts ist verhüllt, was nicht enthüllt wird, und nichts ist verborgen, was nicht bekannt wird.« (Lk 12,2)

Die italienischen Herausgeber   Mailand, im Februar 2003

Starke Geschichten
Historische Romane bei AtV

DONNA W. CROSS
Die Päpstin
Der Bestseller: Millionen haben sie verschlungen, die mitreißende Geschichte der Päpstin Johanna von Ingelheim. »Donna W. Cross erzählt Johannas Geschichte als spannendes und historisch glaubwürdiges Beispiel einer unglaublichen Emanzipationsgeschichte.« BRIGITTE
Roman. Aus dem Amerikanischen von Wolfgang Neuhaus. 566 Seiten. AtV 1400. Audiobuch: Hörspiel mit Angelica Domröse, Hilmar Thate u. a. DAV 069

FREDERIK BERGER
Die Geliebte des Papstes
Rom, Ende des 15. Jahrhunderts: Der Adlige Alessandro befreit die junge Silvia aus der Hand von Wegelagerern. Beide spüren, daß sie ein besonderes Schicksal verbindet. Erst drei Jahre später treffen sie sich wieder. Sie lieben sich noch immer, Silvia ist aber einem anderen versprochen. Doch Alessandro gibt nicht auf. »Das ist beste Spannungslektüre voller Abenteuer, Leidenschaft und Sinnlichkeit und – das alles beruht dennoch auf Tatsachen!« WILHELMSHAVENER ZEITUNG
Roman. 568 Seiten. AtV 1690

PHILIPPA GREGORY
Die Farben der Liebe
Die Geschichte einer verbotenen Liebe während der Zeit des Sklavenhandels in England: Francis, ungeliebte Ehefrau eines Bristoler Kaufmanns, soll für ihren Gatten Sklaven von der Westküste Afrikas zu Hausmädchen und Butlern ausbilden. Unter Francis' ersten Schülern ist ein Schwarzer vornehmer Herkunft, viel gebildeter und sensibler als ihr raubeiniger Ehemann. In seinen Armen findet sie endlich Zärtlichkeit und Leidenschaft.
»Viel Intensität und innere Spannung« NEUE RUNDSCHAU
Roman. Aus dem Englischen von Justine Hubert. 540 Seiten. AtV 1699

HANJO LEHMANN
Die Truhen des Arcimboldo
Nach den Tagebüchern des Heinrich Wilhelm Lehmann
In den Kellergewölben des Vatikans wird im Jahre 1848 der junge Schlosser Calandrelli verschüttet. Er stößt dort auf Pergamente, die den Machtanspruch der Kirche untergraben. Zwanzig Jahre später vertraut er einem Ingenieur die Aufzeichnungen von damals an. Es entwickeln sich Intrigen und Machtkämpfe.
»... eine Mixtur aus Historischem und Fiktivem, wobei einem durchaus Bilder aus Ecos ›Der Name der Rose‹ in den Sinn kommen können.« THÜR. LANDESZEITUNG
Roman. 699 Seiten. AtV 1542

Mehr Informationen erhalten Sie unter www.aufbau-verlag.de oder bei Ihrem Buchhändler

AtV

Nino Filastò:
»... molto italiano« WDR

Der Irrtum des Dottore Gambassi
Ein Avvocato Scalzi Roman
Unter den lieblichen Hügeln der Toskana entdeckt der ägyptische Etruskologe Fami ein sakrales Gewölbe, das Unbekannte für gar nicht heilige Zwecke nutzen. Doch bevor er den vermuteten Schatz heben kann, wird sein Fund ihm zum Verhängnis.
»Ein atemberaubender, erstklassig geschriebener Mafiaroman.«
BUCHMARKT
Aus dem Italienischen von Julia Schade. 414 Seiten. AtV 1601

Die Nacht der schwarzen Rosen
Ein Avvocato Scalzi Roman
Im Hafenbecken von Livorno, der Geburtsstadt Modiglianis, wird die Leiche eines Kunstkritikers geborgen. Auf welch tödliches Geheimnis mag er bei seiner Recherche über die Echtheit einiger Skulpturen des Künstlers gestoßen sein? »Italien-Bilder voll authentischer ›Italianità‹: Filastò beschert uns einen überdurchschnittlichen Kriminalroman.«
F.A.Z.
Aus dem Italienischen von Barbara Neeb. 352 Seiten. AtV 1602

Forza Maggiore
Ein Avvocato Scalzi Roman
Der Wirt einer heruntergekommenen Trattoria wird ermordet aufgefunden. Die Schuldigen sind schnell ausgemacht: Witwe und Tochter des Opfers. Doch Scalzi ist von der Unschuld der beiden Frauen überzeugt. Ihr angeblicher »Mord aus Leidenschaft« dient nur dazu, kriminelle Machenschaften weit größeren Ausmaßes zu vertuschen.
»Ein hervorragender Krimi, der nicht nur auf Spannung, sondern auch auf der psychologischen Wetterlage der urigen Hauptfiguren aufgebaut ist.« EX LIBRIS
Aus dem Italienischen von Esther Hansen. 352 Seiten. AtV 1604

Alptraum mit Signora
Ein Avvocato Scalzi Roman
Florenz – lichte Stadt der Kunst und Stadt düsterer Geheimnisse. Zwei brutale Morde sind an Menschen geschehen, die einem Maler Modell gesessen haben, einem Fälscher, der malt wie die großen Künstler des Quattrocento.
»Ein scharfsinnig komponierter Krimi, in dem alles lebensecht italienisch wirkt – die raffiniert gefälschten Bilder inbegriffen.«
BRIGITTE
Aus dem Italienischen von Bianca Röhle. 380 Seiten. AtV 1600

Mehr Informationen über die Bücher von Nino Filastò erhalten Sie unter www.aufbau-verlag.de oder bei Ihrem Buchhändler

AtV

Fakten, Themen, Hintergründe: Sachbücher bei AtV

LUDWIG WATZAL
Feinde des Friedens
Der endlose Konflikt zwischen Israel und den Palästinensern
»Wer jenseits der aktuellen Schrecken mehr wissen möchte über tiefere Ursachen der heutigen Gewalt, für den ist das Buch von Ludwig Watzal eine aufschlußreiche Lektüre.«
TAGESSPIEGEL
»Eine höchst authentische Erläuterung der Ursachen des jetzigen Geschehens. Und eine klare Absage an die landläufige Behauptung, die Akzeptierung palästinensischer Rechte sei a priori ein anti-israelischer Akt.«
LEIPZIGER VOLKSZEITUNG
»Ludwig Watzals Buch ist ein engagierter Versuch, den palästinensischen Konflikt aus seiner Entstehungsgeschichte zu analysieren.«
FREITAG
Originalausgabe. 341 Seiten. AtV 8071

WOLFGANG ENGLER
Die Ostdeutschen
Kunde von einem verlorenen Land
»Englers Kunde von einem verlorenen Land ist lesenswert, vor allem für Westdeutsche. Sie werden einen großen Schritt auf dem Weg unternommen haben, die Ostdeutschen und ihre ganz eigene Geschichte ein wenig verstehen zu lernen.«
DEUTSCHE WELLE
348 Seiten. AtV 8053

LANDOLF SCHERZER
Der Letzte
Wie in der Reportage »Der Zweite« wirft Landolf Scherzer wieder einen ungewöhnlichen Blick hinter die Kulissen der Demokratie und legt dabei nicht nur Machtmechanismen, Kungelei und Korruption bloß, sondern entdeckt auch die Menschen hinter den genormten Politikerfassaden.
»Was Scherzer entstehen ließ, kann Politiker und Journalisten gleichermaßen beschämen.«
DER TAGESSPIEGEL
336 Seiten. AtV 1827

FRIEDRICH SCHORLEMMER
Nicht vom Brot allein
Leben in einer verletzbaren Welt
Angesichts einer Konsumkultur, in der alles zur Ware wird, auch der Mensch, streitet der Theologe Schorlemmer für Werte, die dem Dasein Sinn und Hoffnung geben. Sein Widerspruch gegen eine Politik, die Terror und Gewalt mit Krieg und (Gegen-)Gewalt bekämpfen, Freiheit durch Sicherheit gewinnen will, appelliert an unser »Gewissen und den Mut, ihm zu folgen. Selbst- und Zeitbefragung bekommen eine Intensität und Rücksichtslosigkeit, die ihresgleichen sucht.« NEUES DEUTSCHLAND
359 Seiten. AtV 7041

Mehr Informationen erhalten Sie unter www.aufbau-verlag.de oder bei Ihrem Buchhändler

AtV

Erschütternde Zeugnisse: Zeitgeschichte bei AtV

MARION SCHREIBER
Stille Rebellen
Der Überfall auf den 20. Deportationszug nach Auschwitz
»In dieser packend erzählten Geschichte um eine Gruppe junger Leute, die sich der NS-Barbarei widersetzten, kann man viel über Mut, Zivilcourage und den aufrechten Gang erfahren. Deshalb gehört das Buch in viele junge Hände.« DIE ZEIT
Mit einem Vorwort von Paul Spiegel. 360 Seiten. Mit 25 Abbildungen. AtV 8067

BARRY TURNER
Kindertransport
Eine beispiellose Rettungsaktion
Am 1. Dezember 1938 startete der erste Kindertransport aus Berlin nach England. Bis zum Ausbruch des Zweiten Weltkriegs konnten zehntausend Menschenleben mit dieser dramatischen Aktion vor den Nazis gerettet werden. Barry Turner hat das Schicksal der Kinder anhand persönlicher Interviews aufgezeichnet.
»Eine ungewöhnliche Chronik, ergreifend und doch nicht ohne Humor.« LITERATUR-REPORT
Aus dem Englischen von Anna Kaiser. Mit einem Vorwort von Lucie Kaye. 263 Seiten. AtV 8073

NECHAMA TEC
Ich wollte retten
Die unglaubliche Geschichte der Bielski-Partisanen 1942–1944
Als Anführer der Bielski-Partisanen rettete Bielski 1200 jüdischen Männern, Frauen und Kindern das Leben, indem er sie in den Wäldern Weißrußlands versteckte.

Nechama Tec hat die Berichte von Tuvia Bielski und vielen anderen Partisanen gesammelt und zu einem bewegenden Zeugnis von Solidarität und Menschlichkeit unter widrigsten Bedingungen zusammengestellt. – »Spannender kann Zeitgeschichte kaum erzählt werden.« MÜNCHNER ABENDZEITUNG
Aus dem Amerikanischen von Anna Kaiser. 324 Seiten. Mit 13 Abbildungen. AtV 8085

ERNEST G. HEPPNER
Fluchtort Shanghai
Erinnerungen 1938–1948
Als Ernest Heppner und seine Mutter sich 1939 zur Flucht aus Deutschland entschlossen, blieb ihnen als Ziel nur Shanghai, das als einziger Ort der Welt kein Einreisevisum verlangte.
»Fluchtort Shanghai ist eine ›sine ira et studio‹ verfaßte und daher um so lesenswertere Chronik des bislang wenig beachteten und daher wenig bekannten jüdischen Exilorts an der chinesischen Pazifikküste.« SÜDDEUTSCHE ZEITUNG
Aus dem Amerikanischen von Roberto de Hollanda. 274 Seiten. Mit 20 Abbildungen. AtV 1724

Mehr Informationen erhalten Sie unter www.aufbau-verlag.de oder bei Ihrem Buchhändler

Jürgen Trimborn
Riefenstahl
Eine deutsche Karriere
*Biographie. Mit 55 Abbildungen
und einer Filmographie
600 Seiten. Gebunden*
ISBN 3-351-02536-X

Geniale Filmschaffende oder korrumpierte Künstlerin?

Jürgen Trimborn beschreibt in dieser ersten umfassenden Biographie Leni Riefenstahls ihr Leben jenseits polarisierender Pauschalurteile. Konsequent konfrontiert er ihre Selbstaussagen, aber auch die unzähligen Verdächtigungen, die sich seit Kriegsende um ihre Person ranken, mit historischen Fakten und Aussagen von Zeitgenossen. Auf der Basis von zum Teil erstmalig erschlossenen Dokumenten kommt er dabei zu einer Neubewertung der Rolle, die Riefenstahl als Propagandistin des Dritten Reiches spielte.

Seine langjährige Recherche sowie persönliche Gespräche mit Riefenstahl ergeben ein sowohl kritisches als auch tiefenscharfes Lebensbild der Künstlerin: das Bild einer Frau, deren extremer Ehrgeiz ihr zu einer beispiellosen Karriere verhalf – einer deutschen Karriere.

»Leni Riefenstahl wird in Trimborns Darstellung zu einer persönlichen Repräsentantin Hitlers, und sämtliche Dokumente, die über die Beziehung beider Auskunft geben, stützen diese These.« F.A.Z.

aufbau
VERLAG

*Mehr Informationen über Biographien bei Aufbau erhalten
Sie unter www.aufbau-verlag.de oder von Ihrem Buchhändler*

Frank Stern
Dann bin ich um den Schlaf
gebracht
Ein Jahrtausend jüdisch-
deutsche Kulturgeschichte
Mit 32 Abbildungen
239 Seiten. Gebunden
ISBN 3-351-02533-5

»So beeindruckend wie lesenswert.« <small>FRANKFURTER RUNDSCHAU</small>

Ein Jahrtausend jüdisch-deutsche Geschichte, erzählt mit
Brillanz, Witz und Schärfe: Vom jüdischen Minnesänger
Süßkind von Trimberg bis zu Ernst Lubitsch, Fritz Lang und
anderen reicht das Panorama deutsch-jüdischen Lebens, das
Frank Stern in dieser Kulturgeschichte auffächert. Entlang der
Fragestellung, wie sich der gesellschaftliche und kulturelle
Austausch zwischen Juden und Nichtjuden durch die
Jahrhunderte entwickelt hat, beschreibt er deutsch-jüdischen
Alltag über 1000 Jahre.

**»Hoffentlich kann Frank Sterns Buch dabei helfen, ein
immer wieder vergessenes oder zurückgedrängtes Thema ins
öffentliche Bewusstsein zu bringen.«** <small>JOHANNES RAU</small>

**»...erweitert so die übliche Darstellung deutsch-jüdischer
Geschichte... Sterns Resümee erklingt positiv und weist
hoffnungsfroh in die Zukunft.«** <small>RHEINISCHE POST</small>

*Mehr Informationen über Sachbücher bei Aufbau erhalten
Sie unter www.aufbau-verlag.de oder von Ihrem Buchhändler*

Mark Roseman
In einem unbewachten Augenblick
Eine Frau überlebt im Untergrund
Aus dem Englischen von Astrid Becker
Mit 49 Abbildungen
583 Seiten. Gebunden
ISBN 3-351-02531-9

Eine Frau überlebt im Untergrund

In einem unbewachten Augenblick entkommt die junge Marianne Strauss 1943 der Gestapo. Sie ist eine von dreitausend Juden, die Nazi-Deutschland, versteckt im Untergrund, überlebten. Mark Roseman verknüpft Mariannes Geschichte mit der präzisen Schilderung seiner Recherche. Für dieses Buch wurde er mit dem Mark Lynton History Award des Jahres 2002 ausgezeichnet.

»...nicht nur einer der eindrucksvollsten jüdischen Überlebensberichte, sondern eine exemplarische Studie über Opferpsychologie, selektive Erinnerung und Umformung des Erlebten im Laufe der Zeit...« DIE FURCHE

»In kritischer Offenheit begleitet er auch die eigene Recherche mit einer Befragung seiner selbst als Historiker, dessen Auslegungen nicht frei sind von Vorurteilen und fixen Ideen.« NEUE ZÜRCHER ZEITUNG

Mehr Informationen über Sachbücher bei Aufbau erhalten
Sie unter www.aufbau-verlag.de oder von Ihrem Buchhändler

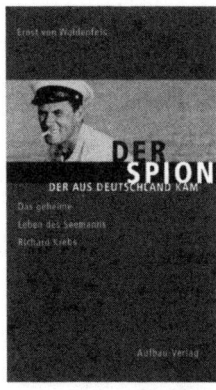

Ernst von Waldenfels
Der Spion, der aus Deutschland kam
Das geheime Leben des
Seemanns Richard Krebs
Mit 41 Abbildungen
382 Seiten. Gebunden
ISBN 3-351-02538-6

Blinder Passagier auf allen Weltmeeren

Er agierte zwischen Komintern und Gestapo: der Doppelagent und Schriftsteller Richard Krebs (1905–1951), der bis zu seinem frühen Tod viele Identitäten lebte. Seine Lebensgeschichte erzählt Ernst von Waldenfels fesselnd und temporeich, eingebettet in den politischen Hintergrund der 1920er und 1930er Jahre. Er stützt sich dabei auf Akten der Gestapo, der amerikanischen Geheimdienste und auf bisher unbekannte Dokumente des Moskauer Kominternarchivs – und bietet erstmals einen Einblick in das maritime Netzwerk der Komintern.

»Nicht ohne Faszination, aber mit analytischer Schärfe untersucht er das Doppelspiel eines Akteurs, der nicht zu begreifen vermag, dass er zum Bauernopfer geworden war im Fernduell zwischen den stalinistischen und nazistischen Apparaten.« ZEITLITERATUR

»Holen Sie sich das Buch, es wird ein Standartwerk zur Geschichte des Totalitarismus werden.« NDR

*Mehr Informationen über Biographien bei Aufbau erhalten
Sie unter www.aufbau-verlag.de oder von Ihrem Buchhändler*

Eliot Pattison
Das Auge von Tibet
Roman
Aus dem Amerikanischen von Thomas Haufschild
697 Seiten. Gebunden
ISBN 3-352-00584-2

»…ein dämonisch guter Thriller« COSMOPOLITAN

Früher hat Shan ein unbescholtenes Leben in Peking geführt – bis er bei der Partei in Ungnade fiel und nach Tibet in ein Straflager verbannt wurde. Es gelang ihm jedoch, zu fliehen. Seither lebt er in der Gesellschaft der Mönche. Als das Kloster die Botschaft erhält, eine Lehrerin sei getötet worden und ein Lama verschwunden, wird Shan, der Ermittler, in den Norden geschickt. Zusammen mit einem Mönch, einem Widerstandskämpfer und einem alten Tibeter soll er den Mord an der Lehrerin aufklären …
Ein magischer, hochspannender Roman, der die Seele Tibets einfängt. Eliot Pattison wurde in den USA mit dem begehrten Edgar Allan Poe Award ausgezeichnet.
»Was Pattison mit großer Empathie und Plastizität schildert, ist die bewusste Zerstörung einer Kultur… Was er beschreibt, ist schockierend und herzzerreißend.« DER STANDARD

Als Taschenbuch liegt vor von Eliot Pattison:
Der fremde Tibeter. AtV 1832

Rütten & Loening

Mehr Informationen erhalten Sie unter
www.aufbau-verlag.de oder in Ihrer Buchhandlung

Marek Halter
Die Geheimnisse von Jerusalem
Roman
Aus dem Französischen
von Iris Roebling
485 Seiten. Gebunden
ISBN 3-352-00587-7

»Ein metaphysischer Thriller« PARIS-MATCH

In Little Odessa, dem russischen Viertel von New York, wird auf offener Straße der Student Aaron Adjashlivi erschossen. Was wußte er, der Sohn eines Moskauer Juden, das seinen Mördern so begehrenswert erschien? Seinem Freund Tom Hopkins, Journalist bei der »New York Times«, hinterläßt Aaron einen Text auf Diskette, aus dem hervorgeht, daß er einem weit über zweitausendjährigen Geheimnis auf der Spur war, das an den Ufern des Toten Meeres seine Auflösung finden könnte. Ehrgeizig und tollkühn macht sich Hopkins auf den Weg in das Heilige Land, Aarons Vermächtnis zu erfüllen. Doch was wie eine klassische Schatzsuche beginnt, entwickelt sich zu einer Verfolgungsjagd mit brisantem politischem Hintergrund. In spielerischem Umgang mit Mythos und Wirklichkeit erzählt Marek Halter eine fesselnde Geschichte, die an den Ursprung der drei Weltreligionen rührt.
»Eine metaphysische Verfolgungsjagd in der Heiligen Stadt, die die Welt erbeben lassen könnte« GALA

Rütten & Loening

Mehr Informationen erhalten Sie unter
www.aufbau-verlag.de oder in Ihrer Buchhandlung